Resumen Práctico para el curso de Corredor y Vendedor de Bienes Raíces y examen de Reválida

Juan Francisco Velázquez

Publicado por Ibukku, LLC
www.ibukku.com
Diseño y maquetación: Índigo Estudio Gráfico
Copyright © 2022 Juan Francisco Velázquez
ISBN Paperback: 978-1-68574-194-5
ISBN eBook: 978-1-68574-195-2
LCCN: 2022914734

Índice

Reflexión Personal

** NO DEJES QUE NADIE TE ROBE TUS SUEÑOS**

Seguramente todos nosotros tenemos nuestros sueños o los hemos tenido. Por tal motivo nos hacemos muchas ilusiones y luego por cualquier cosa nos desanimamos, y más aún si viene un amigo o un familiar y nos dicen frases como las siguientes: "no hagas eso, ya tú estás viejo(a) para eso", "tú nunca vas a terminar tus estudios ya que eras mal estudiante y no sirves para vender", etc. "Ese examen es para personas brillantes" como maestros, abogados, doctores, contables, etc.

Esa gente son destructores de sueños y de ilusiones, por eso les digo que los fracasados son ellos mismos porque ni siquiera lo intentaron. Usted escuche a todo el mundo y luego tome sus decisiones y siga hacia adelante. El no intentarlo es de cobarde. Si toma una buena decisión y logra sus sueños, probablemente al final del camino esas personas que lo desanimaron necesiten de usted y quizás se vean obligados a buscar sus servicios, y usted con mucho gusto les sirve y les ayuda a realizar sus sueños y a la vez les recuerda que como usted no siguió sus consejos pudo triunfar y lograr sus sueños y metas, y que esto les sirva a ellos de lección y les indique que en la vida hay sueños que sí se pueden lograr si uno se lo propone, tiene fe, metas, esperanzas y, sobre todo, fe en uno mismo. Por eso no dejen que nadie les robe ni les destruya sus sueños (Prof. Juan Francisco Velázquez Cabán, 2021).

Nuevo reglamento de bienes raíces para el programa de estudios en este campo para corredores y vendedores de bienes raíces (Reglamento nº 9101). Artículo 1

Este Reglamento # 9101 fue aprobado el 23 de mayo del 2018, derogando el Reglamento # 5568 del 3 de abril de 1997 y los artículos 12, 13, 14, 15, y 16 del Reglamento # 5567 del 26 de septiembre del 1996.

Es conocido como Reglamento de Asuntos Académicos de Bienes Raíces y el mismo es para establecer el programa de estudios.

El propósito fundamental del Reglamento es:

a. Implementar un programa de estudios para corredores, vendedores e instructores de bienes raíces.

b. Establecer las normas de aprobación, acreditación, certificación y funcionamiento de las instituciones académicas, y proveedores de educación para obtener la licencia, educación continua, instituciones de bienes raíces, educación a distancia y sus funciones.

c. Uniformar los procesos, procedimientos y materiales de estudio.

d. Delinear los requisitos mínimos que aplicarán a los procesos educativos; y

e. Crear y definir algunas figuras y conceptos.

f. NOTA: Si la Junta emite una licencia en el mes de julio las horas créditos se deben tomar en el período de un año, o sea, de julio a julio, hasta que termine el período de vigencia de la licencia. Esto se refiere a un período de 12 meses consecutivos.

Requisitos de educación profesional para aspirantes a licencia de bienes raíces

1. Aprobar el curso preparatorio de 90 horas de clases sobre bienes raíces para corredores y de 72 horas para vendedores.

2. La Junta aceptará cursos de educación continuada sobre materia de bienes raíces enumeradas en los artículos 2 y 3 de esta sección, según allí se dispone.

3. Poseer el diploma de escuela superior o su equivalente, para vendedores, o 60 créditos universitarios o más aprobados, para corredores.

4. Luego de completar los requisitos de estudio, el aspirante deberá aprobar el examen de reválida con una puntuación mínima de 70%.

Artículo 11. Materias para el Curso Preparatorio de Corredor

Temas	Horas
1. Evolución de los bienes raíces	3
2. Ley 10 del 26 de abril de 1994	3
3. Reglamentos aprobados en función de la Ley 10	6
4. Reglamento de ética y principios de etiqueta en bienes raíces	6
5. Ley 5 DACO	3
6. Aspectos legales	6
7. Ley Notarial	3
8. Registro Inmobiliario Digital de Puerto Rico	3
9. Calificación y permisos	3
10. Acceso controlado	3
11. Ley de Condominio y su reglamento	6
12. Matemática para bienes raíces	3
13. Contribuciones / CRIM	3
14. Tasación	3
15. Contratos y obligaciones	3
16. Contratos especiales de bienes raíces	6
17. Técnicas de venta y mercadeo integrando tecnología	3
18. Financiamiento	3

19. Documentos para el cierre	3
20. Cálculos de financiamiento	3
21. Bienes raíces comerciales incluyendo arrendamientos	3
22. Venta de proyectos nuevos incluyendo desarrollo sostenible	3
23. Administración de propiedades	3
24. Arrendamiento residencial y comercial	3
25. Subasta y propiedades reposeídas	3
Total	**90**

Artículo 111. Materias para el Curso Preparatorio de Vendedor

Temas	Horas
1. Evolución de los bienes raíces	3
2. Ley 10 del 26 de abril de 1994	3
3. Reglamentos aprobados en función de la Ley 10	6
4. Reglamento de ética y principios de etiqueta en bienes raíces	6
5. Ley 5 DACO	3
6. Aspectos legales	6
7. Ley Notarial	3
8. Registro Inmobiliario Digital	3
9. Calificación y permisos	3
10. Acceso controlado	3
11. Ley de Condominio y su reglamento	3
12. Matemática para bienes raíces	3
13. Contribuciones / CRIM	3
14. Tasación	3
15. Contratos y obligaciones	3
16. Contratos especiales de bienes raíces	6
17. Técnicas de venta y mercadeo	3
18. Financiamiento	3
19. Documentación para cierre	3
20. Cálculos de financiamiento	3
Total	**72**

NOTA: PARA VER TODOS LOS DETALLES DEL NUEVO REGLAMENTO IR A GOOGLE Y BUSCAR "NUEVO REGLAMENTO DE ASUNTOS ACADÉMICOS DE BIENES RAÍCES".

REQUISITOS DE EDUCACIÓN CONTINUA DE CORREDOR, VENDEDOR E INSTRUCTOR GENERAL

Artículo 1. Requisitos de Educación Continua para corredor y vendedor

Tanto el corredor como el vendedor deberán completar un mínimo de seis (6) horas para corredor y cuatro (4) para vendedor por año, en las materias y horas abajo presentadas.

Educación Continua	Horas Corredor	Horas Vendedor
Mandatorias – M	12	12
Electivas - E	12	4
4 años Total	24	16

Temas	Horas -M
1. Ética y principios de etiqueta	3
2. Aspectos legales (contratos especiales de bienes raíces, etc.)	3
3. Financiamiento	3
• Precualificación y documentación del prospecto comprador	
• Proceso de financiamiento y el rol del corredor en sus 5 fases	
• El cierre y sus documentos	
4. Mercadeo de propiedades	3
• Técnicas de venta y mercadeo aplicando la tecnología	
• Las redes sociales y los bienes raíces	

A continuación un listado de algunas materias de aspectos prácticos de la profesión que cualifican para educación continua:

Temas	Horas -E
Plan de trabajo y filosofía de negocio	3
Manejo del tiempo y bloqueo de agenda	3
Prospectar	3
Cualificación del vendedor y el comprador	3
Preparación y análisis de Comparables del Mercado (CMA)	3

Prólogo

En Puerto Rico, desde el comienzo de la Ley 77 del 25 de junio de 1964 y hasta el presente con la Ley 10 del 26 de abril de 1994, han surgido muchos cambios y, a solicitud de mis estudiantes y mis compañeros de profesión, he decidido preparar un resumen del Curso de Bienes Raíces para evitar en los estudiantes el aburrimiento de tener un libro donde tengan más de 500 páginas y pierdan el interés en el curso y el entusiasmo. De esta forma, con un resumen corto, se incluye lo que deben saber en bienes raíces para aprobar el examen de reválida.

Con la Ley 10 del 26 de abril de 1994 es que se regula el negocio de bienes raíces en Puerto Rico y comienzan los nuevos cambios. Este libro resumido tiene como título RESUMEN PRÁCTICO PARA EL CURSO DE CORREDOR Y VENDEDOR DE BIENES RAÍCES Y EXAMEN DE REVÁLIDA.

Va dirigido a servir de libro de texto para las escuelas, colegios y universidades que ofrezcan el curso para los aspirantes a las licencias de corredor y vendedor de bienes raíces. El mismo tiene las actualizaciones del momento; se le añadirán los anejos de los nuevos cambios que surjan en el futuro. Está adaptado al nuevo reglamento 9101 del programa de estudios aprobado por la Junta de Corredores, Vendedores y Empresas de Bienes Raíces de Puerto Rico del 23 de mayo de 2018. Con este Reglamento se derogó el Reglamento # 5568 del 3 de abril de 1997 y los artículos 12 al 16 del Reglamento # 5567 del 26 de septiembre de 1996. Doy gracias a Dios por darme la oportunidad de preparar este material actualizado para los futuros estudiantes y para las educaciones continuas del presente y el futuro, así como para las instituciones educativas que ofrecen este curso preparatorio para la reválida.

Agradecimiento

Doy gracias a Dios por permitirme escribir este libro y finalmente terminarlo. Dediqué al mismo dos años de mi tan ocupado tiempo. Mi tardanza se debió a que quería escribirlo yo mismo para estar seguro de que el contenido era el correcto y a la vez ir haciendo las actualizaciones que surgieran al momento. Quiero darle las gracias y reconocer la ayuda y asesoramiento del licenciado Cándido Martínez, quien fuera mi profesor en el Curso de Bienes Raíces en el año 1999 y luego como compañero corredor y profesor. Le estoy muy agradecido por los consejos, asesoramientos y motivación que me dio para poder escribir este libro, y la ayuda que siempre me brindó.

Dedicatoria

Este libro lo dedico a mis cuatro hijos: Juan Francisco Jr., Wanda Ivette, Luis Antonio e Ivelisse. También es dedicado a mi yerno Carlos Ayala, esposo de mi hija Wanda, y muy especialmente a mis seis nietos y mis dos bisnietas. Especialmente lo dedico a mi primo Doro, Teodoro Ortega, quien era el que me acompañaba a ver las propiedades de mi listado. QDEP, mi primo falleció en noviembre de 2021 dejando un gran vacío en mi corazón, éramos como dos hermanos. Que Dios lo tenga en la Gloria.

Introducción

¡FELICITACIONES!

LA ESCUELA COMERCIAL DEL OESTE INC. Y SU PRESIDENTE EL PROFESOR JUAN FRANCISCO VELÁZQUEZ CABÁN, FELICITA A TODOS LOS ESTUDIANTES POR SU SABIA INICIATIVA DE HACER ALGO NUEVO EN SUS VIDAS AL DECIDIR COMPRAR ESTE MANUAL Y ENCAMINARSE AL MUNDO EMOCIONANTE DE LOS BIENES RAÍCES.

HE ESCRITO ESTE MANUAL PENSANDO EN USTEDES COMO PERSONAS DESEOSAS DE PROGRESAR EN LA VIDA. ESTE MANUAL ES PARA JÓVENES, ADULTOS Y PERSONAS MAYORES QUE TENGAN 4º AÑO DE ESCUELA SUPERIOR Y/O 60 CRÉDITOS DE UNIVERSIDAD O MÁS.

Desarrollo y evolución de los bienes raíces en Puerto Rico

Es muy importante que todo aquel que quiera y tenga interés en hacer de los bienes raíces una carrera y/o una profesión, tenga conocimiento de cómo este negocio e industria se ha ido desarrollando a través de los años en Puerto Rico. Las leyes y reglamentos del Gobierno han hecho del negocio de bienes raíces uno serio y confiable. Desde los comienzos de la Ley 77 del 25 de junio de 1964, se inició el desarrollo y la regulación de los bienes raíces en Puerto Rico .

A pesar de esta ley, las malas prácticas continuaban aumentando. Por lo tanto, la Oficina de Asuntos Monopolísticos del Departamento de Justicia y la Junta Especial sobre Prácticas Injustas del Comercio, creyeron que era necesario crear un reglamento para darle apoyo y refuerzo a la Ley 77 y de esa forma mejorar el estricto cumplimiento de la misma.

Por tal motivo, el 15 de julio de 1970 se aprobó el Reglamento 4 para controlar y regular la venta de propiedades fuera de Puerto Rico. Para seguir apoyando la Ley 77, el 3 de agosto de 1972 se aprobó el Reglamento 5 para controlar y reglamentar la venta de propiedades en Puerto Rico y alrededor de todo el país.

Por la grandísima necesidad de crear un mecanismo de ley más estricto y exigente para darle más apoyo y más fuerza al **Reglamento 5, el 14 de junio de 1980 se creó la Ley 139, que suplantó al Reglamento 5; razón por la cual se establece LA JUNTA EXAMINADORA DE CORREDORES, y el 18 de junio de ese mismo año (1980) se establece la Ley 145, la cual se fundamentaba en el Reglamento 4. Por último, se aprobó la Ley número 10 el 26 de abril de 1994. Esta ley reglamenta la profesión de corredor y la de vendedor, así como las empresas de bienes raíces en Puerto Rico, y se establece y adopta un Reglamento para aplicar dicha ley.**

EVOLUCIÓN DE LOS BIENES RAÍCES DE LA NAR

HISTORIA, COMIENZOS Y EVENTOS CLAVES DE LA NATIONAL ASSOCIATION OF REALTORS (NAR)

La Asociación Nacional de Realtors fue fundada como Nacional Association of Real Estate Exchanges (Asociación Nacional de Bienes Raíces e Intercambios) el 12 de mayo de 1908, en el Auditorio del YMCA en Chicago, Illinois, con 120 miembros fundadores, 19 boards (juntas) y una asociación de un estado. El objetivo principal de la Asociación Nacional de Bienes Raíces e Intercambios era unir a los hombres y mujeres de bienes raíces de América con el propósito de ejercer efectivamente, poner en acción o ejercer una influencia combinada sobre aquellas cosas a los intereses de los bienes raíces.

La Asociación de Juntas Fundadoras incluyó a Baltimore, Madrid; Bellingham, WA; Chicago, Illinois; Cincinnati, OH; Detroit, MI; Los Ángeles, CA; St. Louis, MO, y California State Realty Federation (ahora California Association of Realtors), entre otros. El Código de Ética de la NAR fue adoptado en 1913 como Regla de Oro como su tema (the Golden Rule as its theme). En 1916, el nombre de la Asociación Nacional de Bienes Raíces e Intercambios fue cambiado a Nacional Association of Real Estate Boards (NAREB). Ese mismo año (1916), el término "realtor" identifica a los profesionales de Real Estate quienes son miembros de la Asociación Nacional y son suscriptores (o están suscritos) al estricto Código de Ética, que fue ideado (ingeniado, inventado) por Charles N. Chardbourn, pasado presidente de Minneapolis Real Estate Board.

MISIÓN Y VISIÓN

El propósito fundamental de la Asociación Nacional de Realtors (Nacional Association of Realtors) es ayudar a sus miembros a convertirse en más provechosos y exitosos. En el 2009 los *realtors* se enfocaron en traer de regreso a los compradores al mercado de los bienes raíces y dieron una mirada hacia el futuro (un paso al frente) a la industria de los bienes raíces.

CONTROVERSIAS Y RETOS

Los documentos de controversias y retos del 2010 resumen, a grandes rasgos, la presión de las cosas que los *realtors* pueden esperar para enfrentar el año venidero. Este provee soluciones críticas para dirigirse a cada uno de estos tópicos a largo alcance, con descripciones y enlaces a los programas relevantes y recursos.

Para que tengan claro lo antes expuesto, les damos a continuación más detalladamente cada una de las leyes y reglamentos ya explicados en el desarrollo y evolución de los Bienes Raíces en Puerto Rico.

REGLAMENTO SOBRE COMPETENCIA JUSTA # 4 DEL 15 DE JULIO DE 1970

Propósito:

El objetivo fundamental de este Reglamento es eliminar (proscribir) ciertas prácticas injustas y engañosas que han surgido en el negocio de ventas de bienes raíces y/o bienes inmuebles en Puerto Rico o localizados fuera de Puerto Rico, y poder ofrecer unas herramientas administrativas adecuadas para fiscalizar este negocio. La Oficina de Asuntos Monopolísticos concluyó que si en Puerto Rico continuaban las ventas sin ninguna regulación se estaría echando por el piso la política pública establecida por la Ley 77 del 25 de julio de 1964.

REGLAMENTO SOBRE COMPETENCIA JUSTA #5 DEL 3 DE AGOSTO DE 1972

PROPÓSITO: La meta u objetivo fundamental de este reglamento es normalizar y reglamentar toda venta y transacción que tenga que ver con bienes raíces localizados en Puerto Rico y establecer todas las medidas necesarias con este propósito, eliminando todas las prácticas injustas y engañosas que han surgido mediante las transacciones en el mismo. Por lo tanto, si se continuaba el negocio de bienes raíces en Puerto Rico sin ninguna restricción, se estaría dejando sin efecto la Ley 77. **Es por eso que el 14 de junio de 1980 se crea la Ley 139.**

LEY 139 DEL 14 DE JUNIO DE 1980

Debido al gran crecimiento económico en Puerto Rico, se ha experimentado un aumento en las transacciones de bienes raíces y ha surgido un movimiento más amplio. Estas transacciones se han hecho bastante lucrativas, despertando así un gran interés en diferentes personas que están dispuestas a negociar sus propiedades y otras a invertir su dinero para generar buenas ganancias. Con motivo de lo antes expuesto, surge en este mercado la figura del **corredor de bienes raíces.** Este personaje que, en mutuo acuerdo con el dueño vendedor, recibirá una comisión previamente acordada y será el intermediario entre las partes, o sea, entre vendedor y comprador. El corredor deberá comprometerse a proteger y promover el interés tanto del público en general como el de las partes contratantes, teniendo fidelidad y un trato justo con las partes envueltas en la transacción en que él se encuentre como corredor.

Es por esto que la Ley 139 del 14 de junio de 1980 crea la **JUNTA EXAMINADORA DE CORREDORES DE BIENES RAÍCES Y SUSTITUYE AL REGLAMENTO # 5.** De esta forma se pretende que el público tenga más confianza en la persona que tenga una Licencia de Corredor de Bienes Raíces. Se establecieron ciertos criterios y requisitos para ejercer la profesión.

Según la Asamblea Legislativa, el desempeño de esta clase profesional es de suma importancia en el pueblo puertorriqueño. Por tal motivo, era necesario proveer unas reglas y mecanismos que le garantizaran al pueblo un servicio de excelencia, seriedad y confiabilidad. Por estas razones, se estableció que todo aspirante a una Licencia de Corredor de Bienes Raíces debe aprobar un examen de reválida al respecto para poder ejercer la profesión.

MIEMBROS DE LA JUNTA SEGÚN LA LEY 139 DEL 14 DE JUNIO DE 1980

La Junta estará compuesta por:

1. 5 miembros - 4 nombrados por el gobernador con el consejo y consentimiento del Senado.
2. Deberán gozar de buena reputación y ser mayores de edad.
3. Tres de los miembros serán corredores de bienes raíces de reconocida competencia profesional y no menos de 3 años de experiencia.
4. Uno de los tres miembros deberá ser abogado y representar los intereses de los consumidores.
5. El quinto miembro será nombrado por el Secretario de Justicia de entre los abogados adscritos a dicho Departamento y representará al interés público.

TÉRMINO DE LOS MIEMBROS (SEGÚN LEY 139)

Los primeros nombramientos de los miembros de la Junta fueron: 1 miembro por un año, 2 por 2 años, 1 por 3 años y 1 por 4 años.

Los siguientes nombramientos serán por 4 años. Los miembros de la Junta estarán en sus puestos hasta que sus sucesores sean nombrados y tomen posesión de sus cargos.

Las vacantes que surjan se cubrirán en la misma forma que se hicieron los nombramientos iniciales por el término que le reste al miembro saliente. Ninguna persona podrá ser miembro de la Junta por más de dos (2) términos consecutivos.

QUÓRUM

Tres (3) miembros constituirán el quórum, siempre y cuando estén presentes los dos (2) abogados que representan al interés público y el que representa a los consumidores.

REQUISITOS PARA OBTENER LICENCIA DE CORREDOR (LEY 139)

1. Radicar ante la Junta una solicitud de licencia.
2. Presentar un certificado de buena conducta de la policía de Puerto Rico.
3. Ser mayor de 18 años.
4. Ser graduado de Escuela Superior o el certificado de equivalencia.
5. Aprobar el examen que ofrece la Junta.
6. Pagar la cantidad de 50 dólares en un cheque certificado o giro a nombre del Secretario de Hacienda del Estado Libre Asociado de Puerto Rico.

EXÁMENES

La Junta ofrecerá dos exámenes al año, disponiéndose que tiene criterios para ofrecer más de dos si fuese necesario. Además, tiene discreción para fijar fecha, hora y lugar de los mismos. La fecha de los exámenes se publicará 2 veces en 2 periódicos con 30 días de anticipación al examen.

FRACASOS: Toda persona que fracase en el examen, lo podrá tomar nuevamente luego de haber pasado seis (6) meses, y podrá hacerlo todas las veces que fuera necesario.

LICENCIA SIN TENER QUE TOMAR EL EXAMEN

Toda persona que estuviese ejerciendo la profesión antes de aprobada la Ley 139, tiene hasta un año después de haberse aprobado la misma para solicitar la licencia sin examen, siempre y cuando reúna los demás requisitos ya señalados. Esta persona deberá estar registrada en la Oficina de Asuntos Monopolísticos del Departamento de Justicia. Debe presentar evidencia de que durante ese tiempo estaba ejerciendo como corredor de bienes raíces.

RENOVACIÓN DE LICENCIA SEGÚN LEY 139

La licencia se renovará cada 2 años e incluye:

1. Nombre o razón social del solicitante.
2. La dirección de sus oficinas incluyendo la principal.
3. Un amplio detalle de sus actividades comerciales.
4. Certificado de buena conducta de la Policía.
5. Un cheque certificado por 25 dólares a nombre del Secretario de Hacienda.

DENEGACIÓN DE LICENCIA SEGÚN LEY 139

La Junta puede negarse a expedir la licencia, una vez que haya notificado a la parte interesada y esta sea escuchada, si:

- No reúne los requisitos establecidos de la Ley 139 para obtener la licencia de corredor.
- Ha ejercido ilegalmente la profesión en Puerto Rico.
- Mediante engaño o fraude ha tratado de obtener o ha obtenido la licencia de corredor de bienes raíces.
- Ha incurrido en incompetencia en el ejercicio de la profesión para perjudicar a un tercero.
- Ha sido declarado por un tribunal mentalmente incapacitado, o se probara ante la Junta mediante pruebas médicas su incapacidad. Se dispone que la licencia se le podrá otorgar tan pronto sea médicamente declarado nuevamente capacitado, si aún reúne los requisitos establecidos por la ley.

- Es usuario de drogas o alcohólico. Se dispone que se le podrá otorgar la licencia si prueba nuevamente que está capacitado y si reúne los demás requisitos exigidos por ley.

EXCEPCIONES

Las disposiciones de esta ley no aplicarán a:

- Los abogados en sus relaciones profesionalmente con sus clientes, respecto a actos y contratos referente a los bienes de sus clientes.
- A los abogados nombrados de acuerdo a las leyes vigentes en Puerto Rico en relación con los bienes de los poderantes.
- A las personas que se les otorgan unos privilegios con facultades en los testamentos con respecto a los bienes de los causantes.
- A las personas que son nombradas por los Tribunales de Justicia de Puerto Rico para hacer trámites judiciales en Puerto Rico o Estados Unidos.

PENALIDADES (SEGÚN LEY 139)

Toda aquella persona que no tenga la correspondiente licencia y se dedique a ejercer la profesión de corredor de bienes raíces en Puerto Rico, o empleare a otro individuo sin la requerida licencia para ejercer como corredor, cometerá un delito menos grave, y si fuera convicta se castigará con multa no menor de $100 ni mayor de $500, o cárcel de no menos de un (1) mes ni mayor de seis (6), o ambas penas si así lo dicta el tribunal.

FIANZA (SEGÚN LEY 139)

La Junta no expedirá licencia de corredor a ningún solicitante a menos que haya prestado una fianza por la cantidad de cinco mil dólares ($5,000).

RECIPROCIDAD

La Junta está autorizada, mediante los mecanismos que crea necesario y pertinente, a obtener las relaciones de reciprocidad sobre poder conceder licencia sin ningún examen directamente con aquellos estados o territorios de Estados Unidos, o de cualquier otro país, donde exijan requisitos similares a los de esta ley, y que los solicitantes puedan obtener la Licencia de Corredor de Bienes Raíces, y en los cuales en dichos estados o territorios se provea una concesión similar para los licenciados por esta Junta en Puerto Rico.

VENTA DE PROPIEDADES FUERA DE PUERTO RICO (LEY 145 DEL 18 DE JUNIO DE 1980)

Esta ley se fundamenta en el Reglamento # 4 sobre Competencia Justa. El propósito fundamental de este reglamento es controlar la venta de bienes inmuebles localizados fuera de Puerto Rico de esos estafadores de las prácticas injustas en repetidas ocasiones contra los residentes de nuestra isla. Dicha ley aplica a individuos y a corporaciones que se dedican a la venta de bienes inmuebles en Puerto Rico localizados en su mayoría en los Estados Unidos.

CORREDOR DE BIENES RAÍCES

Persona que se dedique al negocio de bienes raíces mediante compra y venta, y que posea un Certificado de Registro de la Oficina de Asuntos Monopolísticos.

PROPIETARIO O VENDEDOR

Persona inscrita en la Oficina de Asuntos Monopolísticos del Departamento de Justicia, que se dedique a la venta de bienes inmuebles localizados fuera de Puerto Rico.

INSCRIPCIÓN INICIAL (SEGÚN LEY 145)

La primera inscripción en la Oficina de Asuntos Monopolísticos de cualquier material de promoción relacionado con la venta de bienes inmuebles que estén localizados fuera de Puerto Rico.

INSCRIPCIÓN SUBSIGUIENTE

Es la inscripción de material de promoción donde ya se haya hecho una inscripción previamente (anteriormente).

REQUISITOS DE UNA INSCRIPCIÓN

Será requisito y obligación de cualquier propietario o vendedor de bienes inmuebles fuera de Puerto Rico someter a la Oficina de Asuntos Monopolísticos del Departamento de Justicia el formulario de registro por escrito y bajo juramento, para poder solicitar la inscripción como propietario o vendedor. Dicho formulario será completado en su totalidad ofreciendo toda la información solicitada.

LICENCIA (SEGÚN LEY 145)

Todo propietario, vendedor o representante, para realizar cualquier venta o aceptar un pronto pago de una transacción de venta de cualquier bien inmueble localizado fuera de Puerto Rico, tiene que haber cumplido con los artículos 4 y 5 de esta ley, para obtener la Licencia de Corredor de Bienes Raíces y poder dedicarse a la venta de bienes raíces localizados fuera de Puerto Rico, y la misma debe venir acompañada de un comprobante de $100 por concepto de licencia, la cual se renovará anualmente.

INFORME CADA TRES MESES (3), TRIMESTRAL

Todos los propietarios y los vendedores deberán, en la primera semana de cada trimestre, someter a la Oficina de Asuntos Monopolísticos un informe de todas las ventas efectuadas durante el trimestre anterior. Este informe será mediante declaración jurada ante un notario público, donde se notifique el nombre de los compradores, dirección exacta, cabida y descripción de la propiedad objeto de la venta y cualquier otra información que pueda afectar el bien inmueble.

PENALIDADES

Cualquier persona que violare las disposiciones de esta ley, o dé información falsa, podrá ser acusada de delito grave y podría ser convicta y será castigada con multa no menor de $5,000 ni mayor de $50,000 o cárcel por un término no mayor de un año o ambas penas a discreción del tribunal.

LEY 10 DEL 26 DE ABRIL DE 1994

Esta ley fue creada para reglamentar el negocio y la profesión de corredor y de vendedor, así como las empresas de bienes raíces en Puerto Rico. Su propósito fundamental fue crear y establecer la Junta de **CORREDORES, VENDEDORES Y EMPRESAS DE BIENES RAÍCES DEL DEPARTAMENTO DE ESTADO DE PUERTO RICO.**

OBJETIVOS PRINCIPALES

1. Reglamentar el negocio y la profesión de corredor y de vendedor, así como las empresas de bienes raíces en Puerto Rico.
2. Crea la Junta de Corredores, Vendedores y Empresas de Bienes Raíces.

3. Define sus funciones, deberes y facultades.
4. Fija las penalidades que sean necesarias y pertinentes
5. Deroga (elimina) la Ley 139 del 14 de junio de 1980, la Ley 145 del 18 de junio de 1980, y los reglamentos 4 y 5.
6. Enmienda el párrafo d) del artículo 2 de la Ley 130 del 13 de junio de 1967 (Ley del Oficial de Construcción), elimina la responsabilidad del corredor sobre los defectos de construcción donde él no interviene ni conoce.
7. Asigna fondos a la Junta.

COMPOSICIÓN DE LA JUNTA

1. Se compone de cinco (5) miembros nombrados por el Gobernador con el consentimiento del Senado y supervisados por el Departamento de Estado de Puerto Rico.
2. Deben ser mayores de 21 años y residentes de Puerto Rico.
3. Tres (3) serán corredores de bienes raíces con un mínimo de 3 años de experiencia.
4. El cuarto miembro será de cualquier profesión u oficio, y representará a los consumidores.
5. El quinto miembro será un abogado y representará al interés público.
6. El presidente de la Junta será seleccionado de los tres (3) corredores.
7. Serán nombrados por un término de cuatro (4) años y no más de dos (2) términos consecutivos sin importar su posición.
8. La asistencia de tres (3) miembros de la Junta constituye el **quórum.**
9. Se aprobarán los acuerdos por la mayoría.
10. Un reglamento interno será aprobado y adoptado.
11. Se llevará a cabo por lo menos una reunión por trimestre, más todas las que sean necesarias.
12. Cobrarán dietas equivalentes a las de los representantes y senadores, según Ley 172 de 1999 (por enmiendas a la Ley 10 de 1994).
13. Ningún miembro de la Junta podrá desempeñar cargos o posiciones académicas, ser propietario, accionista o administrador de ninguna institución, colegio o escuela que tenga programas de educación de bienes raíces.
14. Las vacantes o destituciones de cualquiera de los miembros de la junta serán cubiertas por otro miembro tomando en consideración los requisitos necesarios que exige la vacante a ser llenada y por el tiempo que le reste a la posición vacante.

FACULTADES Y DEBERES DE LA JUNTA

1. Expedir, renovar o denegar licencias para ejercer como corredor, vendedor o empresas de bienes raíces.
2. Suspender, renovar o denegar la renovación de licencias, una vez celebrada una vista previamente. Cuando se determine que hay alguna violación a los aspectos establecidos por la ley, tendrá treinta (30) días para objetar la determinación de la Junta según la Ley 170.
3. Preparar, suministrar y evaluar los exámenes de reválida dos (2) veces por año, mínimo de sesenta (60) días entre un examen y otro (Ley 172 de 1999, enmienda Ley 10 de 1994).
4. Mantener un registro actualizado de todas las licencias expedidas.
5. Llevar un libro de actas de todas las reuniones.
6. Adoptar un sello oficial.
7. Celebrar vistas públicas y y/o administrativas, emitir órdenes, tomar declaraciones y expedir citaciones (resolver controversias en asuntos bajo su jurisdicción).
8. Hacer comparecencia en cualquier tribunal de distrito en Puerto Rico para todos los casos que tengan que ver con bienes raíces o la Ley 10 del 26 de abril de 1994.
9. Preparar un **manual del aspirante (puede obtenerse por internet en** www.estado.gobierno.pr/corredor) **con toda la información respecto al examen de reválida.**
10. Anualmente, le presentará un informe al Secretario de Estado sobre los trabajos realizados.
11. Periódicamente promoverá la educación continua de corredores y vendedores.
12. Establecer por reglamento los requisitos necesarios de los cursos y las materias exclusivamente específicas para poder ejercer la profesión.
13. Adoptar los reglamentos durante los primeros 90 días.
14. No más tarde de los primeros 6 meses se adoptará el **Reglamento de Ética. Los reglamentos deberán ser sometidos a vistas públicas antes de ser aprobados.** Cualquier persona que violare cualquiera de las disposiciones de esta ley será castigada con una multa administrativa de $5,000 por infracción.

DEFINICIONES

1. Corredor de bienes raíces

Persona natural que posee una licencia expedida por la Junta para ejercer la profesión, y que actúa como intermediario, mediante pago o promesa de pago, de cualquier compensación previamente establecida entre las partes que hayan acordado llevar a cabo cualquier transacción en bienes raíces tal como compraventa, alquiler, permuta, etc., de un bien inmueble localizado en o fuera de Puerto Rico.

2. Vendedor de bienes raíces

Persona natural que posee una licencia expedida por la Junta para ejercer la profesión, y es empleada o contratada por un corredor de bienes raíces como contratista independiente, directa o indirectamente mediante el pago de cualquier compensación previamente pactada entre él y un corredor de bienes raíces o empresa. El vendedor estará bajo la supervisión, control, dirección y responsabilidad del corredor o empresa para la cual trabaja. Llevará a cabo cualquier actividad autorizada por la ley a un corredor de bienes raíces.

3. Empresa de bienes raíces

Es toda sociedad o corporación que, poseyendo una Licencia para Empresas de Bienes Raíces expedida por la Junta, lleve a cabo cualquiera de las actividades autorizadas por ley a un corredor de bienes raíces.

REQUISITOS PARA OBTENER LA LICENCIA DE CORREDOR DE BIENES RAÍCES

1. Ser mayor de 18 años.
2. Tener aprobado un mínimo de 60 créditos universitarios.
3. Haber tomado un curso de bienes raíces de 90 horas o más.
4. Radicar una solicitud de examen ante la Junta debidamente juramentada.
5. Haber aprobado el examen de corredor de bienes raíces.
6. Presentar un certificado de antecedentes penales de los últimos 5 años (en Puerto Rico y Estados Unidos si aplica).

7. Enviar un giro de $150 por el examen y $17.25 de IVU (total, $167.25), a nombre de Test Innovations, para tomar el examen de reválida.

8. Pagar y enviar un comprobante de $200 de Rentas Internas si aprueba el examen.

9. Pagar y prestar una fianza de $10,000 a favor del Estado Libre Asociado de Puerto Rico.

10. Enviar certificado bancario y número de su cuenta plica (*escrow account*). Esta es una cuenta especial que tiene que estar separada de cualquier otra cuenta, sea personal u operacional del negocio. Esta cuenta no puede generar o ganar intereses del dinero que en ella se deposite. En ella se depositará el dinero de pronto o depósito de buena fe que el corredor reciba de cualquier transacción que realice. Esta cuenta se informará en DACO. El corredor guardará en su archivo las hojas de depósito y recibo del cliente, sujeto a ser auditado por DACO.

REQUISITOS PARA LA LICENCIA DE VENDEDOR DE BIENES RAÍCES

1. Tener cuarto año de escuela superior.
2. Haber tomado un curso de 72 horas en bienes raíces.
3. Haber aprobado el examen de vendedor con 70% o más.
4. No necesita la cuenta plica, ya que no puede trabajar por su cuenta.
5. Radicar una solicitud de examen a **TEST INNOVATIONS CON UN GIRO DE $150 de examen y $17.25 de IVU.**
6. Presentar un certificado de antecedentes penales de los últimos 5 años (en Puerto Rico y Estados Unidos si aplica el caso).
7. Ser mayor de 18 años de edad.
8. Enviar un comprobante de $200 de Rentas Internas.
9. Prestar una fianza de $10,000.

REQUISITOS PARA OBTENER LA LICENCIA DE EMPRESAS DE BIENES RAÍCES

1. Se expedirá licencia de empresa a **sociedades** o **corporaciones**.
2. Tanto las sociedades como las corporaciones tendrán que presentar una fianza de 20,000 dólares a favor del Estado Libre Asociado de Puerto Rico, inscribirla en DACO y enviar evidencia a la Junta.

3. A las dos se les requiere un comprobante de $500 de Rentas Internas.

4. En las corporaciones todos los accionistas tienen que ser corredores y poseer sus licencias de corredor de bienes raíces de Puerto Rico. Un vendedor de bienes raíces no puede ser accionista pero puede trabajar para ellos.

5. En las sociedades todos los socios tienen que tener licencia de corredor o vendedor de bienes raíces. Una sociedad no se puede componer de vendedores solamente, por lo menos debe haber un corredor debido a la necesidad del uso de la cuenta plica. Las sociedades tienen que estar inscritas en el Registro Mercantil.

FRACASO (REPROBACIÓN) DEL EXAMEN, NOTA: luego de tomar el curso de bienes raíces tiene hasta dos (2) años para tomar el examen; si no lo toma tiene que tomar el curso de nuevo.

Todo aspirante que no apruebe uno de los dos exámenes podrá volver a tomar el mismo otra vez en la siguiente fecha asignada, y hasta un máximo de 5 veces según lo establecido en la Ley 88 del 26 de junio de 2010. Si el aspirante no toma el examen dentro de los dos años de haber tomado el curso preparatorio, o si reprobó (no pasó) el examen en los cuatro intentos, entonces tendrá que tomar el curso preparatorio nuevamente.

REQUISITOS PARA LA RENOVACIÓN DE LICENCIAS

1. Todas las licencias expedidas por la Junta para corredor, vendedor y empresas de bienes raíces tienen validez por cuatro (4) años.

2. Toda solicitud de renovación tiene que ser enviada con treinta (30) días de anticipación a la fecha de renovación de la misma, para que se le otorgue una prórroga automática de la licencia por el tiempo que se tome la Junta en la consideración y expedición de la licencia.

3. La solicitud de renovación se radica en un formulario que provee la Junta y esta tiene que ser juramentada.

4. Enviar los siguientes documentos:
   a. Certificado de antecedentes penales.
   b. Un pago de $200 pagado por internet con tarjeta de crédito o débito para corredores y vendedores y de $500 para empresas de bienes raíces.
   c. Presentar nuevamente una fianza de $10,000 para corredores y vendedores de bienes raíces y de $20,000 para empresas de bienes raíces.

d. Cumplir con el requisito de educación continua, 4 horas por año para los vendedores (16 en 4 años) y de 6 horas por año para corredores (24 horas en 4 años) y presentar copias de los certificados de educación continua. Estas horas tienen que haber sido tomadas en instituciones acreditadas y no se pueden tomar todas a la vez en un mismo año.

5. Si radica la solicitud de renovación después de 90 días de vencida, el solicitante tendrá que someter una declaración jurada haciendo constar que no ha participado durante dicho período en ninguna transacción.

Vocabulario de bienes raíces

Aceleración – Cláusula de aceleración

Una estipulación en una hipoteca que da a la casa hipotecaria el derecho a demandar el pago del saldo completo si se falla en pago mensual.

Acuerdo de compra y venta

Un contrato por escrito firmado por el comprador y el vendedor que estipula las condiciones y términos en que se realizará la compraventa.

Amortización

La liquidación gradual de una hipoteca por medio del abono al principal en el pago mensual.

APR – Porcentaje anual de interés

El costo total anual de una hipoteca declarado como porcentaje de la cantidad del préstamo; incluye, entre otros, la tasa de interés del préstamo, los costos de originación y descuento y el seguro hipotecario si aplica.

Apreciación

Un aumento en el valor de una casa debido a cambios de condiciones en el mercado u otras causas.

ARM – Hipoteca de interés ajustable

Una hipoteca cuya tasa de interés cambia basada en una tabla indicativa.

Asumible – Hipoteca asumible

Un préstamo que puede ser traspasado a un comprador ("asumido" por él mismo) cuando una casa es vendida.

Cierre

Ocasión en que se finaliza el proceso de la transacción.

Coeficientes de cualificación

Relación de ingreso a gastos aplicados por los prestatarios para determinar la cantidad máxima a otorgarse en un préstamo hipotecario a un cliente.

Compañía de títulos

Compañía que se especializa en asegurar títulos de propiedad. Identifica los gravámenes que pueda tener la propiedad.

Congelación de la tasa de interés

Un acuerdo escrito que garantiza al comprador una tasa de interés específica con la condición de que el préstamo se convenga dentro de cierto período de tiempo. La congelación usualmente también especifica cuántos puntos se pagarán al cerrar el trato.

Corredor de bienes raíces

Persona natural que posee una licencia expedida por la Junta de Corredores, Vendedores y Empresas de Bienes Raíces para ejercer la profesión, y que actúa como intermediario, mediante pago o promesa de pago, en cualquier compensación previamente establecida entre las partes que hayan acordado llevar a cabo cualquier transacción de bienes raíces como compraventa, alquiler, permuta, etc., de un bien inmueble localizado en o fuera de Puerto Rico.

Vendedor de bienes raíces

Persona natural que posee una licencia expedida por la Junta de Corredores, Vendedores y Empresas de Bienes Raíces para ejercer la profesión y es empleado o contratado por un corredor de bienes raíces como contratista independiente, directa o indirectamente mediante el pago de cualquier compensación previamente pactada entre las partes o empresa de bienes raíces. El vendedor está bajo la supervisión, control, dirección y responsabilidad del corredor o empresa para la cual trabaja. Lleva a cabo cualquier actividad autorizada por ley a un corredor de bienes raíces.

Cuenta de reservas

La retención de los documentos y dinero por una tercera agencia neutral antes del cierre del trato; también una cuenta bloqueada mantenida por el prestamista en la cual un comprador deposita dinero para pagar impuestos y seguros.

Depósito

Dinero en efectivo que se paga al vendedor al firmar un contrato de venta formal.

Due on sale – Exigibilidad del saldo al venderse

Una estipulación del préstamo que permite al prestamista exigir el total del saldo si el comprador vende la propiedad que respaldó el préstamo.

Escritura

El documento legal que transmite el título legal de una propiedad.

Estado de finalización (*Settlement Statement*)

El cálculo de los costos pagaderos al cerrar el trato, que determina la cantidad neta que debe recibir el vendedor y el pago neto del comprador.

Gastos de cierre

Gastos (adicionales al precio de la propiedad) incurridos por los compradores y vendedores al traspasar la posesión de una propiedad (originación, descuento, legales y prepagados).

Gravamen

Un derecho contra una propiedad, cuyo importe tiene que ser saldo al venderse la propiedad.

Hipoteca

Un documento legal que compromete a la propiedad a favor de un prestamista como respaldo de una deuda.

Hipotecas con pagos graduales

Un préstamo que comienza con pagos mensuales más bajos que aumentan a un ritmo determinado.

Informe de crédito

Historial de pago de un individuo, preparado por una agencia de informes de crédito.

Intereses

La tasa nominal que se cobra por prestar dinero.

Investigación del título

Inspección de los documentos del título para verificar que el vendedor sea el dueño legal de la propiedad y que no haya embargos ni otros reclamos pendientes.

LTV – Relación entre el préstamo y el valor

La relación entre el monto de un préstamo hipotecario y el valor total de la propiedad.

Mensura

Un dibujo que muestra los límites legales de una propiedad.

Mercado secundario de hipotecas

Departamento de compra y venta de hipotecas existentes.

MIP – Prima de seguro de hipoteca

El costo pagado por un solicitante a la FHA o a un asegurador privado por un seguro hipotecario.

Pagaré hipotecario

Un documento legal que obliga a un comprador a pagar un préstamo a un interés estipulado durante un período de tiempo especificado; el acuerdo es afianzado mediante una hipoteca.

Penalidad por pago anticipado del saldo

Un cargo aplicado al prestatario por liquidar una cuenta antes de tiempo.

PITI

Siglas en inglés que corresponden a principal, interés, impuestos y seguro; los componentes de un pago mensual de una hipoteca.

Precualificación

El proceso de determinar a cuánto dinero puede aspirar un comprador potencial antes de solicitar un préstamo.

Préstamo de la Administración de Veteranos (VA, siglas en inglés)

Un préstamo garantizado por la Administración de Veteranos.

Préstamo de la FHA

Un préstamo hipotecario asegurado por la Administración Federal de Vivienda.

Préstamo hipotecario convencional

Cualquier préstamo hipotecario que no esté asegurado o garantizado por el Gobierno federal.

Préstamo hipotecario de tasa de interés fija

Un préstamo hipotecario en el cual la tasa de interés no cambia durante la vida del préstamo.

Préstamo Rural (RED, siglas en inglés)

Un préstamo garantizado por la Rural Economic Development Administration.

Principal

La cantidad obtenida en préstamo o por pagar; también la parte del pago mensual que reduce el saldo restante de una hipoteca.

Programa de amortización

Plan para liquidar una hipoteca que muestra la cantidad de cada pago aplicada al interés, al principal y el saldo restante.

Puntos

Un cargo de una sola vez impuesto por el prestamista para incrementar la rentabilidad del préstamo; un punto representa el 1 por ciento del monto del préstamo.

Refinanciamiento

El proceso de pagar un préstamo existente con los fondos de un nuevo préstamo respaldado por la misma propiedad.

Reservas

Requisito de algunas casas hipotecarias de que un comprador tenga suficiente dinero sobrante después del cierre para hacer los dos primeros pagos de la hipoteca.

Seguro contra inundación

Un seguro preventivo cuando una propiedad está localizada en zonas designadas por el Gobierno federal como inundable.

Seguro contra riesgos

Seguro para proteger al dueño y al prestamista contra daños físicos a la propiedad por causa de incendio, huracán, terremoto u otros riesgos. El prestamista exige este seguro.

Seguro de propietario

Una póliza de seguro que combina indemnización de daños y perjuicios y protección contra riesgos.

Seguro de título

Seguro para proteger al prestamista (póliza de prestamista) o al comprador (póliza de propietario) contra pérdidas ocasionadas por disputas sobre el dominio de una propiedad.

Tasación

Una opinión profesional del valor de una propiedad según el mercado.

Tendencia en conjunto

Una forma de copropiedad que otorga a cada dueño intereses y derechos iguales en la propiedad, incluyendo el derecho de supervivencia.

Tendencia en común

Un tipo de propiedad en común de un inmueble, sin derecho de supervivencia.

Tendencia exclusiva

Un tipo de propiedad en común de un inmueble que solo pertenece a marido y mujer.

Título

Un documento legal que establece el derecho de propiedad.

Título limpio

Un título que está libre de reclamos y gravámenes legales en cuanto a una propiedad.

Denegación, suspensión y revocación de la licencia o su renovación

1. La Junta tiene que notificar los cargos y celebrar vistas administrativas (según establece la Ley sobre Procedimientos # 170) a todo corredor, vendedor y empresas de bienes raíces que:
    a. No reúna todos los requisitos exigidos por ley para obtener la licencia o su renovación.
    b. Haya ejercido ilegalmente la profesión.
    c. Haya obtenido o trate de obtener la licencia mediante fraude o engaño (dolo, mohatra).
    d. Por incompetencia en el ejercicio del cargo y que a su vez un tercero se haya perjudicado.
    e. Que haya ejercido como corredor o vendedor de bienes raíces con licencia vencida.
    f. Que lo declaren incapacitado mentalmente por un tribunal (se le otorgará la licencia nuevamente cuando esté sano y lo certifique un tribunal).
    g. Que sea adicto a sustancias narcóticas y/o alcohol (una vez rehabilitado podrá aspirar a la licencia).
    h. Que haya sido convicto de delito grave que implique depravación moral.
    i. Que tenga un historial de dos querellas en su contra (personas que hayan sido indultadas tienen todo el derecho de aspirar a la licencia).

INACTIVIDAD Y RECIPROCIDAD:

1. Se puede depositar la licencia en la Junta antes de la fecha de expiración si no piensa dedicarse a la profesión. La misma queda en calidad de inactiva.
2. Si la licencia es entregada no se puede ejercer la profesión a menos que se solicite la reactivación de la misma a través de un formulario por escrito y pagar los derechos para la renovación.

3. Tiene que cumplir con los requisitos de educación continua que le apliquen según la ley.

4. Bajo el término de reciprocidad la Junta tiene la autorización para establecer este tipo de relaciones con los estados o territorios de Estados Unidos y/o cualquier otro país extranjero donde se exijan requisitos similares a los establecidos en esta ley del Estado Libre Asociado de Puerto Rico a fin de expedir licencias sin examen para corredores y vendedores de bienes raíces (al momento ya no existe).

Prácticas proscritas (prohibidas) por la Junta en la venta de bienes inmuebles en Puerto Rico

1. Actuar en representación de más de una parte sin consentimiento de todas las partes.

2. Retener indebidamente cualquier documento o dinero de las partes.

3. Ofrecer una propiedad a la venta sin el consentimiento de su dueño.

4. Depositar fondos de buena fe (*good faith*) en cuentas de uso propio.

5. Negarse a revelar información a los tribunales.

6. Utilizar anuncios sin el nombre del corredor y el número de licencia.

7. Hacer uso de información adquirida en sus gestiones para beneficio propio, sin consentimiento de las partes a menos que la persona lo autorice.

8. Ocultar información necesaria y no suministrar todos los documentos que exigen las leyes.

9. Realizar un contrato de corretaje sin explicar los términos, condiciones y fecha de vencimiento.

10. Cobrar comisión a más de una parte sin estar autorizado.

11. Retener cualquier depósito cuando no se lleve a cabo una transacción sin que haya culpa del comprador.

12. No exhibir al público la licencia en su lugar de trabajo.

13. En el caso de los vendedores, vender o representar a otro corredor que no sea para el cual presta servicios como empleado sin el consentimiento de las partes. Si el corredor está de acuerdo no hay problema.

14. Para los vendedores, aceptar comisión por servicios prestados de una persona que no sea el corredor o la empresa para la cual trabaja, sin el consentimiento de todas las partes.

15. Ocultar información, dilatar negocios, apropiarse de fondos, discriminación, falta de orientación, engaño y no respetar el contrato (enmienda Ley 271-oct. 98).

16. Antes del otorgamiento de un contrato de corretaje o listado neto, no orientar adecuadamente al cliente sobre el alcance de la transacción y la conveniencia de utilizar los servicios de un tasador profesional.

17. Ocultar deliberadamente información esencial sobre las condiciones de una propiedad, con el ánimo de inducir a una de las partes a concluir la transacción en unos términos que, de conocerlos, lo habrían disuadido de realizar la transacción o habría pagado un precio menor.

18. No presentar en forma diligente, retener o dilatar, cualquier oferta sobre una propiedad, con el ánimo de beneficiar a otra persona o al corredor, vendedor o empresa de bienes raíces.

19. Utilizar para beneficio propio, y sin autorización escrita, los fondos depositados por los clientes como parte de una transacción de bienes raíces.

Reglamento de ética

Artículo 1 – Propósitos

El propósito de este reglamento es establecer las normas que regulen la conducta de los corredores, vendedores y empresas de bienes raíces en Puerto Rico.

Artículo 2 – Autoridad legal

Se adopta este reglamento al amparo del inciso (N), Artículo 9, de la Ley Núm. 10 del 26 de abril de 1994, conocida como Ley para Reglamentar el Negocio de Bienes Raíces y la Profesión de Corredor, Vendedor y Empresas de Bienes Raíces en Puerto Rico.

Artículo 3 – Definiciones

Sección 1. "Junta": significará la Junta de Corredores, Vendedores y Empresas de Bienes Raíces en Puerto Rico.

Sección 2. "Ley": significará la Ley Núm. 10 del 26 de abril de 1994.

Sección 3. "Departamento": significará el Departamento de Estado.

Sección 4. "*Co-Broke*": significará negocio entre corredores y vendedores o entre empresas y corredores.

Sección 5. "Principal": significará el corredor, vendedor o empresa que tenga la autorización exclusiva para negociar.

Sección 6. "Exclusiva": significará el tener contrato exclusivo (ser el único designado) para negociar un contrato de venta o alquiler de una propiedad.

Sección 7. "Oferta": significará la cantidad de dinero específica que este estaría dispuesto a pagar para llevar a cabo el negocio.

Sección 8. "Contraoferta": significará la oferta presentada por el vendedor o arrendador.

Artículo 4 - CONDUCTA DE ÉTICA REQUERIDA AL CORREDOR Y VENDEDOR DE BIENES RAÍCES – RESPONSABILIDAD DEL CORREDOR Y VENDEDOR.

Sección 1. Mantenerse informado de las leyes que afectan su profesión y sus clientes.

Sección 2. Proteger y defender los intereses de su cliente principal sin lesionar los intereses de los demás.

Sección 3. No buscar obtener ventajas injustas.

Sección 4. Conducir sus negocios de forma que evite controversias con los demás.

Sección 5. Obtener compensación de los demás vendedores y los compradores, o arrendadores y arrendatarios, solamente cuando ambas partes están informadas y lo aceptan.

Sección 6. No ocultar información relacionada con la propiedad objeto de una transacción.

Sección 7. No discriminar por razones de sexo, color, raza, religión, incapacidad, nacionalidad y edad al ofrecer sus servicios profesionales.

Sección 8. En el caso del corredor, mantener una cuenta especial que no devengue intereses y esté separada de su cuenta personal, del dinero que a él le llegue de otras personas como depósito en sus transacciones comerciales.

Sección 9. No recomendar a un cliente el uso de los servicios de otra organización o entidad, en la cual esta tenga intereses, sin divulgar tal interés al momento de hacer su recomendación.

Sección 10. Ser lo más claro posible al hacer la promoción de las propiedades que está mercadeando.

Sección 11. No ofrecer para la venta/alquiler ninguna propiedad sin previa autorización de su propietario.

Sección 12. No rotular propiedad alguna sin la previa autorización de su dueño.

Sección 13. No desacreditar públicamente la práctica de negocios de un competidor, ni expresar voluntariamente una opinión sobre una transacción de un competidor.

Sección 14. No divulgar información o datos obtenidos sin la autorización del cliente.

Sección 15. No solicitar un listado que tenga carácter de exclusivo con otro corredor o vendedor.

Sección 16. Presentar las ofertas y contraofertas en una forma objetiva.

Sección 17. En el caso de ser acusado de práctica poco ética, o cuando se le solicite presente evidencia en cualquier investigación, deberá presentarla ante el tribunal correspondiente o la Junta y no intervendrá u obstruirá el proceso.

Artículo 5 – CONDUCTA DE ÉTICA DEL CORREDOR

Sección 1. Reclamar haber vendido una propiedad cuando otro tenía la exclusividad de venta, aun cuando esta fuese el resultado de un *co-broke* (venta compartida).

Sección 2. Usar el término "vendido" en rótulos, anuncios o en cualquier forma permitida únicamente cuando es corredor principal.

Sección 3. Mantener a sus clientes informados de los avances que ha realizado en la transacción.

Sección 4. Poner por escrito los compromisos que realice y entregar copia de los acuerdos a ambas partes.

Sección 5. Cooperar con otros corredores cuando ello sea en el mejor interés del cliente.

Artículo 6 – Separabilidad

La declaración por un tribunal competente de que una disposición de este reglamento es inválida, nula o inconstitucional, no afectará las demás disposiciones del mismo, las que conservarán toda su validez y efecto.

Artículo 7 – Vigencia

Este reglamento comenzará a regir a los treinta (30) días después de su radicación.

Facultades del Departamento de Asuntos del Consumidor DACO (Ley # 5 del 23 de abril de 1973)

Propósito – Esta ley se crea para proteger los mejores intereses del consumidor y/o interés público. Tendrá como propósito primordial vindicar e implementar los derechos del consumidor, frenar las tendencias inflacionarias, así como el establecimiento y fiscalización de un control de precios sobre los artículos y servicios de uso y consumo.

1. El Departamento estará bajo la dirección de un secretario que será nombrado por el Gobernador con el consejo y consentimiento del Senado de Puerto Rico.

2. El secretario podrá nombrar aquellos funcionarios que considere necesario para el mejor cumplimiento de la ley; profesionales con deseos de atender los problemas de los consumidores.

3. El Departamento (DACO) está al mismo nivel de cualquier Gabinete del Gobernador, con el objeto de garantizar al consumidor la debida atención a sus problemas.

4. Tiene poderes judiciales, cuasi legislativos y administrativos, pero sus procedimientos son administrativos.

5. Antes de ir al tribunal se debe ir a través de DACO (usted tiene 30 días para apelar la decisión). Esta es la doctrina de agotamiento de los remedios administrativos.

6. DACO puede emitir una orden de cese y desista permanente o provisional (antes de que se vea el caso) para detener cualquier conducta que afecte o cause daño a un consumidor. El querellante ante resolución no favorable puede acudir en alzada al Tribunal de Primera Instancia; tiene 30 días.

7. DACO puede realizar investigaciones, radicar querellas, emitir citaciones, inspeccionar récord a todo corredor, vendedor, empresa de bienes raíces, propietarios, desarrolladores y urbanizadores que realicen cualquier tipo de transacciones de bienes raíces en o fuera de Puerto Rico.

8. Para todo propietario que ofrezca vender en Puerto Rico bienes raíces que estén fuera de la isla, tienen que prestar una fianza del 6% del precio de venta del inmueble a vender, por unidad.

9. Esta fianza del 6% se mantiene vigente por el término mínimo de 5 años.

10. La fianza no será requerida cuando el comprador reciba la garantía provista por el programa Home Owners Warranty Program que endosa la Asociación Nacional de Constructores de Hogares.

11. Orientar al consumidor sobre las leyes que lo protegen al comprar bienes inmuebles.

12. En el caso de que un corredor, vendedor o empresa haya incurrido en violación a la ley establecida, tiene 10 días laborables para notificarle a la Junta y puede solicitar la intervención del Departamento de Justicia.

13. DACO tiene 120 días para llegar a un veredicto sobre las querellas de los consumidores.

14. DACO establecerá un registro de quienes se dediquen a la profesión.

15. Este registro tendrá nombre, dirección y experiencias comerciales previas.

16. Todo propietario que venda bienes inmuebles fuera de Puerto Rico deberá someter un informe durante la primera semana de cada semestre.

17. Someter un informe de todas las ventas efectuadas a residentes en Puerto Rico. Este informe debe ser uno juramentado ante notario.

Inscripción en DACO de ofertas de bienes raíces localizados fuera de Puerto Rico

1. Inscripción inicial. Todo propietario, corredor o empresa de bienes raíces debidamente inscrito en DACO tiene que radicar toda la información relacionada con el inmueble, todo material de promoción y todo documento a usarse en la transacción de venta. Para que DACO expida el certificado de inscripción, el solicitante deberá depositar e inscribir ante DACO una fianza de $1,000,000 (un millón de dólares) o el 6% del valor de la propiedad.

2. Inscripción subsiguiente. Así se le llama cuando a la primera inscripción se le realizan unos cambios en la información o documentación que se utilizará en la venta y/o cambio en la promoción.

Penalidades

1. En Puerto Rico. A toda persona que se dedique a ejercer la profesión sin licencia o que emplee a otra persona sin licencia se le impondrá una multa de $500 y/o cárcel por no más de seis meses; se clasifica como delito menos grave. Se le suspenderá la licencia por un año, pero a las empresas y personas reincidentes se le quitará la licencia para siempre.

2. Fuera de Puerto Rico. A toda persona que se dedique a ejercer la profesión sin licencia o que emplee a otra persona sin licencia se le impondrá una multa de $1,000 a $25,000 y/o cárcel por no más de un año, y cada acto constituirá un delito por separado; se clasifica como delito grave.

3. Administrativas en Puerto Rico. Toda persona que viole cualquiera de las disposiciones de esta ley será castigable con una multa de $10,000 máximo (por cada infracción) por DACO.

Enmiendas al reglamento. Se realizará por voto de la Junta debidamente constituida citada con diez (10) días de anticipación, y en la convocatoria se especificará el texto completo y el propósito de la enmienda.

Prácticas proscritas en la venta de un bien inmueble (por DACO) fuera de Puerto Rico.

1. No tener la inscripción correspondiente de DACO.
2. Doble venta.
3. Ofrecer vender con promesas falsas.
4. Permitir la venta a alguien que no sepa leer ni escribir, sin testigos y con los debidos requisitos de la Ley Notarial.
5. Dar a firmar un contrato sin la advertencia, en un lugar prominente y en letra de molde, de la frase "Favor de leer bien antes de firmar".
6. Ofrecer excursiones fuera de Puerto Rico sin notificar que son de promoción.
7. Usar en los contratos un idioma que sea diferente al del vendedor o comprador.
8. No radicar en DACO cualquier información pertinente.
9. No especificar la distancia del inmueble al punto de interés.
10. No exhibir en su lugar de trabajo el certificado de registro que expide DACO.

11. Ofrecer vender con promesa de realizar trámites para conseguir financiamiento y no cumplir. Se debe informar si el corredor tendrá algún incentivo o comisión.
12. No tener la inscripción correspondiente de DACO.
13. Cancelar contrato de venta sin previo aviso.
14. Sustituir o alterar el inmueble unilateralmente. Doble venta.
15. Ofrecer a vender solar sin segregación.
16. Vender bajo promesa falsa de desarrollo futuro.
17. Vender sin fecha de entrega.
18. Vender en terrenos pantanosos.
19. Vender cuando la descripción no concuerda con la realidad.
20. Ofrecer o vender un inmueble bajo promesa de devolución del pronto y no cumplir con lo dicho.
21. Vender sin especificar las contribuciones y quién las pagará, el mantenimiento y no especificar la cubierta de los seguros.
22. Vender con restricciones o reserva.
23. Vender a un comprador que no sepa leer ni escribir sin haber testigos y con los debidos requisitos de la Ley Notarial.

Excepciones

1. No aplica a los abogados en sus relaciones abogado-cliente.
2. A los apoderados nombrados de acuerdo con las leyes de Puerto Rico.
3. A los albaceas, contadores y administradores judiciales en lo que respecta a los bienes de caudales hereditarios.
4. A los designados por el tribunal o agencias del Gobierno.
5. A los dueños de las propiedades.

Rótulos y anuncios

1. Armoniza los diferentes intereses envueltos.
2. Reglamentar tamaño, ubicación, diseño, mantenimiento, localización.
3. Rótulo: está en la misma propiedad.
4. Anuncio: informa u orienta sobre actividad en otra propiedad.
5. Un (1) rótulo o un (1) anuncio por solar vacante.
6. En fachadas de edificios siempre que no proyecten sobre propiedades ajenas.

Proyectos de desarrollo extensos: Proyectos de urbanización de terrenos considerados por ARPE o la Junta.

Variaciones y excepciones: Pueden ser autorizadas por la Junta o ARPE en forma discrecional sin detrimento al distrito, a veces se hacen vistas públicas.

Proyectos y retiro de zona costera

1. Necesitan aprobación de Recursos Naturales.
2. Debe proveer vías de acceso a litoral marítimo.

Proyectos de construcción e instalación de facilidades

1. No aplica a instalaciones de antenas parabólicas, uso personal, cable, onda corta, etc.

Explicación de las legítimas

(Cuando se hace testamento bajo el régimen de bienes gananciales)

1. El 50% de todos los bienes gananciales: le corresponde al cónyuge supérstite (vivo). Este tiene derecho a vivir en la propiedad donde ambos vivían sin tener que pagar renta por el resto de sus días (usufructo). Si se venden propiedades pertenecientes a la herencia el cónyuge tiene derecho a participar del 1/3 de legítima obligada.
2. Legítima obligada: pertenece por igual a los herederos forzosos, descendientes (hijos, nietos) o ascendentes (padre, madre, hermanos, sobrinos).
3. Legítima de mejora: con ella el testador puede favorecer a cualquier heredero o herederos forzosos que él desee.
4. Legítima de libre disposición: el testador puede favorecer a quien él quiera, como a familiares, instituciones, herederos, cónyuge vivo, animales o cualquier otro particular.
5. Si no existiese testamento alguno, entonces todo el capital se dividirá en partes iguales para todos los herederos forzosos descendientes o ascendentes.

Nuevas disposiciones en el nuevo Código Civil

NOTA: Se hizo un nuevo Código Civil y hay nuevos cambios en la Ley de Herencias, y este entró en vigor el 28 de noviembre de 2020. Como fuente principal del derecho privado en Puerto Rico, el Código Civil regula los temas principales que dictan la vida de una persona y sus intenciones diarias en sociedad. Algunos cambios incluyen:

- Aceptación de la herencia y los límites de la responsabilidad del heredero.
- Sucesión intestada (que ocurre cuando una persona muere y no deja testamento alguno).
- Distribución de la herencia bajo la sucesión testada (cuando alguien muere y deja un testamento válido).
- Testamentos y sus formalidades.
- Donaciones.
- Derecho del viudo o de la viuda a la vivienda familiar.

Aceptación de la herencia y los límites de las responsabilidades del heredero

Una vez el nuevo Código Civil entra en vigor, la responsabilidad de los herederos en cuanto a las obligaciones o deudas de la persona difunta serán limitadas al valor de las propiedades o los bienes heredados. Esta nueva disposición protege al heredero, como regla general, de tener que usar bienes personales para cubrir las deudas del patrimonio cuando estas excedan su valor.

Nuevo orden de la sucesión intestada

Si la persona difunta no estableció su intención mediante un testamento válido, el Código provee un nuevo orden sucesoral. El nuevo Código coloca al viudo o la viuda en primer lugar en orden de sucesión, al mismo nivel que los descendientes.

- En el caso de que ni un descendiente ni un cónyuge sobreviva a la persona difunta, el patrimonio se otorgará a los ascendientes.
- Si los ascendientes también han fallecido, los próximos en línea son los familiares colaterales preferentes (hermanos o sobrinos) y, en ausencia de estos, cualquier familiar colateral ordinario. En ausencia de cualquiera de los anteriormente indicados, el último en el orden de sucesión es el Gobierno del Estado Libre Asociado de Puerto Rico.

La distribución de la herencia bajo la sucesión testada

Bajo las nuevas disposiciones, de existir un testamento válido el testador debe disponer de su herencia en dos mitades:

1. Una mitad del patrimonio reservada para los herederos forzosos.
2. La otra mitad para libre disposición.

Esto cambia la porción reservada para los herederos forzosos de dos tercios a una mitad, ya que se eliminó el tercio de mejora incluido en el Código anterior. La mitad del patrimonio reservada para los herederos forzosos ahora incluye a cualquier descendiente sobreviviente y al viudo o la viuda, o, en caso de no haber ninguno, los ascendientes. Mediante la porción de libre disposición, el testador puede distribuir libremente hasta la mitad de su patrimonio a cualquier persona. En caso de no haber hijos, cónyuges o padres sobrevivientes, el 100% del patrimonio será considerado de libre disposición y se transmitirá a la persona designada por el testador.

Nuevas disposiciones sobre los testamentos

Los únicos testamentos comunes que se aceptarán serán los testamentos abiertos y los ológrafos (o escritos a mano); los testamentos cerrados fueron eliminados con el nuevo Código. Los testamentos otorgados durante peligro de muerte y en caso de una epidemia serán aceptados como testamentos especiales. Los requisitos para validar un **testamento abierto,** en forma de escritura y frente a un notario, se han flexibilizado. Como resultado, ya no es necesario tener tres testigos al firmar la escritura de un último testamento.

Donaciones

En cuanto a las donaciones hechas por un individuo a sus herederos como un adelanto de su herencia, bajo el nuevo Código solamente las donaciones hechas durante los diez años previos a la muerte de la persona serán consideradas y calculadas como un adelanto de la herencia.

Derecho del viudo o la viuda a la vivienda familiar

En cuanto al derecho a la vivienda familiar, el nuevo Código Civil le otorga al viudo o a la viuda un derecho preferente para que dicha vivienda se le adjudique en propiedad al momento de dividir el patrimonio y la comunidad de bienes. Este derecho está sujeto a varias condiciones incluidas en la ley.

Comuníquese con su banquero privado para que le ayude a entender mejor cómo estos cambios pueden impactar a su familia y su situación financiera. **Este nuevo conjunto de normas del nuevo Código Civil entró en vigor el 28 de noviembre de 2020 hecho ley y firmado por la gobernadora Wanda Vázquez. Estos son algunos otros cambios que incorpora el nuevo Código Civil.**

Eliminación de causales de divorcio:

El Nuevo Código Civil elimina las causales de divorcio del Código vigente y las sustituye por dos procedimientos para disolverlo. Permite que, ante un tribunal, por petición conjunta se disuelva el **vínculo matrimonial** por ruptura irreparable o consentimiento mutuo. También permite una petición individual por ruptura irreparable. El Código además permite que se decrete el divorcio mediante escritura pública.

1. **Definición de matrimonio:** la versión actual del Código Civil establece que un matrimonio es entre un hombre y una mujer. Sin embargo, el Código recién firmado por la gobernadora define —en su **artículo 376**— que un matrimonio será entre dos **personas naturales.**

2. **Modificación de género:** en el **artículo 694** —uno de los más controversiales— se incorpora en el nuevo Código Civil una determinación del Tribunal Federal que permite a las personas transgénero modificar su sexo en el acta de nacimiento en el Registro Demográfico. Sin embargo, mantuvo el lenguaje que señala que una persona trans debe acudir a un tribunal para modificar el sexo de una persona en una nota marginal a su certificado original.

3. **Límites de deudas heredadas:** en su artículo **1587**, el nuevo Código establece una limitación a la responsabilidad de las deudas que una

persona puede heredar hasta el valor de los bienes hereditarios que recibe. "El heredero responde por las obligaciones del causante, por los legados y las cargas hereditarias exclusivamente hasta el valor de los bienes hereditarios que recibe", reza el artículo.

4. **Derecho del cónyuge sobreviviente a la vivienda familiar:** durante el proceso de herencia, el **cónyuge sobreviviente** puede solicitar que se le asigne —de forma preventiva— **la vivienda familiar** durante la división de la herencia para permanecer en dicha propiedad, según lo establece **el artículo 1625 del nuevo Código Civil.**

OTRAS DISPOSICIONES EN EL NUEVO CÓDIGO CIVIL

Sobre el no nacido o *nasciturus*:

Se le conocen derechos, pero se especifica que los mismos "están supeditados a que este nazca con vida", según el artículo 70. Esto quiere decir, por ejemplo, que a un niño cuyo progenitor muere antes que nazca se le reconocerá el derecho de herencia.

Sobre el aborto:

Se reconoce el derecho de la mujer a abortar. En el mismo artículo 70, al referirse al no nacido o *nasciturus*, se indica al reconocerle derechos que "no menoscaban en forma alguna los derechos constitucionales de la mujer gestante a tomar decisiones sobre su embarazo".

Sobre el matrimonio:

El artículo 376 establece que el matrimonio es "un contrato civil" entre "dos personas naturales". De esa manera, **se establece que puede ser entre dos personas del mismo sexo, o entre personas trans.** El artículo **380 establece que los menores de 18 años no pueden contraer matrimonio. El artículo 381 establece que el menor que no ha cumplido 18 años necesita autorización de quien tiene patria potestad o tutela sobre él o ella para poder casarse. Si se niega, el tribunal podría autorizarlo luego de una vista al respecto.**

En los artículos 385 y 386, se establece la obligación, a quienes van a contraer matrimonio, de hacerse exámenes médicos de enfermedades de transmisión sexual, incluyendo el VIH, y de informar sobre los resultados de dichas pruebas a la otra persona con la que se van a casar. El artículo 398 establece que los cónyuges "tienen los mismos derechos y obligaciones en el matrimonio".

Sobre el divorcio:

El artículo establece que pueden darse "mediante una sentencia judicial o por escritura pública". Es decir, que ya no se necesita ir ante el tribunal y se puede hacer ante un notario (igual que el matrimonio). Contrario a la docena de causales que tiene el Código Civil actual, en el artículo 425 del nuevo Código Civil se establecen como causa para pedir el divorcio: el consentimiento mutuo (o sea, el acuerdo de ambos cónyuges) o la petición, de ambos o de uno de los cónyuges, del divorcio por ruptura irreparable.

Sobre las parejas de hecho:

Están reconocidas. A través de varios artículos del libro primero se hacen repetidas referencias a las parejas de hecho en temas de herencia y administración de bienes bajo la relación de "pareja por relación de afectividad análoga a la conyugal".

Sobre la maternidad subrogada y procreación asistida:

En el artículo 556 se reconoce la filiación, o sea, tener un hijo o una hija "por método de procreación asistida", aunque sin entrar en más detalles. Aunque la maternidad subrogada se menciona en el artículo 76 como una de las salvedades a la disposición de que el cuerpo humano es inviolable y no puede ser objeto de contratación privada, y en el artículo 567, que trata de la presunción de maternidad, no hay disposiciones específicas al respecto. Al firmar el nuevo Código Civil, la gobernadora dijo que probablemente se necesitaría legislación adicional al respecto.

Sobre el cambio de sexo:

Se reconoce que puede hacerse, tal como ocurre actualmente. En el artículo 694 se establece que no se pueden hacer enmiendas en el acta de nacimiento original sobre el sexo con el que nació una persona, pero el tribunal sí puede autorizar "una anotación al margen de la inscripción del sexo de la persona cuando proceda una enmienda debido al cambio o modificación posterior del sexo de nacimiento". Agrega que solo se podrá sustituir el sexo en el acta original en caso de "que peritos médicos determinen la ambigüedad del hecho del sexo de origen al momento del nacimiento".

Sin embargo, más adelante dispone que "nada de lo aquí instituido menoscaba el proceso establecido en los casos de una solicitud para que se refleje un cambio de género en la certificación de nacimiento", e indica que el Registro Demográfico deberá expedir esa nueva certificación "salvaguardando los derechos de privacidad".

Sobre custodia de los hijos:

Los artículos 602 al 604 establecen que se dará prioridad a la custodia compartida entre ambos progenitores, y los criterios para establecerla.

Sobre clonación y manipulación genética:

En el artículo 75 "se prohíbe la clonación reproductiva y aquellas prácticas que obstaculicen la evolución del ser humano". En el mismo artículo 75 se indica que se permiten "investigaciones científicas dirigidas a la prevención y al tratamiento de enfermedades genéticas recurrentes o transmisibles". También se permite "la manipulación o alteración de los caracteres genéticos de un ser humano en gestación", cuando tenga "como objeto único evitar la transmisión de enfermedades hereditarias o degenerativas y la predisposición a ellas".

Sobre los animales domésticos y domesticados:

En un elemento novedoso, el artículo 232 establece que "son seres sensibles", y "no son bienes o cosas ni están sujetos a embargo". En el artículo 235 se dispone el procedimiento para adjudicar quién se quedará a cargo del animal en caso de separación o divorcio de la familia que compartía ese animal.

Sobre uso de energía solar y eólica (que se obtiene a partir del sol o del viento)

En otro elemento novedoso, en el artículo 936 se establece que el dueño de una propiedad tiene derecho a servirse de energía solar y eólica, y no se le podrá "crear sombra u obstruir el viento" con la siembra de árboles o plantas en predios cercanos.

Sobre la mayoría de edad:

En el artículo 97 se fija la mayoría de edad a los 21 años. En el artículo 107 se indica que "los actos jurídicos que realiza el menor de edad que ya ha cumplido los 18 años, aunque esté sujeto a la patria potestad o la tutela, son válidos si, al momento de consentirse a ellos su grado de madurez, discernimiento, instrucción académica y las consecuencias jurídicas de estos actos, "excepto cuando la ley le impide expresamente realizarlos".

Sobre tutores:

El artículo 133 establece que "el menor que ha cumplido 10 años de edad dará su opinión sobre el nombramiento del tutor. El tribunal puede designar a la persona que el menor prefiera, si es idónea para ejercer el cargo y conviene al interés óptimo del menor".

Capitulaciones matrimoniales en Puerto Rico (Ley 62 del 27 de enero de 2018)

Cuando contraes matrimonio en Puerto Rico, estableces una sociedad legal de gananciales con tu cónyuge, a menos que antes de casarte **hayas otorgado capitulaciones matrimoniales. También puedes otorgar capitulaciones matrimoniales luego de haber contraído matrimonio, según la ley aprobada en el 2018.**

Usualmente, los contrayentes interesan otorgar capitulaciones matrimoniales con el propósito único de que no incluyan su salario o ingresos para las fijaciones de pensiones alimentarias de hijos habidos fuera del matrimonio. Sin embargo, las capitulaciones matrimoniales, a nuestro mejor entender, son beneficiosas en otros aspectos.

¿Qué es una sociedad legal de bienes gananciales?

En términos generales significa que todos los bienes y todas las deudas que adquieras después de casarte le pertenecen a la sociedad que tienes con tu cónyuge. Si te casas sin otorgar capitulaciones matrimoniales, todo lo que compres durante el matrimonio y todas las deudas en que incurra cualquiera de los cónyuges, son de ambos cónyuges.

Significa que no puedes adquirir un bien (ya sea una casa, un auto, prendas, etc.) que sea de tu propiedad exclusivamente. Todo lo que ambos adquieren le corresponde a la sociedad. Ello implica también todas las deudas en que incurran, aunque alguno de ustedes no haya firmado documento alguno. Aunque parezca increíble, también le pertenece a la sociedad legal de gananciales el salario que devengues en tu empleo, entre otras cosas. También eres responsable de mantener a los hijos que tu cónyuge haya tenido en otra relación, por lo que será utilizado tu ingreso para calcular la pensión alimentaria a hijos habidos fuera del matrimonio.

¿Qué puedes hacer si no deseas constituir una sociedad legal de gananciales?

Si no deseas constituir una sociedad legal de gananciales con tu futuro cónyuge tienes que otorgar una escritura de capitulaciones. En dicha escritura estableces el régimen económico que va a regir en tu matrimonio. Es decir, pueden establecer que cualquiera de ustedes puede adquirir bienes o que pueden adquirirlos en conjunto, y la participación de cada uno de ustedes.

¿Qué son las capitulaciones matrimoniales?

Las capitulaciones matrimoniales son un contrato que otorgas con tu futuro cónyuge en el que dispones sobre el régimen económico de tu futuro matrimonio. Este contrato se otorga frente a un notario público y se eleva a escritura pública. No tienes que recurrir al tribunal para que apruebe el mismo, pues tan solo intervienen tú, tu futuro cónyuge y el notario. El único documento que tienen que traer el día en que se otorguen las capitulaciones matrimoniales es identificación con retrato y la firma de cada uno.

¿Qué cláusulas puedes incluir en las capitulaciones matrimoniales?

Las capitulaciones matrimoniales se otorgan con el propósito principal de disponer sobre el régimen económico que regirá en el matrimonio de los futuros cónyuges. Sin embargo, en el contrato de capitulaciones matrimoniales se pueden regular los derechos de los esposos sobre sus bienes respectivos; los derechos sobre las ganancias realizadas por ellos durante el matrimonio; los intereses de los hijos y de la familia; los intereses de los terceros que contratan con uno u otro de los cónyuges, y el interés económico y social de la relación del matrimonio.

Así mismo, las capitulaciones pueden también contener acuerdos relativos a la gestión por cada cónyuge de sus bienes propios y a la intervención en los del otro, y establecer donaciones por razón del matrimonio. Es decir, puedes incluir cualquier cláusula o cualquier acuerdo que hagas con tu futuro cónyuge, siempre y cuando las mismas no sean contrarias a la moral, la ley o el orden. Aunque el propósito fundamental de realizar un pacto de capitulaciones matrimoniales es establecer el régimen económico que ha de imperar en el matrimonio, este tipo de contrato puede tener otras finalidades ajenas al régimen económico conyugal. Por ejemplo, puedes incluir una cláusula que disponga que cada uno de los cónyuges se hará responsable del pago de pensión alimentaria de hijos nacidos antes o fuera del matrimonio; es decir, que no son de ambos.

¿Puedes modificar las capitulaciones matrimoniales luego que se otorguen?

Sí, puedes hacerlo. Con anterioridad al 2018, no era posible.

¿Puedes otorgar las capitulaciones matrimoniales en otro país que no sea Puerto Rico, aun cuando vas a establecer tu hogar conyugal en Puerto Rico?

Si vas a contraer matrimonio fuera de Puerto Rico, pero vas a establecer tu domicilio conyugal en Puerto Rico, es preferible que otorgues las capitulaciones en Puerto Rico.

¿Por qué? Porque las **capitulaciones matrimoniales requieren ser otorgadas en una escritura pública.** Si las capitulaciones matrimoniales no están en escritura pública, las mismas no son válidas en Puerto Rico. El Código Civil expresamente dispone sobre dicho requisito. Ello quiere decir que tiene que intervenir en el proceso un notario público, que redactará las mismas y cumplirá con los requisitos de forma y dará fe pública del acto en el otorgamiento de la escritura.

Si te encuentras en la obligación de otorgar las capitulaciones matrimoniales fuera de Puerto Rico, tienes que asegurarte de que el notario del país en que las otorgues tenga funciones similares a los notarios en Puerto Rico. Los notarios de los Estados Unidos de América no tienen funciones similares a los notarios en Puerto Rico, por lo que unas capitulaciones matrimoniales otorgadas en Estados Unidos no serán válidas en nuestro país, si tu **domicilio** (**"lugar de residencia habitual en que efectivamente se está y se quiere estar"**) es en Puerto Rico.

Por otro lado, en Puerto Rico, por lo general, no se ha permitido la contratación entre cónyuges sujetos al régimen de sociedad legal de gananciales. Esto se asocia con la noción de la inmutabilidad del régimen económico matrimonial. Los cambios incluidos en esta medida se basan en el principio de igualdad de los cónyuges. Cabe señalar que en Puerto Rico aún subsisten las causas generales de impugnación o nulidad de capitulaciones matrimoniales; por lo tanto, ya existen unas protecciones adecuadas.

El Código Civil de Puerto Rico consagra la libertad de contratación como base del derecho de obligaciones y contratos, disponiendo que "los contratos pueden establecer los pactos, cláusulas y condiciones que tengan por convenientes, siempre que no sean contrarios a las leyes, la moral ni al orden público". Es decir, la voluntad de las partes es ley, con las restricciones allí expresadas: la moral, los preceptos constitucionales, estatutarios y reglamentarios y el orden público que podrán ser alegados como defensa por quien alegue la nulidad.

En un momento dado pudo haber existido justificación para la prohibición entre cónyuges. **El Código Civil mantuvo un discrimen contra la mujer en la regulación de los derechos, deberes y obligaciones que emanan del matrimonio. Desde sus inicios, la visión era que el marido era el administrador de los bienes conyugales y el representante de la sociedad conyugal. Siendo esto así, se trataba de proteger los bienes de la mujer casada, prohibiendo aquellos actos dispositivos de bienes entre cónyuges.**

Hoy, al contrario de cuando se aprobó el Código Civil a principios del siglo pasado, hay muchas mujeres profesionales que obtuvieron su profesión o negocio después de contraído el matrimonio. El régimen patrimonial que regula a las personas casadas no les permite hacer ajustes al mismo, salvo que decidan disolver el matrimonio. Con la legislación y con la jurisprudencia que se ha ido estableciendo en pro del reconocimiento de la igualdad de derechos entre cónyuges en el matrimonio, no se justifica que se mantenga una restricción a la libertad contractual entre cónyuges. No se justifica limitar la libertad de contratación entre cónyuges, así como que estos otorguen capitulaciones matrimoniales o posmatrimoniales, o que modifiquen las mismas estando vigente el matrimonio.

Ante el llamado a un gobierno y una sociedad que promueva la verdadera equidad, la visión de proteger a un cónyuge mujer tratándola distinto no solo está obsoleta, sino que va en contra de la esencia de la equidad misma, y de que se atienda oportunamente todo lo que pudiera afectar los derechos de terceros. Con la aprobación de esta ley se atempera lo relacionado con los regímenes económicos matrimoniales a la realidad del siglo XXI, según la Asamblea Legislativa de Puerto Rico.

Artículo 1271. Alteraciones a las capitulaciones; asistencia y concurso de las partes

Los cónyuges podrán, antes y despúes de celebrado el matrimonio, estipular, modificar o sustituir las capitulaciones en cualquier momento, pero tales acuerdos no afectarán a terceros (persona que no es ninguna de las dos o más que intervienen en un asunto, intermediario o mediador) mientras no estén debidamente inscritas en el Registro de Capitulaciones Matrimoniales adscrito a la Oficina de Inspección de Notarías. La modificación realizada durante el matrimonio no perjudicará en ningún caso los derechos ya adquiridos por terceros (herederos).

Artículo 1272. Libertad de contratación

Los cónyuges podrán transmitirse por cualquier título bienes y derechos, y celebrar entre sí toda clase de acuerdos que no les estén expresamente prohibidos. Para ser válidos, estos acuerdos tienen que cumplir los requisitos formales y sustantivos esenciales de las capitulaciones matrimoniales y del tipo contractual de que se trate. Los mismos no podrán ser contrarios a la ley, la moral o el orden público ni afectar los derechos de terceros. Las capitulaciones matrimoniales y las modificaciones que se hagan en ellas habrán de constar por escritura pública debidamente inscrita en el Registro de Capitulaciones Matrimoniales.

Registro de Capitulaciones Matrimoniales

Se crea el Registro de Capitulaciones Matrimoniales, adscrito a la Oficina de Inspección de Notarías e integrado al Registro General de Competencias Notariales. Las funciones y facultades de dicho registro serán ejercidas por el director de la Oficina de Inspección de Notarías bajo la supervisión del juez presidente del Tribunal Superior.

Carácter prospectivo

Las capitulaciones matrimoniales debidamente otorgadas antes de la vigencia de esta ley no tendrán que ser inscritas en el Registro de Capitulaciones Matrimoniales para continuar su validez. No obstante, cualquier modificación que se realice a estas deberá ser debidamente inscrita en el Registro de Capitulaciones Matrimoniales, junto a la referencia de las enmiendas, de ser procedente, bajo las condiciones que por esa ley se establecen.

Ley Notarial
(Ley # 75 del 2 de julio de 1987)

El notario público es un profesional del derecho admitido al ejercicio de la abogacía. El abogado en función de notario no representa a ninguna de las partes envueltas en particular. Esta representa la fe pública, representa la ley para todas las partes, debe ser imparcial en su función y tiene la obligación de ilustrar, aconsejar y asesorar para que todas las partes entiendan las transacciones y los documentos que se habrán de otorgar.

Requisitos para practicar la notaría:

1. Ser abogado y miembro del Colegio de Abogados.
2. Ser autorizado por el Tribunal Supremo.
3. Prestar una fianza de $15,000 para responder por su buen desempeño.

¿Qué hace el notario?

1. Autenticar firmas en documentos de juramentos y/o hechos.
2. Dar fe notarial de la veracidad y legalidad de un documento presentado ante él y/o dar fe del conocimiento de los otorgantes que firmaron ante él.
3. Expedir copias certificadas de escrituras.
4. Redactar escrituras matrices originales.
5. Recibir en depósito documentos, valores y cantidades que las partes quieran depositar en la notaría (esto es de forma voluntaria y el notario puede imponer condiciones al depositante).

Deberes del notario:

1. Adherir y cancelar en cada escritura original que otorgare, y en las copias certificadas que de ellos se expidieran, sellos de Rentas Internas y un sello de $1 para el colegio.
2. Remitir a la oficina del director de Inspección de Notarías de Puerto Rico un índice mensual sobre sus actividades notariales.

3. Formar y custodiar el protocolo como fiscales del Estado Libre Asociado.

Escritura matriz. Es un documento público original que contiene un acto o contrato suscrito ante notario. Se redacta conforme a los otorgantes y es firmada por los mismos y por testigos. Debe ser firmada, signada, sellada y rubricada (es un signo característico del notario) por el mismo notario.

Copias de instrumentos públicos:

1. Copia certificada: es igual al original respecto a la exactitud de contenido.
2. Copia parcial: parte parcial del documento. Si el notario se negara a facilitar las copias, se puede acudir al director de la Oficina de Inspección de Notarías.
3. Protocolo: colección de todas las escrituras y actos autorizados durante un año. Será secreto, solo puede ser revisado por orden judicial.
4. Registro de testamentos: está adscrito a la Oficina de Inspección de Notarías (donde hay un inspector de Notarías nombrado por 12 años).

Honorarios del notario según la ley: para el otorgamiento de documentos notariales:

1. De 0 a $10,000 = $150 nuevo
2. De $10,001 a $500,000 = 1%
3. Sobre los $500,001 = 0,50% hasta $10,000,000 (10 millones)

Copias certificadas de escrituras:

1. De $1 a $10,000 = $15De $10,001 a $500,000 = $25Sobre los $500,001 = $50

Aranceles del Registro de la Propiedad:

1. Valor menor de $1,000 = $2Valor por más de $1,000 = $2 por cada mil + $25Valor de más de $50,000 = $50 + $4 por cada mil adicional

Ejemplos de escrituras públicas:

1. Compraventa.

2. Permuta.
3. Cesión de derecho.
4. Donación.
5. Hipoteca.
6. Modificación de hipoteca.
7. Arrendamiento (por más de seis años).
8. Usufructo.
9. Testamentos.
10. Poderes.
11. Aceptación y repudiación de herencias.
12. Superficie.
13. Anticresis.
14. Acta de subsanación (antes notarial).
15. Acta de rectificación (antes aclaratoria).
16. Constitución de servidumbre.

Contratos que requieren llevarse a escritura pública

1. Capitulaciones matrimoniales.
2. Hipotecas.
3. Cancelación de hipotecas.
4. Donación de bienes inmuebles.
5. Constitución de régimen en propiedad horizontal.
6. Repudiación.
7. Cesión.
8. Renuncia de herencia.
9. Arrendamiento de más de 6 años.
10. Poderes.

Registro de Propiedad

El artículo 7 de la Ley # 198 de agosto de 1979, conocida como Ley Hipotecaria y del Registro de la Propiedad, adscrita al Departamento de Justicia, establece que el Registro de la Propiedad tiene por objeto la registración, dar fe de los actos y contratos relacionados con los bienes inmuebles mediante un sistema de publicidad del titular que contienen las adquisiciones, modificaciones y extensiones del dominio. Existe el Registrador, el cual es nombrado por el Gobernador por 12 años. Este es abogado y notario. Su principal función es la de calificar todos los documentos y examinar su legalidad e inscribirlos. La finca es la unidad básica del Registro de la Propiedad. Puede ser una urbana, rústica o propiedad horizontal.

Principios del Registro de la Propiedad

1. **Publicidad:** publicar el estado jurídico de un inmueble. El Registrador puede expedir certificación de los asientos registrales a solicitud escrita. La publicidad se basa en los principios de voluntariedad, buena fe y consentimiento.
2. **Especialidad o especificación:** deben estar identificados los titulares y sus derechos, cabida, colindantes.
3. **Legalidad:** el Registrador calificará los documentos para que estos se ajusten a las normas legales a fin de que exista concordancia entre los asientos del Registro y la realidad jurídica.
4. **Fe pública registral:** se persigue la protección de terceros adquirientes que confiaron en el Registro.

Inscripción

La primera inscripción siempre será de dominio o constitutiva. La publicidad registral se concretiza en forma de asientos. Es voluntaria. Se hace valer frente a terceros hipotecarios. En algunos casos no existirán, jurídicamente hablando, si no se inscriben las hipotecas, la propiedad horizontal, servidumbre en equidad (restricciones), el derecho de superficie.

Tracto (historia)

Es el historial de la finca y tiene que ser uno sucesivo. Si el tracto está interrumpido por falta de un titular intermedio o no existe, entonces no se podrá inscribir al Registro hasta que eso se corrija.

Rango

Orden de preferencia entre los derechos inscritos compatibles entre sí. En el Registro de la Propiedad existe el principio de "primero en tiempo, primero en derecho". Los rangos pueden permutarse por rangos inferiores o superiores. Los acreedores tienen que consentir por escritura pública. Si hay defectos en el documento se le provee 60 días para subsanar el legajo (defecto jurídico), o este caducará, perderá su rango y el titular quedará desprovisto de la protección registral.

Libros del Registro de la Propiedad

1. Diario de presentaciones (tomo = libro; folio = hoja; asiento = lo que se escribe).
2. Libro de inscripciones (tomo, folio, asiento).
3. Índice de fincas.
4. Índice de personas.
5. Registro de embargos federales.
6. Registro de embargos estatales.
7. Registro de embargos preventivos.
8. Registro de sentencias.
9. Registro de hipotecas bienes inmuebles.
10. Libro de incapacitados.
11. Registro de embargos del CRIM.
12. Bitácora (no es un documento oficial, es un récord donde se dice si hay algún documento pendiente del registro, hoy en día este récord es computarizado y usa un programa llamado Ágora).

Los libros del Registro de la Propiedad nos suplen la siguiente información:

1. Título: modo y fecha de adquisición.
2. Cabida, colindancias y colindantes.
3. Gravámenes: hipotecas, arrendamiento y opciones.
4. Condiciones restrictivas: servidumbres, prohibiciones de enajenar.

Prescripción de los gravámenes:

Algunos derechos pueden perderse a través del tiempo, como los siguientes:

1. Hipotecas: 20 años después de vencidas.
2. Embargos federales: 10 años a partir de la anotación en el Registro.
3. Embargos estatales: 6 años a partir de ser anotados.
4. Embargos preventivos: 4 años a partir de ser anotados. Si son de $2,000 o más se deberá presentar una fianza del doble del embargo.
5. Sentencias: 5 años a partir de ser anotados. Podrá ser prorrogada si se solicita antes de su prescripción.
6. La deuda contributiva no prescribe, es permanente.

Conceptos

1. **Segregación:** es la separación o división de una finca inscrita en fincas independientes. Solo el dueño puede segregar una finca.
2. **Agrupación:** reunión de dos o más fincas inscritas para formar una finca nueva. Solamente el dueño puede agrupar fincas gananciales y privativos. Pueden ser agrupados lotes colindantes edificados, la explotación agrícola o industrial, apartamentos y estacionamientos.
3. **División:** cuando una finca inscrita se divide en dos o más fincas nuevas. Cada una se inscribirá con números distintos anotándose en la finca matriz.
4. **Agregación:** extinción de dos fincas para crear una de más cabida. Esta modificación se dará entre fincas inscritas contiguas.
5. **Rectificación de cabida:** puede ocurrir para aumentar o reducir la cabida de una finca.
6. **Reducción de cabida:** se necesita acreditar el permiso de ARPE antes/ ahora OGPE para solicitar al Registrador que ajuste la reducción a la realidad.
7. **Constancia de obras nuevas:** la inscripción de obra nueva puede hacerse aprovechando la inscripción de un título o derecho real sobre la finca en el que se haga constar la obra nueva, o registrándola independientemente mediante un acta notarial de edificación de obra nueva. En los casos de Propiedad Horizontal, la inscripción de obra nueva es obligatoria.

Ley de Condominios (según enmendada) (Vieja Ley)

(Ley # 104 del 25 de junio de 1958, Ley # 43 del 21 de mayo de 1996, Ley # 153 del 10 de agosto de 1995, Ley # 103 del 5 de abril de 2003 y Ley # 76 del 21 de mayo de 2011)

(ANTES LEY DE PROPIEDAD HORIZONTAL)

La propiedad horizontal es el término legal que se utiliza para describir los apartamentos en condominios. Esta forma de vida requiere una mentalidad o estado psicológico de cada uno de los codueños muy distinto al de los dueños de una propiedad en urbanizaciones de casas individuales. La tolerancia de cada uno de los condóminos, su disciplina individual, el respeto y cuidado de la propiedad, unido a la forma democrática de regir el destino del condominio, son las características principales de esta forma de poseer y disfrutar de la propiedad. Muchos titulares, al igual que miembros de juntas, desconocen las normas y leyes que aparecen en el reglamento del condominio. Conocer el reglamento es más importante aún que conocer la escritura matriz. El reglamento establece aspectos tales como la fecha de las asambleas anuales, los requisitos de las convocatorias y muchos asuntos pertinentes a las relaciones de buena vecindad que deben regir en el condominio.

Por ello es fundamental que todo dueño y todo comprador de un apartamento conozca y estudie el reglamento de su condominio. En lo que toca a los miembros de la junta es responsabilidad ineludible conocer este importante documento. Bajo la nueva Ley de Condominios, el reglamento adquiere una importancia aún mayor, porque solo enmendándolo pueden aprovecharse muchas de las ventajas que ofrece dicha ley. Las enmiendas deben circularse entre los titulares antes de la asamblea en que se sometan para aprobación, para que todos tengan la oportunidad de conocerlas. Los dueños pueden aceptar o denegar cualquiera de las enmiendas.

Características fundamentales del régimen de propiedad horizontal en Puerto Rico

1. El disfrute del apartamento como núcleo del régimen y de ahí la preservación del requisito de consentimiento unánime para toda obra o acción que afecte directamente su disfrute.

2. El principio de que sea el consejo de titulares y no una junta de directores el órgano donde resida el control último de las decisiones sobre la administración del condominio.

3. El reconocimiento de la personalidad jurídica propia de dicho consejo.

4. La disponibilidad de un foro especializado para atender con agilidad los conflictos que puedan surgir entre los diversos integrantes del régimen.

Definiciones

1. **Apartamento:** finca o unidad de construcción suficientemente delimitada, consistente de uno o más espacios cúbicos, cerrados, parcialmente cerrados o abiertos y sus anejos, que tenga salida directa a la vía pública y que puede ser susceptible a ser vendida, transmitida o hipotecada.

2. **Titular:** dueño exclusivo de un apartamento y de una participación en los elementos comunes de un inmueble sometido al régimen de propiedad horizontal.

3. **Consejo de titulares:** órgano rector y deliberativo del condominio constituido por todos los condóminos.

4. **Elementos comunes:** áreas destinadas al servicio y uso común de más de un apartamento o que son necesarias para el adecuado uso y disfrute de más de un apartamento y que pertenecen individualmente a todos los titulares. Están sujetos a un régimen de indivisión forzosa.

5. **Escritura individual:** documento público que firma el comprador que describe el apartamento, su área de superficie, su por ciento de participación, elementos comunes limitados y generalizados, y hace referencia a la escritura matriz.

6. **Escritura matriz:** documento público otorgado ante notario público e inscrito en el Registro de la Propiedad, donde el desarrollador o el dueño de un inmueble somete el mismo al régimen de propiedad horizontal.

7. **Junta de directores:** grupo de titulares o un solo titular (tienen que vivir en el condominio) que gobierne el edificio a nombre del consejo. Tiene deberes de preparar presupuesto, dirigir aspectos financieros, llevar los libros, preparar los estados financieros anuales, llevar un libro de propietarios, cubrir las vacantes en las juntas, asignar las cuotas a pagar, convocar a la junta y al consejo de titulares, llevar actas de las reuniones y custodiar los documentos del condominio.

8. **Presupuesto anual:** documento que proyecta los gastos e ingresos para cada año fiscal. Se realiza una reunión por año para presentarlo.

9. **Estado financiero:** explicación detallada de los ingresos y gastos. Se entrega 15 días antes de la asamblea del consejo de titulares. Estos pueden revisar los libros por ley.

10. **Mayoría:** la ley da dos opciones: la mitad más uno, o la mitad más uno de los titulares que representen el 51% de participación en los elementos comunes.

11. **Porcentaje de participación:** se basa en la relación porcentual del uso de los elementos comunes y área de apartamentos. Se usa para determinar cuotas de mantenimiento y a veces para votar.

12. **Quórum:** lo constituye la mayoría y depende de la definición que escoja el consejo de titulares. Una vez citada a una primera reunión (en esta primera asamblea se usa 1/3), y si no se constituye, la siguiente se va a constituir con el número de titulares que se presenten.

13. **Reglamento del condominio:** se debe inscribir en el Registro de la Propiedad. Se necesitan 2/3 partes para enmendarlo.

14. **Convocatoria:** por escrito, certificado 10 días antes de la reunión.

15. **Gastos comunes:** son para la administración, conservación y reparación de los elementos comunes.

Tipos de elementos comunes

1. **Elementos comunes generales:** para uso y servicio de todos los titulares. Cualquier pacto que transfiera la titularidad o control de esos elementos a otra persona distinta al consejo de titulares será nulo.

   a. El vuelo (aire, es el derecho a elevar algo).

   b. Cimientos, paredes maestras y de carga, techos, galerías, escaleras y vías de entrada y salida o de comunicación.

   c. Locales o instalaciones de servicios centrales como luz, gas, agua, etc.

d. Ascensores.

e. Áreas verdes y árboles.

f. Terreno (del espacio no usado), sótanos, azoteas, patios y jardines.

g. Locales destinados a porteros o empleados.

h. Áreas recreativas.

i. Fachadas, suelo (donde descansa el edificio).

2. **Elementos comunes limitados:** aquellos que se destinan al servicio de cierto número de apartamentos con exclusión de los demás. Estos están descritos en la escritura de construcción del régimen de propiedad horizontal.

a. Pasillos.

b. Escaleras.

c. Ascensores especiales.

d. Estacionamientos.

3. **Elementos pro comunales**: aquellas áreas susceptibles de aprovechamiento independiente, sean apartamentos, estacionamientos o locales, cuya titularidad le haya sido asignada al consejo de titulares. Lo serán también las unidades privadas que adquiera el consejo de titulares mediante ejecución en cobro de deudas o por cualquier otro medio legítimo.

Derechos de cada titular:

1. A su apartamento.

2. Uso de los elementos comunes.

3. Que no hipotequen elementos comunes sin su consentimiento.

4. Que no se dividan elementos comunes sin su consentimiento.

5. Vetar obras comunes siempre y cuando haya una razón de peso para ello.

6. A hacer obras urgentes y cobrar participación por ello.

7. Recibir ganancias o sobrantes.

8. Exigir que se escoja el tipo de mayoría.

9. Segregar o agrupar (solo para elementos comunes limitados, no para los generales).

10. Ser citado a reunión con un aviso de 10 días antes de efectuarse la misma.

11. A votar si no está atrasado en las cuotas (3 meses después pierde el derecho).

12. Asistir o estar representado en las reuniones mediante un poder (*proxy*) que se le puede otorgar a un familiar (hasta segundo grado de consanguinidad) a otro titular, arrendatario, mandatario o su abogado. Este documento tiene que ser notariado. En decisiones tomadas donde no asistió, tiene 30 días para contestarlas o se asume su aprobación.

13. Se le notifique de deudas.

14. Impugnar ante DACO o Tribunal Superior cualquier cambio al reglamento sin consultarle. (Se requiere 2/3 partes para cambios al reglamento y 100% para cambios en la escritura matriz).

15. Se le notifiquen reuniones extraordinarias.

16. Examinar los libros.

17. Se le notifique el estado de cuentas.

18. Se le notifique acuerdos tomados en su ausencia.

19. Exigir que se cumpla la ley.

20. A demandar a otro titular si el que lo visita le causa daños.

21. Para todo adquiriente involuntario del inmueble, este será responsable solamente de seis (6) meses de las deudas adquiridas por el inquilino anterior.

Deberes de cada titular:

1. Cuando compra informar a la junta (tiene 30 días).

2. Cuando vende informar a la junta (tiene 30 días).

3. Cuando alquila informar a la junta (tiene 30 días).

4. Responder por lo que haga su inquilino si se ha rentado el apartamento. El dueño sigue siendo responsable del mantenimiento y del cumplimiento de la ley del reglamento por parte del arrendatario.

5. No perturbar el disfrute de los demás.

6. Pagar sus cuotas de mantenimiento, primas de seguro, fondo de reserva y derramas a tiempo. Cualquier morosidad de dos (2) meses consecutivos ameritará que se le corte todo servicio, siempre y cuando estos pasen por elementos comunes, y con tres (3) meses de morosidad el titular pierde su derecho al voto en las reuniones de la junta de condóminos.

7. No cambiar la fachada, puertas, paredes o ventanas exteriores con decoración o colores no aprobados.

8. Responder por sus visitantes.
9. Cumplir con la ley el reglamento.

Consejo de titulares: constituido por la totalidad de los titulares que tienen la autoridad suprema sobre la administración del inmueble sometido al régimen de propiedad horizontal. Tiene personalidad jurídica y puede demandar y ser demandado. Esta junta no puede organizarse como una corporación o sociedad.

Facultades y deberes del consejo de titulares

1. Elegir al director o a la junta de directores.
2. Nombrar un agente administrador o síndico en ausencia de una junta de directores.
3. Resolver disputas.
4. Destituir a la junta o a cualquiera de sus miembros.
5. Destituir al administrador o síndico.
6. Aprobar el presupuesto anual, para lo cual se reunirá por lo menos una (1) vez al año.
7. Incluir en el presupuesto una partida de fondo de reserva no menor del 5% del presupuesto operacional del condominio hasta alcanzar el 2% del valor de reconstrucción.
8. Hacer obras extraordinarias (estas son de mantenimiento no previsto, que requiere un 10% o más del presupuesto siendo necesaria la imposición de una derrama), **urgentes o necesarias** (son las de seguridad, reparación y conservación que las puede hacer un titular y cobrar a los demás la parte que les toca) y **de mejoras** (es toda obra permanente que no sea de mantenimiento y que va dirigida a aumentar el valor del inmueble o para mejorar servicios).
9. Obtener fondos.
10. Imponer cuotas especiales a ciertos titulares por uso excesivo de algún elemento común general.
11. Aprobar o enmendar el reglamento del condominio (*By Laws*).
12. Adquirir local o apartamento procomunal por la vía de ejecución en cobro de deudas.
13. Enajenar elementos procomunales siempre que las ganancias sean para cubrir deudas o gastos de mantenimiento de las áreas comunes.
14. Autorizar instalación de equipo en áreas comunes para el disfrute exclusivo de sus apartamentos.

15. Suspender los servicios recibidos de agua, luz, teléfono, cable, etc. a través o por medio de los elementos comunes generales, a aquellos titulares morosos que adeudan dos (2) o más plazos consecutivos, además de imponer una penalidad del 10% de lo adeudado después de pasar 15 días de la fecha del pago mensual, un 6% máximo de interés anual sobre las cuotas no pagadas y un 1% mensual del total de lo adeudado para cuotas con tres o más plazos consecutivos de atrasos.

16. Autorizar a la junta de directores a imponer multas (por cada violación) de 100 dólares a todo titular que viole las normas de convivencia y el reglamento.

Junta de directores, facultades y deberes:

1. Es el órgano ejecutivo de la comunidad de titulares. Lleva a cabo la administración del día a día y se puede componer de una sola persona o un grupo.
2. Preparar y someter al consejo el presupuesto anual.
3. Hacer un estado financiero anual.
4. Dirigir todo asunto financiero con relación a pagos y recaudaciones.
5. Cobrar a los titulares las cuotas de mantenimiento y aplicar las sanciones que les correspondan.
6. Atender las necesidades de reparación del inmueble.
7. Llevar un libro de todos a los titulares con nombre, firmas, etc.
8. Aumentar o disminuir cuotas.
9. Representar a la comunidad en los asuntos que les afecten.
10. Cubrir vacantes en la junta.

Síndico, funciones y deberes:

1. Se designa una persona ajena al condominio para que en ausencia de un director o una junta de directores, por falta de personas que puedan o quieran ocupar dichos puestos, realice sus funciones.
2. Los honorarios del síndico se incorporan al presupuesto de gastos comunes y serán sufragados por los titulares como parte de sus cuotas de mantenimiento.
3. El nombramiento del síndico será por seis meses.
4. Rendirá informes trimestrales de sus gestiones a los titulares con copia al tribunal o a DACO.
5. El síndico no podrá ser a la vez el agente administrador.

6. DACO o el tribunal podrá relevar de sus funciones al síndico si este incurre en deshonestidad o violación de las normas de buena conducta según el reglamento del condominio durante su desempeño.

Acuerdos que requieren unanimidad

1. Hipotecar elementos comunes o procomunales.
2. Afectar elementos comunes.
3. Hacer nuevos pisos, sótanos, excavaciones u obras que afecten la seguridad, solidez y conservación del edificio.
4. Renunciar al régimen (cambios en la escritura matriz).
5. Ubicación de equipos autorizados (pueden afectar el aspecto de la fachada).

Acuerdos que requieren 2/3 partes de los condóminos/ condómines que reúnan 2/3 partes del porcentaje de participación

1. Enmendar el reglamento interno del condominio.
2. Para construir o habilitar áreas adicionales del estacionamiento.
3. Hacer obras de mejoras.

Acuerdos que requieren la mayoría solamente

1. Conservación y uso de elementos comunes del inmueble.
2. Nombrar o remover al director o a miembros de la junta.
3. Nombrar o remover al administrador.
4. Resolver disputas entre titulares, junta o administrador.
5. Imponer cuotas especiales.
6. Adquisición de local o apartamento por vía de ejecución.
7. Realizar obras extraordinarias y de mejoras.
8. Sorteo de espacios de estacionamientos disponibles.
9. Aprobar presupuesto de gastos anuales.
10. Aprobación del estado financiero.
11. Elección de un comité de conciliación.

Nueva Ley de Condominios de Puerto Rico (Ley 129 de 16 de agosto de 2020)

La gobernadora **Wanda Vázquez Garced** convirtió en ley el Proyecto de la Cámara 1874 estableciendo una nueva Ley de Condominios de Puerto Rico. Esta ley deroga la pasada Ley de Condominios o Ley 104 de 1958, según enmendada.

LO QUE DEBE SABER DE LOS CONSEJOS DE TITULARES EN LA NUEVA LEY DE CONDOMINIOS

La nueva ley hace más ágil, eficiente y práctico el actual marco jurídico de gobernanza y administración de los inmuebles sometidos a un régimen de propiedad horizontal y los atempera a las distintas realidades y cambios sociológicos, económicos y hasta tecnológicos que las comunidades de titulares han experimentado en el transcurso del tiempo y por las distintas circunstancias que han sido resultado de desastres naturales, e inclusive la emergencia que enfrentamos por la pandemia del Covid-19. Esta nueva ley brinda un nuevo marco jurídico para regular la convivencia y la administración de la comunidad de titulares en los condominios bajo el régimen de propiedad horizontal.

SEGUROS

La derogada Ley de Condominios, en su artículo 43, establecía que los titulares podían asegurar contra riesgo el inmueble para cubrir las áreas comunes generales, procomunales y limitadas de este, así como otros riesgos, para beneficio común de los titulares, sin perjuicio del derecho que asiste a cada uno para asegurar por su cuenta y beneficio propio de su apartamento.

Con el lenguaje vigente y una Carta Normativa del 2006 de la Oficina del Comisionado de Seguros (OCS), los consejos de titulares han interpretado que tenían facultad y la discreción para adquirir pólizas de **tipo *full value***, que no solo aseguran las áreas comunes del inmueble ante la eventualidad de un desastre, sino que también se incluye en la cubierta del seguro matriz elementos privativos originales adheridos a la estructura, como los gabinetes de cocina y las lozas al aire al valor de reemplazo según fueron originalmente instalados y construidos con el edificio. En el ejercicio de la discreción, muchos de los consejos de titulares han aprobado la adquisición de esta cubierta *full value* sobre la que se conoce como la cubierta ***bare wall.***

La póliza *bare wall* asegura exclusivamente los elementos comunales como la piscina, paredes, muros, ventanas que sean parte de la fachada, así como la infraestructura de plomería, sanitaria, electricidad y pluvial que discurra por elementos comunes. Con esta cubierta, no estarían asegurados los elementos originales en el interior de cada apartamento privativo, y sería la responsabilidad de cada titular gestionar una póliza de seguro para asegurar estos elementos.

El texto de la nueva Ley de Condominio, en lo relacionado con el deber de los consejos de titulares de asegurar el edificio contra riesgos, parece limitar la discreción de los consejos de titulares en el artículo 62, al establecer que se podrá asegurar contra riesgo el inmueble para cubrir las áreas comunes generales, procomunales y limitadas de este, así como otros riesgos no relacionados con la propiedad privada de los titulares. Solo cuando se requiera por reglamentación federal y/o estatal, el consejo de titulares deberá adquirir pólizas y cubierta de seguros para asegurar las áreas comunes y generales, procomunales y limitadas del inmueble, incluyendo los elementos privativos originales adheridos a la estructura.

ARRENDAMIENTOS A CORTO PLAZO

Por otra parte, la nueva ley limita la facultad de la junta de directores para sustituir al representante o productor de seguros, siempre y cuando las cubiertas y condiciones del nuevo seguro sean las mismas, o de mayor alcance y beneficio, y al mismo o menor costo de la que estuviera vigente al momento del cambio, previa aprobación del consejo de titulares. La pasada Ley de Condominios solo establecía el deber de informar al consejo de titulares de dicha sustitución.

La nueva Ley de Condominios define arrendamiento a corto plazo o *short term rentals* como cualquier arrendamiento por un término menor a 90 días consecutivos. Establece, además, que los consejos de titulares no podrán prohibir los arrendamientos de los apartamentos a corto plazo en los inmuebles sometidos al régimen de propiedad horizontal, salvo cuando exista una prohibición expresa o que establezca un término mínimo de arrendamiento en la escritura matriz o en el reglamento.

En la versión final aprobada del Proyecto de la Cámara 1874, ahora nueva Ley de Condominios, se removió inclusive la facultad de los consejos de titulares para enmendar sus reglamentos a fin de prohibir los arrendamientos a corto plazo y la disposición que expresamente consideraba como uso residencial los arrendamientos a corto plazo. Sin embargo, los consejos de titulares sí pueden, mediante el reglamento del condominio, regular la forma y manera en que se llevarán a cabo los arrendamientos a corto plazo en los condominios, incluyendo requerir un término mínimo de noches para arrendar e imponer una cuota mensual especial que no podrá ser mayor de la cuota de mantenimiento para los titulares que arrienden su apartamento a corto plazo.

En caso de que haya una violación a las normas de convivencia del condominio por parte de los huéspedes que estén arrendando a corto plazo, se podrán generar las multas al titular del apartamento que podrían ser hasta por el doble de la cantidad establecida en el reglamento de multas del condominio, hasta un máximo de 200 dólares. Una disposición interesante en la nueva ley le impone las obligaciones al agente administrador de informar al **Centro de Recaudación de Ingresos Municipales (RIM)** anualmente las propiedades sujetas a contratos de arrendamiento a corto plazo.

GOBERNANZA

Los cambios más significativos que integra la nueva Ley de Condominios están en la sección de definiciones de las distintas figuras y términos creados por la ley, el establecimiento de una serie de requisitos mínimos de responsabilidad y riesgo a la figura del agente administrador, la eliminación del comité de conciliación, la imposición de requisitos a los titulares para ser nominado y electo miembro de la junta de directores, la eliminación del requisito de tener dos fechas para las convocatorias para asambleas, el requisito de quórum, los términos, la forma de convocar las distintas asambleas incorporando la tecnología, y en condominios sometidos al régimen de propiedad horizontal luego de la firma de la ley, sustituiría el requisito de unanimidad actual por el de 2/3 partes en varias de la decisiones del consejo de titulares.

LA APROBACIÓN DE 2/3 PARTES DE LOS TITULARES Y ACUERDOS DE LOS CONSEJOS DE TITULARES

La nueva Ley de Condominios sustituye el requisito de unanimidad por el de 2/3 partes de todos los titulares o de los que reúnan 2/3 partes de las participaciones en las áreas comunes. Solo se mantiene la **unanimidad** para resolver el régimen de propiedad horizontal a fin de cambiar el uso de un apartamento de residencial a uno no residencial y viceversa, para agregar nuevos pisos que añadan elevación a la estructura, para adquirir nuevas porciones de terrenos colindantes y realizar obras de mejoras cuando requieran una derrama.

El requisito de **unanimidad** se mantiene para los acuerdos para múltiples asuntos que requerían unanimidad bajo la pasada Ley de Condominios en los inmuebles sometidos al régimen de propiedad horizontal, antes de la aprobación de esta nueva ley. Algunas decisiones del consejo de titulares que, de manera prospectiva, aplican a inmuebles sometidos al régimen de propiedad horizontal con posterioridad a la aprobación de la nueva ley, que requerirán solo aprobación por 2/3 partes de los titulares, son:

- Enmiendas a la escritura matriz para cambiar el destino y uso de áreas comunes.
- Aprobación o modificación de hipotecas sobre elementos comunes, el cierre o techado de patios, terrazas o áreas abiertas (en este caso, se requiere además el consentimiento del titular que pueda verse afectado).
- Obras que afecten en forma adversa los elementos comunes del inmueble.
- Destinación de elementos comunes (pasillos, escaleras o ascensores especiales) con carácter limitado para servicio de un titular con exclusión de los demás.
- Segregaciones de porciones de terreno.
- Cambios en la forma externa de la fachada.
- Instalación de equipos en áreas comunes por titulares interesados, si alteran sustancialmente la fachada.
- Habilitar o construir áreas adicionales de estacionamiento.
- Construir nuevos pisos.
- Hacer sótanos.
- Obras de mejoras que no requieren derrama.

Algunos asuntos que solo requerirán la aprobación de la mayoría de los titulares incluyen:

- La **enajenación** de un elemento procomunal siempre que el producto de la venta o enajenación se destine a cubrir deudas o gastos para el mantenimiento de las áreas comunes, diseño, tipo y color de las tormenteras que se podrían instalar **(venta, donación o cesión del derecho o el dominio que se tiene sobre un bien o una propiedad).**
- Los retiros del fondo de reserva para costear obras extraordinarias urgentes.
- Atender un estado de emergencia.
- Autorizar a la junta de directores a adquirir mediante compra o arrendamiento aquellos estacionamientos que estén a la venta por titulares.
- Permitir la división material de apartamentos, mediante segregación, para formar otra u otras unidades susceptibles de aprovechamiento independiente.
- Imponer cuotas especiales a titulares.
- Aprobar la supresión de barreras arquitectónicas que dificulten el acceso o la movilidad de personas con impedimentos.
- Aprobar contratos para obras, servicios, suministro de materiales y cualquier otro, que conlleven el desembolso de fondos comunes recaudados a través de cuotas de mantenimiento y derrama, que exceden el período del presupuesto operacional.
- Escoger el seguro matriz.
- Contratar una firma de profesionales para el avalúo de los daños en caso de siniestro.
- Escoger y designar al agente administrador.
- Elegir a los miembros de la junta de directores.

EXPLICACIÓN DE DEFINICIONES

a. **Administrador interino**: el administrador en su función de administrar el inmueble en el período de transición que comienza desde el otorgamiento de la primera escritura de compraventa y hasta que se realice el traspaso de la administración al consejo de titulares, mediante la elección de un director o junta de directores.

b. **Adquiriente involuntario**: el acreedor hipotecario que, para proteger su acreencia, adquiera una propiedad como parte de un proceso de ejecución de hipoteca, licitando o sin licitar, o de dación en pago, total o parcial.

c. **Adquiriente voluntario**: persona que, luego de ejercer su criterio en el curso usual de los negocios, deliberadamente adquiere el bien inmueble porque le resulta un buen negocio. Se entiende que incluye un comprador convencional, un donatario, un heredero, un legatario, un permutante o un licitador que se lleve la buena pro en la subasta.

d. **Agente administrador**: Persona designada por el consejo de titulares para administrar la operación diaria del condominio, bajo la supervisión del director o la junta de directores.

e. **Anejo:** área asignada en la escritura matriz de un condominio para el uso particular de un apartamento y con exclusión de los demás apartamentos.

f. **Apartamento**: cualquier unidad de construcción en un inmueble sometido al régimen establecido en este capítulo, que se encuentre suficientemente delimitada y que consista de uno (1) o más espacios cúbicos total o parcialmente cerrados o abiertos, continuamente con sus anejos, si alguno, aunque estos no sean contiguos, siempre que tal unidad sea susceptible de cualquier tipo de aprovechamiento independiente y que tenga salida directa a la vía pública o a dos (2) o más condominios u otros desarrollos.

g. **Arrendamiento a corto plazo**: se entenderá como cualquier arrendamiento por un término menor a noventa (90) días consecutivos.

h. **Consejo de titulares**: órgano rector y deliberativo del condominio, con personalidad jurídica y constituido por todos los titulares.

i. **Desarrollador:** persona que somete el inmueble al régimen de propiedad horizontal, la cual fungirá como administrador interino desde el otorgamiento de la primera escritura de compraventa y hasta que se realice el traspaso de la administración al consejo de titulares, mediante la elección de un director o una junta de directores.

j. **Elementos comunes**: son los elementos que no son susceptibles de propiedad individual por los titulares y sujetos a un régimen de indivisión forzosa.

k. **Elementos comunes limitados**: son elementos comunes que se destinen al servicios de más de un titular con exclusión de los demás, tales como pasillos, escaleras y ascensores especiales, servicios sanitarios comunes a los apartamentos de un mismo piso y otros análogos.

l. **Elementos procomunales**: son las áreas susceptibles de aprovechamiento independiente, sean apartamentos, estacionamientos o locales, cuya titularidad haya sido asignada al consejo de titulares. Lo serán también las unidades privadas que adquiera el consejo de titulares mediante cesión, ejecución en cobro de deudas o por cualquier otro medio legítimo.

m. **Escritura matriz**: escritura pública mediante la cual el titular único, o titulares todos, si hubiere más de uno (1), declaren expresamente, en forma clara y precisa, su voluntad de someter un inmueble al régimen de propiedad horizontal.

n. **Estados financieros anuales:** Informe escrito anual en el cual se incluye el estado de situación y el estado de ingresos y gastos al cierre del año fiscal del consejo y para el año terminado en dicha fecha.

o. **Fachada:** el diseño del conjunto arquitectónico de los elementos comunes y estético exterior del edificio, según se desprende de los documentos constitutivos del condominio.

p. **Junta de directores**: un director o grupo de directores electos por el consejo de titulares.

q. **Obra de mejora:** toda obra permanente que no sea de mantenimiento, dirigida a aumentar el valor o la productividad de la propiedad en cuestión o proveer mejores servicios para el disfrute de los apartamentos o de las áreas comunes.

r. **Obra extraordinaria**: toda obra de mantenimiento no prevista en el presupuesto anual, que requiera la imposición de una derrama para su ejecución.

s. **Obra para atender estado de emergencia**: Todo gasto operacional necesario para atender un estado de emergencia, ya sea en preparativo para atender cualquier situación que resulte de una emergencia. Se entenderá que existe un estado de emergencia cuando así lo decreten las autoridades estatales o federales pertinentes.

t. **Obra urgente**: toda obra cuya ejecución no pueda posponerse por razones apremiantes de seguridad o porque sea necesaria para la restitución de los servicios esenciales, tales como el suministro de agua, de electricidad o la puesta en funcionamiento de los ascensores.

u. **Persona:** cualquier persona natural o jurídica.

v. **Porcentaje de participación:** fórmula basada en la relación entre el área superficial privativa de un apartamento y la suma de todas las áreas superficiales privativas de todos los apartamentos del condominio.

w. **Presupuesto anual**: documento que refleja el estimado de ingresos y gastos del consejo de titulares previsible para cada año fiscal y aportación a la reserva que sea requerida.

x. **Reglamento de condominio**: documento que forma parte de la escritura matriz en el cual se establecen las normas administrativas que gobiernan el condominio.

y. **Titular o condómino**: todo aquel propietario que tenga derecho a su apartamento y a una participación con los demás titulares en los elementos comunes de un inmueble sometido al régimen de propiedad horizontal.

PROCEDIMIENTOS PARA ASAMBLEAS

La nueva ley incorpora medidas para aclarar, acortar y flexibilizar los términos en los procesos de convocatorias: para asambleas ordinarias anuales, quince (15) días; las extraordinarias, cinco (5) días, y en las que haya sido declarado un estado de emergencia por las autoridades pertinentes y se vaya a realizar una obra para atender un estado de emergencia que requiere hacer retiros del fondo de reserva, veinticuatro (24) horas.

Se incluye una prohibición para que no se celebren asambleas en horario laborable. En cuanto al derecho a representación, la nueva ley expresamente aclara que el poder para representar a un titular da derecho al voto, pero no para hacer expresiones o hacer proposiciones durante las asambleas.

La nueva ley finalmente permitiría el uso de la tecnología (correo electrónico o cualquier otro medio), siempre que se pueda corroborar y validar su envío en las convocatorias a asambleas, y permite que el consejo de titulares establezca en el reglamento los medios alternos para celebrar asambleas extraordinarias con mecanismos electrónicos para la realización de asambleas, utilizando plataformas de videoconferencia y de votación electrónica cuando exista un estado de emergencia, según decretado por el Gobierno federal o estatal.

De no tener una disposición en el reglamento con un mecanismo al momento de la emergencia, la ley permite emplear un mecanismo alterno para la celebración. No obstante, queda prohibido celebrar asambleas ordinarias y la aprobación de derramas utilizando el método alterno de asambleas extraordinarias por videoconferencias.

Se enmienda el artículo 38 (A) de la Ley de Condominios vigente con el fin de permitir la votación electrónica para acuerdos del consejo de titulares durante declaraciones de emergencia decretadas por el Gobierno de Puerto Rico o el Gobierno de los Estados Unidos.

La escritura que establezca el régimen de propiedad horizontal expresará clara y precisamente el destino y uso de toda área comprendida en el inmueble, excepto que esta ley autorice lo contrario; una vez fijado dicho destino y uso, solo podrá ser variado mediante el consentimiento de dos terceras partes (2/3) de todos los titulares, que a su vez, reúnan dos terceras partes (2/3) de las participaciones en las áreas comunes, excepto las modificaciones a la escritura matriz, con el fin de variar el uso de un apartamento de uno residencial a uno no residencial y viceversa.

DERECHO DEL TITULAR A SU APARTAMENTO (BASE PARA DETERMINAR SU PARTICIPACIÓN)

El titular tendrá derecho exclusivo a su apartamento y a una participación con los demás titulares en los elementos comunes del inmueble, equivalente al porcentaje que presente la superficie del apartamento en la superficie de la totalidad de apartamentos en el inmueble. En caso de apartamentos con dos (2) o más niveles, se considerará la superficie de cada nivel. Se podrán hipotecar los elementos comunes de un inmueble constituido en el régimen de propiedad horizontal. La aprobación o posterior modificación de dicha hipoteca solo podrá realizarse mediante acuerdo de dos terceras partes (2/3) de todos los titulares, que a su vez, reúnan dos terceras partes (2/3) de la participación en las áreas comunes.

CONTENIDO DEL REGLAMENTO

El reglamento podrá contener todas aquellas normas y reglas en torno al uso del inmueble y sus apartamentos, ejercicios de derechos, instalaciones y servicios, gastos, administración y gobierno, seguros, conservación y reparaciones, que no contravengan las disposiciones de esta ley. Proveerá obligatoriamente lo siguiente:

a. Forma de administración, indicándose si estará a cargo de un director o de una junta de directores, con expresión de sus facultades, remoción y, en su caso, remuneración. Deberá especificar cuáles, si algunas, de sus facultades y deberes, podrá delegar en el director o la junta de directores a un agente administrador.
b. Fecha en que se celebrará la asamblea.
c. Sistema uniforme de convocatoria o citación para las asambleas de los titulares, especificando el método de notificación que permita evidenciar la misma.
d. Definición del concepto de mayoría que regirá para el inmueble en cuestión.
e. Persona que presidirá y la que llevará el libro de actas en que han de constar los acuerdos.
f. Cuidado, atención y vigilancia del inmueble en sus elementos y servicios comunes, generales o limitados.
g. Manera de recaudar los fondos de los titulares para el pago de los gastos comunes.

MAYORÍA DE TITULARES Y CONSEJOS DE TITULARES

El reglamento a que hace referencia el artículo 13 de esta ley especificará cuál de las dos (2) siguientes definiciones de mayoría regirá para el inmueble en cuestión.

a. por más de la mitad de los titulares; o
b. por más de la mitad de los titulares cuyos apartamentos a su vez representen más del cincuenta (50%) de participación en los elementos comunes, de conformidad con los porcentajes asignados a los apartamentos según el artículo 9 de esta ley. Del mismo modo, siempre que en esta ley se haga referencia al consejo de titulares se entenderá la totalidad de ellos.

LOS ELEMENTOS COMUNES DEL INMUEBLE SON LOS SIGUIENTES:

a. Se consideran elementos comunes necesarios, no susceptibles de propiedad individual por los titulares y sujetos a un régimen de indivisión forzosa, los siguientes:

(1) El vuelo, entendido este como el derecho a elevar. El cierre o techado de patios, terrazas o áreas abiertas, requerirá, siempre que tales obras no estén contempladas en los planos sometidos con la escritura de constitución de régimen, el consentimiento de dos terceras partes (2/3) de los titulares, que a su vez, posean dos terceras partes (2/3) en las participaciones en las áreas comunes. Será requisito el consentimiento del titular que pueda verse afectado por el uso y disfrute de su apartamento por dicha notificación. El titular que se oponga debe establecer de forma razonable la forma en que se afecta.

(2) Los cimientos, paredes de carga, escaleras y vías de entrada y salida o de comunicación.

(3) Los locales para instalación de servicios centrales, como electricidad, luz, gas, agua fría y caliente, refrigeración, cisternas, tanques y bombas de agua, y demás similares que sean indispensables para el adecuado disfrute de los apartamentos, salvaguardando que estos elementos no sirvan únicamente a un apartamento privado.

(4) Los ascensores, cuando estos sean necesarios para el adecuado disfrute de los apartamentos.

(5) Las áreas verdes y los árboles requeridos por las instrumentalidades o dependencias del Gobierno de Puerto Rico.

(6) El área destinada para colocar recipientes de desperdicios sólidos.

(7) Un generador de energía eléctrica que supla la demanda de áreas comunes, o comunes y privadas, haciendo uso de la infraestructura eléctrica del condominio.

(8) Cualquier otro elemento que fuere indispensable para el adecuado disfrute de los apartamentos en el inmueble.

b. Se consideran elementos comunes generales, salvo disposición o estipulación en contrario los siguientes:

(1) El terreno, los sótanos, azoteas, patios y jardines.

(2) Los locales destinados a alojamientos de porteros, oficiales de vigilancia, personal que presta servicio de limpieza y mantenimiento y otros, así como los locales destinados para almacenamiento conocidos como covachas.

(3) Las áreas destinadas a estacionamiento.

(4) Las áreas correctivas que excedan lo requerido por la reglamentación urbana o por las autoridades competentes.

Las adjudicaciones de las áreas o elementos comunes antes enumerados requerirán que así se haya dispuesto en la escritura de constitución del régimen. De realizarse la conversión y transferencia al régimen de propiedad horizontal, luego de constituida la escritura matriz se requerirá dos terceras partes (2/3) de todos los titulares que, a su vez, reúnan dos terceras partes (2/3) de las participaciones de las áreas comunes. La transferencia deberá inscribirse en el Registro de la Propiedad, dejando constancia de los nuevos porcentajes de participación para cada uno de los apartamentos beneficiados.

ACUERDOS PARA CONSERVACIÓN Y USO DE ELEMENTOS COMUNES

Las obras necesarias para la conservación o seguridad del inmueble y para el uso eficaz de los elementos comunes serán acordadas por la mayoría de los titulares. Si las de uso eficaz menoscabasen el disfrute de algún titular, estas no podrán realizarse sin el consentimiento del titular afectado. La objeción del titular afectado deberá estar fundamentada.

Para toda obra que afecte en forma adversa los elementos comunes del inmueble se requerirá el consentimiento de dos terceras partes (2/3) de los titulares que, a su vez, reúnan dos terceras partes (2/3) de las participaciones en las áreas comunes. No se podrá realizar obra alguna que afecte la solidez y estructura del edificio.

ELEMENTOS COMUNES LIMITADOS DEL INMUEBLE

También serán considerados elementos comunes, pero con carácter limitado, siempre que así lo exprese la escritura matriz, o se acuerde expresamente por dos terceras partes (2/3) de todos los titulares que, a su vez, reúnan dos terceras partes (2/3) de las participaciones en las áreas comunes del inmueble, aquellos que se destinen al servicio de más de un titular con exclusión de los demás, tales como pasillos, escaleras y ascensores especiales, servicios sanitarios comunes a los apartamentos de un mismo piso y otros análogos.

ADMINISTRACIÓN INICIAL POR EL TITULAR O TITULARES, PODERES Y DEBERES

El titular o los titulares que sometan el inmueble al régimen de propiedad horizontal asumirán la administración inicial del inmueble, con todos los poderes y deberes que esta ley confiere e impone, y los que el reglamento confiera e imponga al director o a la junta de directores.

La administración interina comenzará tan pronto se venda el primer apartamento. Durante la administración interina no podrán enmendarse ni la escritura matriz ni los planos del condominio, sin el consentimiento de dos terceras partes (2/3) de todos los titulares que, a su vez, reúnan dos terceras partes (2/3) de las participaciones de las áreas comunes, excepto para conformar la escritura matriz con los planos aprobados por las agencias con jurisdicción o inscritos. Las disposiciones bajo este artículo, con relación al número de votos requeridos, no se aplicarán a los inmuebles sometidos al régimen de propiedad horizontal antes de la aprobación de esta ley, los cuales solo se podrán modificar por unanimidad de los titulares.

OBLIGACIONES DEL DESARROLLADOR PARA LA ADMINISTRACIÓN INTERINA

A partir de la primera venta, el desarrollador, en su función de administrador interino, tendrá las siguientes obligaciones para la administración interina:

a. Atender todo lo relacionado con el buen gobierno, administración, vigilancia, conservación, cuidado, preparación y funcionamiento de las cosas y elementos de uso común y de los servicios generales y necesarios del condominio.

b. Llevar un registro de titulares con el nombre, la firma, el número de teléfono, las direcciones de correo electrónico, postal y residencial de los titulares, anotando las sucesivas transferencias de idéntica manera y también los arrendamientos y conservando copia de las escrituras de venta que acreditan titularidad de cada condómino.

c. Dirigir los asuntos financieros del condominio y llevar un libro detallado de todas las partidas de ingresos y egresos que afecten al inmueble y a su administración, fijándose por orden de fecha y especificando los gastos de conservación y reparación de los elementos comunes. Cada egreso deberá acreditarse con un comprobante, factura o recibo.

d. Cobrar a los titulares las cantidades con que deben contribuir a los gastos comunes conforme al porciento de participación que tenga asignado su apartamento o apartamentos en la escritura matriz y realizar cualquier otro cobro que la comunidad tenga derecho. El pago de la cuota de mantenimiento se determinará de acuerdo al presupuesto que prepare y entregue el desarrollador a partir de la primera venta. En cada venta inicial de cada apartamento el adquiriente estará obligado a aportar dos (2) plazos adelantados que serán depositados en el fondo especial de reserva.

e. Notificar a todos los titulares, a partir de la primera venta, el presupuesto anual a base de los gastos reales y razonables de mantenimiento que se proyectan incurrir durante el año siguiente a partir de la primera venta.

f. Formular el presupuesto velando por que el mismo responda razonablemente a las necesidades económicas del condominio, cuidándose de no incluir en el mismo los gastos para la conservación y mantenimiento de la propiedad antes de haberse vendido los apartamentos, ni gasto alguno relacionado con la terminación de las obras de construcción del inmueble o de los apartamentos o con la gestión de venta de los mismos. El presupuesto proyectado solo podrá modificarse previa notificación a todos los titulares con treinta (30) días de antelación a la conclusión del año de operaciones presupuestario, para ser efectivo a partir del próximo año operacional.

g. Notificar mensualmente a los titulares los ingresos y egresos del condominio y el balance de la cuenta en el banco durante el mes que antecede a la notificación. De haber algún déficit en el presupuesto por los gastos que exceda el ingreso presupuestado, será responsabilidad del administrador interino cubrir la deficiencia del ingreso con sus fondos, excepto que sea por el incumplimiento del pago de cuotas por parte de algún titular que no sea el administrador interino.

TRASPASO DE LA ADMINISTRACIÓN

El traspaso de la administración se efectuará tan pronto los titulares elijan al director o a la junta de directores en una reunión extraordinaria que podrá ser convocada en cualquier momento por cualquiera de los titulares de los apartamentos individualizados, o cuando el desarrollador haya vendido más del cincuenta por ciento (50%) de los apartamentos. En este momento, el desarrollador está obligado a convocar y celebrar una asamblea para que los titulares elijan la primera junta de directores o director, y deberá tener a disposición de los titulares, para examen, todos los contratos que haya otorgado durante su gestión como administrador interino.

COMITÉ DE TRANSICIÓN

Cuando el desarrollador haya vendido el cuarenta por ciento (40%) de los apartamentos, convocará a los titulares para una asamblea, no más tarde de quince (15) días a partir de completarse la venta de ese cuarenta por ciento (40%) de los apartamentos, con el propósito de constituir el comité de transición. El comité de transición también podrá ser constituido en cualquier momento previo a la venta del cuarenta por ciento (40%) mediante la celebración de una asamblea, debidamente convocada por cualquier titular que no sea el administrador interino.

El comité de transición estará constituido por un mínimo de tres (3) titulares elegidos por el consejo de titulares. No podrá ser miembro de este comité el desarrollador, o cualquier entidad jurídica relacionada con el desarrollador. El comité de transición podrá requerir del administrador interino un informe del estado del condominio, y podrá revisar todos los documentos públicos relacionados con el mismo, tales como escritura, permiso de uso, autorizaciones de agencias, etc. También podrá revisar e inspeccionar los documentos relacionados con las finanzas de régimen, incluida la fianza de fidelidad que más adelante se establece. El comité tendrá derecho a copiar cualesquiera de estos documentos que interese.

ENTREGA DE DOCUMENTOS AL COMITÉ DE TRANSICIÓN

Antes de celebrar la asamblea dispuesta en el artículo 33 de esta ley, el administrador interino entregará al comité de transición lo siguiente:

a) Los estados financieros debidamente auditados por un contador público autorizado. Este será escogido por el comité de transición y será pagado de los fondos operacionales del condominio. En la auditoría se pasará juicio, además, sobre la razonabilidad de los gastos incurridos en el mantenimiento de la propiedad común durante dicha administración interina en relación con el presupuesto vigente durante el período auditado. Si resultare alguna diferencia entre los ingresos y los gastos a la fecha de la transferencia de la administración, el administrador interino no tendrá derecho a reclamar de los titulares dicha diferencia, ni a compensarla con la deuda que se certifique.

b) Copias certificadas por el notario autorizante y las autoridades competentes de todos los documentos e instrumentos públicos constitutivos del inmueble, estableciendo que la copia certificada se expedirá a favor del consejo de titulares libre de derechos, conforme a la ley Núm. 75 del 2 de julio de 1987, según enmendada, conocida como Ley Notarial de Puerto Rico.

c) El registro de titulares puesto al día.

d) Una certificación del Secretario del Departamento de Asuntos del Consumidor (DACO) de que se han prestado las fianzas requeridas en las cláusulas k y l de este inciso.

e) Certificación de deudas de las utilidades o estado de cuenta de estas.

f) Certificación de estado de cualquier acción judicial, extrajudicial o administrativa relacionada con las áreas comunes o con cualquier aspecto que afecte el funcionamiento del condominio.

g) Una certificación jurada por el desarrollador, en función de administrador interino, de haberle entregado a cada nuevo propietario los siguientes documentos:

1. Copia del presupuesto del condominio.

2. Copia de la escritura matriz y copia del reglamento del condominio.

3. Copia del permiso de uso del apartamento.

4. Copia de esta ley y del reglamento emitido por el Departamento de Asuntos del Consumidor (DACO) en cumplimiento de esta ley.

h) Una relación de todos los pagos en concepto de cuotas de mantenimiento realizados por los titulares durante el período de la administración interina, incluidos los realizados por el desarrollador por cuenta de las unidades no vendidas o no construidas aún.

i) Copia de todos los contratos otorgados por el desarrollador durante el período que fungió como administrador interino.

j) Copia certificada del juego completo de los planos archivados en el Registro de la Propiedad en los que reflejen, si algunos, los cambios efectuados a los planos originales presentados conforme al artículo 12 de esta ley.

k) Copia certificada de la fianza de fidelidad que entrará en vigor al momento del traspaso de la administración al consejo de titulares. La fianza deberá prestarse en una entidad autorizada por el consejo de titulares, para cubrir:

1. La totalidad de las cuotas de mantenimiento que por ley venía obligado a aportar y no hubiere cubierto, según estas hayan sido determinadas por el contador público autorizado que certifique los estados financieros, mediante una auditoría al efecto, al momento del traspaso de la administración interina a los titulares, según se dispone en este artículo.

2. El desempeño negligente o culposo de sus funciones como administrador interino.

La fianza de fidelidad no será por una cantidad de menor de cincuenta mil dólares ($50,000). Dicha fianza de fidelidad se emitirá a favor del consejo de titulares y se mantendrá vigente durante dos (2) años a partir del traspaso de la administración a los titulares.

1) Copia certificada de la fianza por defectos y vicios de construcción. Dicha fianza será equivalente al dos por ciento (2%) del valor de tasación utilizado para someter el inmueble al régimen de propiedad horizontal del proyecto, y será para responder por los defectos y vicios de construcción que pueda reflejar el inmueble, y para garantizar la terminación de las facilidades recreativas y áreas comunes, y la misma deberá tener una vigencia mínima de dos (2) años a partir del traspaso de la administración a los titulares.

m) Todos los fondos de la comunidad de titulares que tenga en su poder, incluida cualquier cantidad denominada como severa, o de otra forma, que pueda haber retenido el acreedor hipotecario al momento del cierre de cada apartamento.

n) Las cuentas bancarias, depósitos, valores, etc., pertenecientes a la comunidad de propietarios, con sus correspondientes hojas de depósito, de retiro, estados de cuenta, conciliaciones bancarias y otros documentos relacionados. El costo de las fianzas aquí dispuestas, así como los gastos relacionados para la entrega de la información y documentación anterior, será por cuenta del desarrollador.

El comité de transición le informará de su gestión y hallazgos al consejo de titulares en la reunión fijada para la elección de la junta de directores, según dispuesto en esta ley. Ningún contrato otorgado durante el período de la administración interina vinculará al consejo de titulares a menos que este, por voto mayoritario, ratifique dicho contrato. Una vez esté constituido el comité de transición, el administrador interino no podrá realizar ningún desembolso de las cuentas pertenecientes a la comunidad de propietarios sin la previa autorización del comité de transición.

El administrador interino que incumpla con las obligaciones establecidas en este artículo vendrá obligado a reembolsar al consejo de titulares, además de las partidas que adeude y los daños que su incumplimiento pudiera haber causado, todos los gastos incurridos por el consejo de titulares para reclamar el cumplimiento de las referidas obligaciones, incluidos los honorarios pagados a abogados y a los peritos, todo ello sin perjuicio de la imposición de multas administrativas a tenor con lo dispuesto en el artículo 69 de esta ley. La asunción de la administración por el director de la junta de directores no implicará renuncia alguna a las reclamaciones contra el desarrollador por asuntos relacionados a la administración interina.

NOTIFICACIÓN AL DIRECTOR O JUNTA DE DIRECTORES

Tanto el adquiriente como el transmitente del título serán responsables de notificar al director o junta de directores, dentro de los treinta (30) días siguientes a la fecha de la transacción, del cambio de titular de su apartamento. El adquiriente deberá notificar de cualquier otra persona que resida en dicho apartamento. El transmitente que incumpla con este requisito seguirá respondiendo a las cuotas de mantenimiento, cuotas especiales, derrama, seguro comunal o cualquier otra deuda que se acumule posterior a la transmisión de forma solidaria con el nuevo titular, hasta tanto y en cuanto se cumpla con este requisito de notificación.

La información recopilada en el Registro de Titulares se mantendrá protegida para usos estrictamente administrativos. Los titulares tendrán al menos el nombre, dirección de correo electrónico y dirección postal de quienes comprenden la comunidad de titulares para convocar al consejo de titulares. Será a partir de este registro del adquiriente del apartamento que este podrá participar y votar en las asambleas del consejo de titulares.

El titular notificará cualquier cambio en la información requerida en este artículo al director o junta de directores dentro de los treinta (30) días siguientes a la fecha de efectividad de dicho cambio. De la misma forma se notificará cualquier cambio en la hipoteca, o cualquier cesión o arrendamiento del apartamento, entregando copia fehaciente del contrato de hipoteca, cesión y/o arrendamiento otorgado, no más tarde de la fecha en que entra en vigor.

La escritura mediante la cual se haga la transferencia del título deberá contener la descripción de cada apartamento y número de cada uno, con expresión de sus medidas, situación, piezas de que conste, puerta principal de entrada y lugar con el cual inmediatamente comunique, y demás datos necesarios para su identificación, según dispuesto bajo el inciso (b) del artículo 12 de esta ley, así como el porcentaje de participación en las áreas comunes asignado al apartamento.

En el caso de contrato de arrendamiento deberá haber expresión del arrendador de que conoce y observará plenamente las disposiciones de esta ley, la escritura matriz y el reglamento del condominio. El titular arrendador seguirá siendo el responsable exclusivo de las contribuciones para los gastos comunes y además responderá del cumplimiento o incumplimiento de esta ley y del reglamento por parte del arrendatario. El incumplimiento de este artículo tiene el efecto de que la persona o personas que residan en la unidad de vivienda no sean reconocidas como personas autorizadas a recibir ningún servicio de parte de la junta de directores, personal contratado por el consejo, administración u otro.

DERECHO DE RETRACTO AL TRANSMITIRSE PARTICIPACIÓN PRO INDIVISA

Cuando un apartamento pertenece pro indiviso (a varias personas), y una transmitiere su participación, corresponderá a los demás comuneros de aquel apartamento el derecho de retracto provisto en el Código Civil de Puerto Rico.

REGLAS QUE GOBIERNAN EL USO DE APARTAMENTOS; INFRACCIÓN DARÁ LUGAR A ACCIÓN DE DAÑOS

El uso y disfrute de cada apartamento estará sometido a las reglas siguientes:

a) En el ejercicio de los derechos de los propietarios al amparo de esta ley regirán los principios generales del derecho, particularmente los enunciados en el artículo 2 de esta ley.

b) La infracción de estos principios, o de las reglas enumeradas en los incisos subsiguientes, dará lugar al ejercicio de la acción de daños y perjuicios por aquel titular u ocupante que resulte afectado, además de cualquier otra acción que corresponda en derecho, incluidos los interdictos, en las disputas en la ley Núm. 140 de 23 de julio de 1974, según enmendada, conocida como Ley sobre Controversias y Estados Provisionales de Derecho, y cualquier otro remedio en equidad.

1) Cada apartamento se dedicará únicamente al uso dispuesto para el mismo en la escritura a que se refiere el artículo 4 de esta ley.

2) Ningún ocupante del apartamento producirá ruidos o molestias ni ejecutará actos que perturben la tranquilidad de los demás titulares o vecinos.

3) Los apartamentos no se usarán para fines contrarios a la ley, la moral, orden público y a las buenas costumbres.

4) Cada titular deberá ejecutar a sus únicas expensas las obras de modificación, reparación, limpieza, seguridad y mejoras de su apartamento, sin perturbar el uso y goce legítimo de los demás. Será deber ineludible de cada titular realizar las obras de reparación y seguridad, tan pronto sean necesarias para que no se afecte la seguridad del inmueble ni su buena apariencia. Todo titular u ocupante de un apartamento vendrá obligado a permitir en su apartamento las reparaciones o trabajos de mantenimiento que exija el inmueble, permitiendo la entrada al apartamento para su realización.

En casos donde exista una situación de emergencia o de urgencia que requiera el acceso inmediato al apartamento para realizar obras de mitigación o reparación y no sea posible localizar al titular u ocupante del apartamento para que autorice el acceso al mismo, la junta de directores tendrá facultad para la entrada del personal necesario para redimir dicha situación. Se entenderá como situación de emergencia o urgencia aquellas que requieran obras de mitigación o reparación para evitar daños mayores en la propiedad del titular, o al inmueble o la propiedad de los restantes titulares, o que ponga en peligro la vida y salud de titulares y/o terceros.

Cuando la junta de directores o agente administrador tenga que intervenir para la detección de una filtración u otro problema que esté afectando áreas privadas, comunes o comunes limitadas, y surja de la investigación que el problema proviene de un apartamento, el titular de dicha unidad tendrá que reembolsar los gastos que incurra el condominio para su reparación.

5) Ningún titular u ocupante podrá, sin el consentimiento de dos terceras partes (2/3) de los titulares que, a su vez, reúnan dos terceras partes (2/3) de las participaciones de las áreas comunes, cambiar la forma externa de la fachada, ni decorar o cambiar las paredes, puertas o ventanas exteriores con diseños, colores o tonalidades distintas a los del conjunto.

Una vez las agencias concernidas emitan una vigilancia o aviso de huracán o tormenta, el uso de cualquier tipo de tormentera temporera o removible no constituirá alteración de la fachada. En cuanto a las permanentes, la junta de directores solicitará cotizaciones y alternativas de diseño, tipo y color específico y se las presentará al consejo de titulares, que por votación mayoritaria decidirá las que se instalarán. La selección e instalación de tormenteras y ventanas se llevará a cabo conforme a lo que haya sido especificado por el desarrollador.

Cuando a juicio del perito no se puedan reparar o sustituir los equipos o elementos originales del edificio que forma parte de su diseño arquitectónico, tales como ventanas, puertas, rejas u ornamentos, el consejo de titulares decidirá por voto mayoritario el tipo de diseño del equipo o elemento que sustituirá al original. Cualquier titular que interese sustituir tales elementos o equipos, tendrá que hacerlo conforme al tipo y diseño adoptado por el consejo. La imposición a todos los titulares de efectuar la sustitución requerirá que cumpla con los requisitos dispuestos en el artículo 49 de esta ley sobre obras de mejora.

6) Todo titular deberá contribuir, con arreglo al porcentaje de participación fijado a su apartamento en la escritura de constitución, y a lo especialmente establecido conforme al inciso (f) del artículo 49 de esta ley, a los gastos comunes para el adecuado sostenimiento del inmueble, sus servicios, tributos, cargas y responsabilidades, incluidas las derramas, primas de seguros, el fondo de reserva, o cualquier otro gasto debidamente aprobado por el consejo de titulares.

7)Todo titular observará la diligencia debida en el uso del inmueble, y en sus relaciones con los demás titulares, y responderá ante estos por las violaciones cometidas por sus familiares, visitas o empleados, y en general por las personas que ocupen su apartamento por cualquier título, sin perjuicio de las acciones directas que procedan contra dichas personas.

8) Ningún titular u ocupante de una unidad podrá instalar o adherir objeto alguno en las paredes que pueda constituir un peligro para la seguridad de cualquier persona, de la propiedad comunal o la privada.

9) Todo titular u ocupante cumplirá estrictamente con las disposiciones de administración que se consignen en esta ley, en la escritura y en el reglamento.

10) El adquiriente de un apartamento acepta la condición manifiesta de los elementos comunes del condominio en la forma en que estos se encuentren físicamente al momento de adquirirlo. A este adquiriente se le atribuirá el conocimiento de los cambios manifiestos que existan en el inmueble para todos los efectos de la tercería registral.

ARRENDAMIENTO DE LOS APARTAMENTOS A CORTO PLAZO

Salvo que en la escritura matriz o en el reglamento, exista una prohibición expresa o que establezca un término mínimo de arrendamiento, no se podrá prohibir el arrendamiento de los apartamentos a corto plazo en los inmuebles sometidos al régimen de propiedad horizontal.

ESTACIONAMIENTO COMO ELEMENTO COMÚN

Cuando el estacionamiento fuere elemento común, todo titular tiene derecho a hacer uso de un espacio de estacionamiento con capacidad para acomodar de un automóvil por cada apartamento de que fuere propietario que estuviere ocupado. Ningún titular puede hacer uso de un espacio de estacionamiento que exceda aquella cabida, si con ello priva a otro titular del disfrute de tal elemento común. Si el número de estacionamientos con capacidad para acomodar un automóvil fuere menor que el número de apartamentos y hubiese más titulares interesados en ocuparlos que los espacios disponibles, estos se sortearán entre los titulares interesados para su uso durante el período de tiempo que disponga el consejo de titulares, de forma tal que se garantice el acceso de dichos espacios a todos los titulares.

Por acuerdo mayoritario del consejo de titulares, podrá autorizarse estacionamiento de vehículos en las áreas comunes de rodaje para el disfrute de todos los titulares. En caso de que el número de dichos espacios sea menor que el número de titulares interesados en ocuparlos, se procederá a sortearlos, conforme a lo que se dispone en el párrafo anterior.

Por acuerdo de dos terceras partes (2/3) de los titulares que, a su vez, reúnan las dos terceras partes (2/3) de las participaciones en las áreas comunes, se podrán habilitar o construir áreas adicionales de estacionamiento, siempre y cuando con ello no se afecten sustancialmente las áreas verdes, se obtengan los permisos necesarios de las agencias gubernamentales pertinentes y se cumpla con las condiciones establecidas en esta ley.

ALQUILER Y VENTA DE ESTACIONAMIENTO

Todo titular de un estacionamiento individualizado, que no esté sujeto a la titularidad de un apartamento, que pueda vender o alquilar el mismo, deberá dar notificación adecuada y prioridad a los titulares del condominio. El titular del condominio vendrá obligado a colocar un anuncio visible en el condominio por un período de treinta (30) días y tendrá que notificar su intención de vender o arrendar su estacionamiento a la junta de directores de condominio en un término de diez (10) días con anterioridad al período de treinta (30) días de colocar el anuncio de venta o arrendamiento en el condominio. Se autoriza a la junta de directores del condominio, con la previa anuencia de la mayoría del consejo de titulares, a adquirir mediante compra o arrendamiento aquellos estacionamientos que estén a la venta por titulares de estacionamientos.

PASO POR LOS ELEMENTOS COMUNES

Todo titular tiene la obligación de permitir el paso por los elementos comunes limitados de que disfrute su apartamento, cuando ello sea necesario para la realización de obras de reparación y mantenimiento de equipo o elementos comunes. El acceso se coordinará con el titular o los titulares en cuestión, velando por que se obstaculice lo menos posible el disfrute del apartamento.

USO DE LOS ELEMENTOS COMUNES

Cada titular podrá usar los elementos comunes conforme a su destino, sin impedir o estorbar el legítimo derecho de los demás. El consejo de titulares podrá aprobar la instalación de equipos en áreas comunes para beneficio y disfrute de todos, de varios titulares o de un titular. Esta aprobación estará limitada a que la instalación no menoscabe el disfrute de otro apartamento, en cuyo caso se requerirá el consentimiento del titular afectado. Los titulares que originalmente no hubiesen contribuido a dichas mejoras, podrán beneficiarse de ellas si el consejo de titulares así lo aprueba por voto mayoritario, y estos pagarán lo que hubiera sido su aportación más cualquier costo que conlleve el poder beneficiarse de ese equipo.

En todo caso, si la ubicación del equipo afecta la fachada del edificio, su instalación requerirá el consentimiento de dos terceras partes (2/3) de todos los titulares que, a su vez, reúnan dos terceras partes (2/3) de las participaciones de las áreas comunes. El consejo de titulares podrá imponer una cuota especial a los apartamentos que se beneficien de esta autorización, a tenor con lo dispuesto en el artículo 49 de esta ley.

ARTÍCULO 45. PROHIBICIÓN DE CONSTRUCCIONES NUEVAS U OBRAS ADICIONALES SIN EL CONSENTIMIENTO DEL CONSEJO DE TITULARES

Ningún titular podrá, sin el consentimiento de dos terceras partes (2/3) de todos los titulares que, a su vez, reúnan dos terceras partes (2/3) de las participaciones en las áreas comunes, y sin contar con los permisos correspondientes de las agencias pertinentes, construir nuevos pisos, hacer sótanos o excavaciones, ni cambiar el conjunto arquitectónico, fachada o afectar la conservación estructural del edificio.

CONSEJO DE TITULARES

El consejo de titulares constituye la autoridad suprema sobre la administración del inmueble sometido al régimen de propiedad horizontal. Está integrado por todos los titulares. El consejo de titulares tendrá personalidad jurídica propia y sus obligaciones frente a terceros, responderán los titulares de forma subsidiaria y solo con su apartamento.

EL CONSEJO DE TITULARES NO PODRÁ ASUMIR LA FORMA CORPORATIVA O DE SOCIEDAD

Todos los ingresos de todas las actividades u operaciones y todos los activos del consejo de titulares de un condominio, ya sea residencial, comercial, o una combinación de ambos, estarán exentos de toda clase de contribución sobre ingresos a la propiedad, arbitrio, patente o cualquier otra contribución impuesta, o que más adelante se impusiera por el Gobierno de Puerto Rico, siempre que el consejo de titulares cumpla con los requisitos de la Sección 1101.01 de la Ley 1-2011, según enmendada, conocida como Código de Rentas Internas para un Nuevo Puerto Rico.

CONSEJO DE TITULARES, PODERES Y DEBERES

Corresponde al consejo de titulares:

a) Elegir, por foto afirmativo de la mayoría, las personas que habrán de ocupar los siguientes puestos:

1) Junta de directores. En los condominios donde concurran más de veinticinco (25) titulares deberá elegir una junta de directores con, por lo menos, un presidente, un secretario y un tesorero. El reglamento podrá disponer para puestos adicionales. Los tres (3) directores indicados deberán ser electos por separado a cada puesto. Salvo el cargo de vocal, los demás oficiales electos necesariamente pertenecerán al consejo de titulares.

No obstante a lo anterior, los directores salientes o que hayan cesado en sus funciones tendrán la obligación de participar, asistir y procurar que se lleve a cabo el proceso de transición entre la junta de directores saliente y la entrante, incluyendo su deber de suministrar documentos, datos, libros, registros y cualquier otra información, ya sea en formato físico, electrónico o digital, relevante a la administración y buen gobierno de régimen. Además, tendrán la obligación de asistir y firmar los documentos necesarios para el traspaso de firmas ante las entidades bancarias pertinentes. Luego de la aprobación de la ley, ninguna persona podrá ocupar un puesto en la junta de directores por más de tres (3) términos consecutivos. Tendrá que esperar dos (2) años después para poder ocupar un puesto nuevamente. Sin embargo, si en una asamblea debidamente convocada para elegir puestos a la junta de directores no hay una persona disponible para ocupar el puesto en la junta, la persona que lleva tres (3) términos consecutivos en un puesto, como excepción a la regla, podrá ser elegible a ocupar ese puesto por términos adicionales si así lo desea, si habiendo un solo candidato disponible, el consejo de titulares no ratifica a dicha persona con el voto mayoritario.

2) Escoger al agente administrador, quien podrá ser una persona natural o jurídica y podrá o no pertenecer a la comunidad de titulares, y en quien

el consejo de titulares, el director o la junta de directores podrá delegar las facultades y deberes que les permita el reglamento.

i) El Secretario de Asuntos del Consumidor (DACO) podrá adoptar reglamentación para capacitar o certificar a los agentes administradores y el pago de los derechos correspondientes.

ii) Todo contrato de administración deberá tener los siguientes requisitos mínimos: (1) una póliza, a cargo del agente administrador, de responsabilidad pública con cubierta mínima de quinientos mil dólares ($500,000); (2) una póliza a cargo del agente administrador, sobre riesgos por deshonestidad o constitutivo de delito o fraude (crimen); (3) una póliza, a cargo del agente administrador, sobre responsabilidad profesional con cubierta mínima de dólares ($500,000); (4) poseer una póliza vigente obrero-patronal expedida por la Corporación del Fondo del Seguro del Estado, y (5) presentar un certificado negativo de antecedentes penales.

De ser el agente administrador una persona jurídica, el certificado negativo de antecedentes penales será del oficial principal de la entidad y todas las personas naturales que trabajen en la administración de dicho condominio. Los requisitos aquí establecidos deberán estar vigentes durante todo el tiempo que persista la relación contractual. Será deber del agente administrador suministrar los documentos que acrediten el cumplimiento, y será deber de la junta de directores solicitar los mismos.

iii) En caso de un cambio de agente administrador, el agente administrador saliente deberá entregar mediante un acuse de recibo todos los registros, documentos, llaves y propiedades pertenecientes al consejo de titulares al momento de ser requerido por la junta de directores, y se prohíbe la retención de estos. De surgir alguna controversia sobre su terminación como agente administrador, este deberá presentar una reclamación judicial o someter el asunto a mediación de conflictos, pero no podrá retener los registros ni documento alguno. En caso de que el agente administrador sea a su vez un titular del condominio que administraría, no podrá mantener deudas de cuotas de arrendamiento, derramas y/o primas de pólizas matrices del condominio y durante su vigencia. Estos nombramientos serán por un año salvo que el reglamento disponga lo contrario.

b) Conocer las reclamaciones que los titulares de los apartamentos formulen contra los aludidos en el inciso (a) y tomar medidas correspondientes.

c) Aprobar el presupuesto anual y los estados financieros anuales según dispone el artículo 53 (f) de esta ley. El presupuesto anual podrá tomar en consideración el impacto de cuotas de mantenimiento y derramas.

d) Aprobar la ejecución de obras extraordinarias y recaudar fondos para su realización. El presupuesto anual incluirá una partida de fondos que no será menor del 5% del presupuesto total de gastos del condominio para ese año. El director, el presidente y/o el tesorero podrán realizar retiros del fondo de reserva para costear las OBRAS EXTRAORDINARIAS, previa autorización mayoritaria del consejo de titulares debidamente convocado en asamblea extraordinaria. También podrán hacerlo para todas las OBRAS URGENTES no previstas en el presupuesto anual. La asamblea convocada por el consejo de titulares para el desembolso de los fondos se celebrará en un término no menor de 24 horas.

OBRAS DE MEJORAS

Estas obras solamente se podrán realizar mediante la aprobación de dos terceras partes (2/3) de los titulares que a su vez reúnan las dos terceras partes (2/3) de los participantes de las áreas comunes.

OBRAS PARA ATENDER ESTADO DE EMERGENCIA

Para atender estado de emergencia se sigue el mismo procedimiento anterior. Toda notificación para la asamblea extraordinaria para aprobar el desembolso podrá ser mediante entrega personal, debajo de cada puerta o por cualquier medio alterno disponible, incluyendo correo electrónico. No se aprobarán cambios u obras de mejoras que menoscaben el disfrute de algún apartamento sin contar con el consentimiento del titular afectado. El titular tiene que tener fundamentos claros para oponerse a los cambios o mejoras.

El consejo de titulares impondrá, mediante el voto afirmativo de la mayoría de los titulares, una cuota especial como:

1. Al titular del apartamento cuyos ocupantes o visitantes, sin impedir o estorbar el legítimo derecho de los demás titulares, regularmente, hagan uso tan intenso de cualquier elemento común que los gastos de operación, mantenimiento o reparación de dicho elemento común sobrepasen los que

razonablemente deban incurrirse en el uso normal y corriente de la referida facilidad.

2. Al titular del apartamento que por la naturaleza de la actividad que legítimamente lleva a cabo en su apartamento, conforme al destino que le ha asignado al mismo la escritura de constitución, ocasione unos gastos comunes mayores a los que habría que incurrir si en el apartamento en cuestión no se lleve a cabo la referida actividad. La cantidad impuesta para cubrir el importe del exceso de gastos de referencia se añadirá y será exigible como parte de los gastos comunes atribuibles a dicho apartamento.

3. Al titular del apartamento que arriende su apartamento a corto plazo. Dicha cuota no podrá ser mayor a la cuota de mantenimiento. La cantidad impuesta para subir el importe del exceso de gastos de referencia se añadirá y será exigible como parte de los gastos comunes atribuibles a dicho apartamento. El consejo de titulares aprobará, por mayoría simple, la supresión de barreras arquitectónicas que dificulten el acceso o la movilidad de personas con impedimentos físicos. También es responsabilidad del consejo de titulares aprobar o enmendar el reglamento a que se refiere el artículo 13 de esta ley. Autorizar a la junta de directores, mediante delegación expresa en el reglamento, para imponer multas al titular por las violaciones a las normas de convivencias estatuidas en la escritura matriz, la ley o el reglamento cometidas por parte del titular, su ocupante, su residente, su visitante o su suplidor hasta la suma de cien dólares ($100) por cada violación incurrida. Cuando la violación a las normas de convivencia sea cometida por un ocupante de alquiler a corto plazo, la multa será por el doble de la cantidad por un máximo de doscientos dólares ($200). De no pagar la multa se procederá con la suspensión de los servicios como se hace con la falta de pago con las cuotas de mantenimiento.

El consejo de titulares tiene la responsabilidad de intervenir y tomar decisiones sobre aquellos asuntos de interés general para la comunidad, así como tomar aquellas medidas necesarias y convenientes para el mejor servicio común.

REUNIONES, NOTIFICACIONES PROCEDIMIENTOS

El consejo de titulares se reunirá por lo menos una (1) vez al año para aprobar el presupuesto anual y los estados financieros, y en las demás ocasiones que convoque el director, el presidente de la junta de directores, o la quinta parte (1/5) de los titulares o un número de estos cuyos apartamentos representen al menos el veinte por ciento (20%) de los porcentajes de participación en las áreas comunes. La convocatoria de notificación por titulares requerirá notificación previa no menor a quince (15) días de la fecha seleccionada para la celebración de la asamblea. La convocatoria estará firmada por la persona o personas que convoquen e indicará los asuntos a tratar y la hora, día y lugar de la reunión. Las citaciones se harán por escrito siguiendo el procedimiento establecido anteriormente.

Si intentada una notificación de convocatoria al titular fuese imposible practicarla por no residir en su apartamento y el consejo no tener ningún método alterno de notificación, se entenderá realizada la misma, mediante la colocación de la convocatoria en el tablón de edictos del consejo de titulares, o en un lugar visible de uso general habilitado al efecto con tres (3) días previos a la fecha de la asamblea.

La citación para la asamblea ordinaria anual, cuya fecha se fijará en el reglamento por lo menos con quince (15) días de antelación, y para las extraordinarias con un mínimo de cinco (5) días, excepto que se establezca distinto en otro artículo de esta ley. Las asambleas no se podrán llevar a cabo en horas laborables. El consejo podrá reunirse válidamente en asamblea aun sin convocatoria, siempre que concurran la totalidad de los titulares y así lo decidan.

La representación en las asambleas del consejo de titulares en los que exista por lo menos un apartamento dedicado a vivienda, la podrán ejercer solamente personas mayores de edad que, a su vez, sean titulares que no adeuden tres (3) o más cuotas de mantenimiento, y/o derramas o multas vencidas por más de sesenta (60) días, y/o primas del seguro matriz, familiares de este hasta el segundo grado de consanguinidad, el cónyuge o arrendatarios del condominio, o que sean mandatarios del titular en virtud de poder otorgado ante notario e inscrito en el Registro de Poderes y Testamentos, o un abogado admitido al ejercicio de la profesión que valide de forma fehaciente ser el representante legal del titular.

EL PODER PARA REPRESENTAR A UN TITULAR DA DERECHO AL VOTO MAS NO A HACER EXPRESIONES O PROPOSICIONES

Cada titular tendrá derecho a un voto independientemente del número de apartamentos de que es propietario, para efectos del cómputo de mayoría numérica de titulares, y/o derecho al voto con arreglo al porcentaje correspondiente a su apartamento para efectos del cómputo de mayoría que rija para el inmueble. Se computará el porcentaje de participación que sea mayor entre los apartamentos que pertenezcan a un mismo titular.

Aquellos titulares que adeuden tres (3) o más plazos de cuotas, y/o derramas, cuotas especiales, y/o multas con pagos vencidos de sesenta (60) días o más, y/o alguna prima vencida del seguro comunal por cualquiera de los apartamentos de los que sea titular, quedarán temporalmente privados de ejercer su derecho al voto, prestar su consentimiento o expresarse en las asambleas del consejo de titulares hasta tanto satisfagan la deuda en su totalidad o el tesorero certifique que están al día en el plan de pago aprobado por la junta de directores con anterioridad a la asamblea en cuestión.

Cuando uno (1) o más apartamentos pertenecieren a una persona jurídica, esta designará, mediante resolución corporativa, a la persona que le representará para que asista a las asambleas y ejecute el derecho al voto que le corresponda. No será necesaria la celebración de una reunión del consejo de titulares para determinado propósito si todos los titulares con derecho a votar en dicha reunión renunciaren a la referida reunión y consintieren por escrito que se tome la acción propuesta. La renuncia a la celebración de la asamblea podrá notificarse de forma electrónica.

LOS ACUERDOS DEL CONSEJO DE TITULARES SE SOMETERÁN A LAS SIGUIENTES NORMAS:

a) Los titulares presentes en la asamblea tendrán autoridad para determinar, discutir o dar por discutidos los asuntos sometidos a la agenda de la asamblea.

b) La mayoría requerida reglamentariamente para la adopción de acuerdos se computará tomando como cien por ciento (100%) el número de titulares presentes o representados al momento de votar por el acuerdo, excepto en aquellos casos en que se requiera unanimidad del voto de dos terceras partes (2/3) de todos los titulares que, a su vez, reúnan dos terceras partes (2/3) de las participaciones en las áreas comunes.

c) Cuando los titulares presentes en una asamblea para tomar un acuerdo que requiera unanimidad de dos terceras partes (2/3) de todos los titulares, adoptan dicho acuerdo, aquellos que debidamente citados no hubieren asistido serán notificados de modo fehaciente y detallado del acuerdo adoptado, y si, en un plazo de treinta (30) días a partir de dicha notificación, no manifestaren en la misma su discrepancia, quedarán vinculados por el acuerdo, que no será ejecutable hasta que transcurra tal plazo, salvo que antes manifestaren su conformidad.

Cuando un titular que no asistió a la asamblea presente ante la junta de directores su oposición a una determinación del consejo de titulares que requiera unanimidad o dos terceras partes de los titulares, la junta de directores determinará si la objeción fue fundamentada o no, y le notificará al titular su determinación.

d) Los acuerdos del consejo se reflejarán en un libro de actas. Las actas contendrán necesariamente el lugar, fecha y hora de la asamblea, asuntos propuestos, número de titulares presentes, con expresión de sus nombres, forma en que fue convocada la asamblea, texto de las resoluciones adoptadas, los votos a favor y en contra y las explicaciones de votos o las declaraciones de que cualquier titular quiera dejar constancia.

e) Las actas serán firmadas al final de su texto por el presidente, el secretario, o por el director, o por las personas que ejercían tal función en la asamblea done se adoptó el acuerdo, y serán sometidas para corrección del consejo de titulares dentro de un término de treinta (30) días. En caso de no haber presidente y/o secretario, podrán firmarse por al menos dos (2) miembros de la junta a menos que solo haya un director en la junta de directores, en cuyo caso este podrá firmarla solo. El acta oficializada con ambas firmas dará constancia *prima facie* de lo trascendido en la asamblea y de los acuerdos por el consejo de titulares.

PODERES Y DEBERES DEL DIRECTOR O JUNTA DE DIRECTORES

El director o la junta de directores constituyen el órgano ejecutivo de la comunidad de titulares. Solo podrán ser nominados y elegidos los titulares que no adeuden dos (2) o más plazos de cuotas de mantenimiento, y/o derramas y/o multas de más de sesenta (60) días de vencidas, y/o primas del seguro matriz, y además deberán mantener tal estado en sus cuentas durante el período de su incumbencia. El cuerpo directivo tendrá los siguientes deberes y facultades:

a) Atender todo lo relacionado con el buen gobierno, administración, vigilancia y funcionamiento del régimen, y en especial lo relativo a las cosas y elementos de uso común y los servicios generales, y hacer a estos efectos las oportunas advertencias y apercibimientos a los titulares.

b) Preparar con la debida antelación y someter al consejo de titulares el presupuesto anual. El director o la junta de directores será responsable de hacer que se notifique con una copia del presupuesto anual a todo titular, con al menos quince (15) días de antelación a la fecha en que se celebre la asamblea donde se someta el mismo a la aprobación del consejo de titulares.

c) Dirigir los asuntos financieros concernientes a las recaudaciones y pagos y anotar detalladamente en un libro los activos y obligaciones, así como también las partidas de ingresos y gastos que afecten al inmueble y a su administración, fijándoles por orden de fecha y especificando los gastos de conservación y reparación de los elementos comunes, y tener disponibles, para su examen por todos los titulares, en días y horas hábiles que se fijarán, general conocimiento tanto del libro expresado como de los comprobantes acreditativos de las partidas anotadas.

d) Cobrar a los titulares las cantidades con que deben contribuir a los gastos comunes y realizar los demás cobros y pagos que sean necesarios, extendiendo los correspondientes recibos y cheques.

e) Abrir cuentas bancarias a nombre del consejo de titulares, en las cuales depositará todos los ingresos del régimen, realizando los depósitos dentro del término de su recibo que fije el reclamante; girar cheques contra dicha cuenta para realizar todos los pagos que sean necesarios, cuidando de no extenderlos al portador y que cada uno tenga su comprobante o recibo correspondiente.

f) Someter para la aprobación del consejo de titulares los estados financieros correspondientes al último año fiscal o a todo aquel año que no se hubiese aprobado anteriormente. Los estados financieros deberán incluir un estado de egresos y gastos de todos los fondos existentes indicando la cantidad total facturada y recibida.

g) Atender la conservación del inmueble y disponer de las reparaciones ordinarias, conforme a lo que dispone el presupuesto anual aprobado por el consejo de titulares y, en cuanto a las extraordinarias, adoptar las medidas necesarias previa aprobación del consejo de titulares.

h) Mantener un registro de titulares. Este podrá llevarse a cabo y conservarse en cualquier forma que permita acceder a los datos que allí se consignan, conforme a lo que establezca la junta de directores, ya sea en papel o formatos electrónicos, dirigidos o conforme a lo que requiera algún programa o aplicación que se utilice para el almacenaje de dichos datos.

i) Cumplir y hacer cumplir las disposiciones de esta ley, del reglamento, de la escritura matriz y de los acuerdos del consejo de titulares.

j) Cubrir cualquier vacante de los miembros de la junta de directores sujeto a renovación del consejo de titulares.

k) Relevar de sus funciones al agente administrador por justa causa. Se entenderá por justa causa el desempeño negligente o culposo en sus funciones, deshonestidad o la violación de las normas de buena conducta establecidas en el reglamento del condominio o el incumplimiento de sus deberes establecidos contractualmente.

l) Establecer un plan de pago para aquellos titulares que demuestren no tener la capacidad económica para cumplir con los plazos de cuotas, cuotas especiales y/o multas con pago vencido de sesenta (60) días o más.

m) Establecer los controles y procedimientos adecuados para salvaguardar los activos del consejo de titulares y cumplir con todas las obligaciones y regulaciones requeridas.

n) Todas las demás que le sean asignadas por el reglamento o por el consejo de titulares.

o) Custodiar y proteger los documentos constitutivos del régimen de propiedad horizontal tales como planos, escritura matriz, convocatorias, actas de asambleas o cualquier otro documento análogo que deba conservarse permanentemente.

PODERES Y DEBERES DEL PRESIDENTE DE LA JUNTA DE DIRECTORES

El presidente representará en juicio y fuera de él a la comunidad en los asuntos que la afecten y presidirá las asambleas del consejo de titulares. Comparecerá a nombre del condominio para otorgar las escrituras y demás documentos en que el consejo de titulares sea parte. El presidente podrá tener a las personas que entienda necesario para que lo asistan en el proceso de presidir la asamblea.

Cuando se trate de acciones para hacer cumplir esta o cualquier ley aplicable, el reglamento del condominio o los acuerdos del consejo de titulares, o cuando el consejo de titulares o la junta de directores, en representación de este, deba comparecer en pleito como demandado o querellado, el presidente podrá comparecer a nombre de dichos organismos y presentar las acciones y defensas que estime procedentes, seleccionando la representación legal que estime conveniente, previa consulta a la junta. De las acciones tomadas notificará a los titulares dentro de los treinta (30) días siguientes.

En todo caso, se presumirá que el presidente de la junta de directores cuenta con la autorización del consejo de titulares para comparecer a nombre de este en los foros pertinentes.

PODERES Y DEBERES DEL SECRETARIO DE LA JUNTA DE DIRECTORES

a) Redactará las convocatorias a las reuniones del consejo de titulares y notificará las citaciones en la forma dispuesta en el artículo 50 de esta ley.

b) Redactará las actas de asambleas del consejo de titulares y de la junta de directores.

c) Certificará, conjuntamente con el presidente del consejo, las actas de cada asamblea.

d) Expedirá una vista al libro de actas todas las certificaciones que fueran necesarias con la aprobación de la junta de directores.

e) Comunicará a los titulares ausentes todas las resoluciones adoptadas por el consejo de titulares y la junta de directores, en la forma que esta ley dispone.

f) Custodiará y hará disponible, para la revisión de los titulares que así lo soliciten, todo documento perteneciente al consejo que obre en los archivos del condominio, tales como, pero sin limitarse a, documentos relacionados con la actividad fiscal del condominio, las actas de las asambleas del consejo de titulares, las actas de las reuniones de la junta de directores y los contratos adjudicados. No será disponible para la revisión de un titular la información personal de los demás titulares, a menos que otro artículo de esta ley así lo permita, o que el titular haya previamente autorizado la divulgación de dicha información.

g) Todas las demás funciones y atribuciones inherentes a su cargo y aquellas que le sean asignadas y/o delegadas por el reglamento o el consejo de titulares.

PODERES Y DEBERES DEL TESORERO DE LA JUNTA DE DIRECTORES

a) El tesorero será custodio de todas las cuentas e instrumentos bancarios donde se hayan depositado o presenten fondos del consejo de titulares sea cual fuere su fuente de recaudo, salvaguardará los activos y será responsable del cumplimiento de obligaciones financieras.

b) Coordinar, con el agente administrador y/o contador que se contrate, los asuntos financieros del consejo de titulares, y se asegurará de que se anoten detalladamente, en un libro o aplicación y/o programas de computadora, todas las transacciones que afecten los activos y obligaciones y los ingresos y gastos, fijándoles por orden de fecha y especificando las cuentas que fueron afectadas, manteniendo de esta forma libros de contabilidad adecuados.

c) Coordinará, además, que se tenga disponible, para el examen de todos los titulares, la información antes recopilada y los comprobantes acreditativos de las partidas anotadas en los días y horas hábiles que hayan sido informados a la comunidad.

d) Coordinará y supervisará, con el agente administrador y/o el contador que se contrate, el cobro a los titulares de las cantidades con las que deben contribuir a los gastos comunes y de cualquier otra cantidad que deba ser pagada por los titulares, y dar continuidad a la gestión de cobro y pago que sea necesaria, extendiendo el recibo que corresponda para las sumas acreditadas que fueren requeridas, y figurando como firma autorizada en la expedición de cheques para el pago y desembolso de las obligaciones del condominio.

e) Recibirá y revisará mensualmente todos los estados de cuentas bancarias donde hayan depositados fondos comunes, verificando que los depósitos se hayan realizado dentro de un término que no se haya excedido de cinco (5) días laborables desde su fecha de recibo, y confirmando la validez y propiedad de todo cheque girado y cobrado, el que nunca podrá ser librado al portador, y que para cada uno de esos desembolsos haya un comprobante o recibo correspondiente.

f) Preparará y coordinará el envío de los estados financieros, según dispone el artículo 53 de esta ley.

g) Coordinará la redacción con el contador que se contrate, o redactará para la revisión de la junta de directores, el proyecto de presupuesto anual de ingresos y gastos previsibles, incluyendo la aportación correspondiente a la cuenta de reserva, precisando la cuota de mantenimiento que con base en el porcentaje de participación corresponda pagar a cada titular.

h) Hará depositar, en las cuentas correspondientes, las cantidades cobradas, y se asegurará de que el uso del fondo de reserva se haga según aprobado por el consejo de titulares y en cumplimiento de lo establecido en esta ley.

i) Firmará las certificaciones que le sean solicitadas en torno al cumplimiento con planes de pago por deudas de cuotas y derramas que hubiera aprobado la junta de directores.

j) Supervisará que las suspensiones de los servicios que provienen de la infraestructura común del condominio que realice la administración sean de conformidad con lo establecido en la ley.

k) Todas las demás funciones y atribuciones inherentes a su cargo y aquellas que le sean asignadas y/o delegadas por el reglamento o el consejo de titulares.

PODERES Y DEBERES DEL SÍNDICO

En los condominios donde no se logre elegir un director o una junta de directores por no haber personas que puedan o quieran ocupar dichos puestos, cualquier titular podrá acudir al foro competente para solicitar que se designe un síndico que realice las funciones que le corresponderían al director o a la junta de directores. El tribunal, si se tratare de un condominio en el que no exista un apartamento dedicado a vivienda. o el Secretario de Asuntos del Consumidor (DACO) en los demás casos, al designar un síndico fijará los honorarios que corresponda pagarle. Los honorarios del síndico se incorporarán al presupuesto de los gastos comunes y serán sufragados por los titulares como parte de su cuota de mantenimiento. El nombramiento del síndico será por seis (6) meses. El Secretario de Asuntos al Consumidor (DACO) o el tribunal, según corresponda, podrá relevar al síndico de sus funciones a petición de cualquier titular o por justa causa como el desempeño negligente o culposo de sus funciones, la deshonestidad o la violación de las normas de buena conducta establecidas en el reglamento del condominio.

OBLIGACIÓN DE CONTRIBUIR PARA CUBRIR LOS GASTOS DE ADMINISTRACIÓN Y CONSERVACIÓN

Los titulares de los apartamentos están obligados a contribuir proporcionalmente a los gastos para la administración, conservación y reparación de los elementos comunes generales del inmueble y, en su caso, de los elementos comunes limitados, así como a cuanto más fueren legítimamente acordados. Ningún titular podrá librarse de contribuir a tales gastos por renuncia al uso o disfrute de los elementos comunes, ni por abandono del apartamento que le pertenezca, ni por haber incoado una reclamación administrativa o judicial contra el consejo de titulares o la junta de directores por asuntos relacionados con la administración o el mantenimiento de las áreas comunes, salvo que el tribunal o foro competente así lo autorice.

La cantidad proporcional con que debe contribuir cada titular a los gastos comunes se determinará, fijará e impondrá al principio de cada año calendario o fiscal y vencerá y será pagadera en plazos mensuales. Cada plazo vence el primer día de cada mes. La administración podrá cobrar una penalidad de diez por ciento (10%) de la cuota impagada si transcurren quince (15) días del vencimiento de la mensualidad.

En el caso de las deudas del Gobierno de Puerto Rico, el término será de ciento veinte (120) días. En exceso de ese término la penalidad podrá ser de un doce por ciento (12%) de la totalidad de la deuda. El Gobierno de Puerto Rico quedará exento del pago de dicha penalidad cuando se trate de residenciales públicos. Si la falta de pago excede de tres (3) o más plazos, podrá conllevar una penalidad adicional equivalente al uno por ciento (1%) mensual del total adeudado. La junta de directores no está obligada a recibir pagos parciales.

La junta de directores podrá ordenar la suspensión de servicios como agua potable, electricidad, gas, teléfono, así como los servicios de transmisión de voz, video y data, y/o cualquier otro servicio similar, cuando el suministro de estos llegue por medio de instalaciones que constituyen elementos comunes generales del inmueble, a aquellos titulares que adeuden dos (2) o más plazos de cuotas, cuotas especiales, derramas, multas con pagos vencidos de sesenta (60) días o más, o alguna prima vencida del seguro comunal por cualquiera de los apartamentos de los que sea titular. No se suspenderá ningún servicio a menos que medie una notificación al titular por los medios establecidos en esta ley, la cual deberá realizarse con no menos de quince (15) días de anticipación. Sin embargo, antes de la suspensión del servicio será obligación de la junta de directores, junto con el titular, evaluar dentro de los quince (15) días la notificación de corte, un plan de pago en aquellos casos en que el titular demuestre que ha mediado o acontecido un evento que ha tenido el efecto de mermar sus ingresos o capacidad de pago.

OBLIGACIÓN DEL TITULAR POR GASTOS COMUNES, GRAVAMEN

La obligación del titular de un apartamento por su parte proporcional de los gastos comunes constituirá un gravamen sobre dicho apartamento. Por lo tanto, luego de la primera venta, el adquiriente voluntario de un apartamento será solidariamente responsable con el transmitente del pago de sumas que este adeude, a tenor con el artículo 59, hasta el momento de la transmisión. Un adquiriente involuntario será responsable solamente de las deudas por gastos comunes surgidas y no satisfechas durante los seis (6) meses anteriores al momento de adquirir la propiedad excepto las partidas correspondientes a penalidades por atrasos o mora, derramas, intereses y sanciones atribuibles al titular, e incluirá el balance corriente que se acumule desde la adquisición de dicho inmueble por parte del adquiriente involuntario.

SEGURO DEL EDIFICIO CONTRA RIESGOS; DERECHOS INDIVIDUALES DE TITULARES (ARTÍCULO 62)

Con el voto de la mayoría, el consejo de titulares podrá asegurar contra riesgos el inmueble para cubrir las áreas comunes generales, procomunales y limitadas de este, así como otros riesgos no relacionados con la propiedad privada de los titulares, para beneficio común de los titulares. Cuando se requiera por reglamento federal y/o estatal, el consejo de titulares deberá adquirir pólizas para asegurar las áreas comunes generales, procomunales y limitadas de este, incluyendo los elementos privativos originales, adheridos a la estructura. Los titulares podrán asegurar por su cuenta y para beneficio propio su apartamento respectivo. El titular que tenga un seguro particular para su apartamento, o que haya saldado su hipoteca, no queda exonerado de pagar la parte proporcional de cualquier seguro comunal adoptado por el consejo de titulares. La porción de los seguros correspondientes al beneficio propio de cada titular podrá ser atendida individualmente. Todo titular podrá solicitar a la junta de directores la inspección de los documentos relacionados con los seguros comunales.

Será responsabilidad de la junta solicitar al corredor de seguros un mínimo de tres (3) cotizaciones para cada renovación anual y mantener evidencia de las mismas por un período mínimo de tres (3) años, así como también mantener la evidencia del rechazo a cotizar de cualquier aseguradora, si alguna, que así lo haya expresado. Dicha evidencia deberá estar disponible para la revisión de cualquier titular que así lo solicite.

APLICACIÓN DE INDEMNIZACIÓN DE SEGURO A RECONSTRUCCIÓN; DISTRIBUCIÓN PROPORCIONAL EN CIERTOS CASOS (SEGÚN ARTÍCULO 63 DE LA LEY)

En caso de siniestro, la indemnización del seguro del inmueble se destinará a la reconstrucción del mismo, salvo lo establecido en el artículo 62, inciso 2, de la Ley 210-2015, según enmendada, conocida como la Ley del Registro de la Propiedad Inmobiliaria del Estado Libre Asociado de Puerto Rico. En caso de siniestro, el consejo de titulares, mediante acuerdo de la mayoría, podrá determinar contratar una firma de profesionales para el avalúo de los daños y/o pérdidas sufridas.

Luego de recibir del asegurador una oferta de indemnización sea total o parcial, la junta de directores preparará un plan de distribución de los fondos para la reconstrucción, detallando las cantidades específicas que habrán de destinarse para la reconstrucción de las áreas comunes y los apartamentos, conforme a las tasaciones realizadas, cotizaciones obtenidas y los deducibles aplicables, y a las restantes áreas comunes del inmueble. El informe se circulará a los titulares con no menos de quince (15) días de antelación a la celebración de la asamblea extraordinaria donde se consideren las ofertas presentadas y el referido informe. El consejo de titulares decidirá finalmente, por voto mayoritario, todo lo relacionado con la administración, incluida la aceptación de las sumas ofrecidas por las compañías aseguradoras y las propiedades de las obras a realizarse.

Una vez determinadas las obras de reconstrucción a realizarse, el resto de las obras necesarias para la reconstrucción de las áreas comunes serán costeadas por el consejo de titulares, que podrá adquirir una fianza de fidelidad o seguro para el director o los directores, que responda por el manejo no autorizado de estos fondos. Cuando dicha reconstrucción comprendiere la totalidad del inmueble o más de tres cuartas partes (3/4), no será obligatorio hacerla.

DISTRIBUCIÓN DE COSTOS DE RECONSTRUCCIÓN CUANDO EL INMUEBLE NO ESTÁ ASEGURADO O CUANDO EL SEGURO ES INSUFICIENTE

Cuando el inmueble no estuviere asegurado o la indemnización del seguro no alcanzare para cubrir el valor de lo que deba reconstruirse, el nuevo costo de edificación será abonado por todos los titulares, con el voto de la mayoría de los titulares a quienes afecte directamente el daño, en porcentaje de participación de sus respectivos apartamentos; si alguno o varios de aquellos que integran la minoría se negara a ello, la mayoría podrá hacerlo a expensas de todos en cuanto a obras les beneficien, tomando el acuerdo oportuno, que fijará los participantes del caso e inclusive el precio de las obras con intervención del consejo de titulares.

ARTÍCULO 65: IMPUGNACIONES U OMISIONES DE LA JUNTA DE DIRECTORES, ADMINISTRADOR INTERINO Y DETERMINACIONES DEL CONSEJO DE TITULARES

Las acciones u omisiones de la junta de directores, del administrador interino, del agente administrador, así como los acuerdos del consejo de titulares, podrán ser impugnados por los titulares en los siguientes supuestos:

a) cuando sean contrarias a esta ley, a la escritura matriz y al reglamento de condominio;

b) cuando resulten gravemente perjudiciales a los intereses de la comunidad o a un titular;

c) cuando resulten gravemente perjudiciales para un titular que no tenga obligación jurídica para soportarlo y no haya sido previsible al momento de la compra.

Los titulares que sean dueños de apartamentos en condominios que sean dedicados exclusivamente a uso comercial, tendrán que presentar la impugnación ante el Tribunal de Primera Instancia, el cual tendrá jurisdicción primaria y exclusiva. En el caso de que los titulares sean dueños de apartamentos en condominios con al menos un apartamento de uso residencial, la jurisdicción será primaria y exclusiva del Departamento de Asuntos al Consumidor (DACO), así como cualquier reclamación presentada en contra del agente administrador.

Para todo tipo de impugnación se tendrán treinta (30) días contados a partir de la fecha en que se tomó dicho acuerdo o determinación, si se hizo en su presencia, o dentro de los treinta (30) días siguientes a la fecha en que recibe la notificación del acuerdo, si el titular afectado no estuvo presente en el momento en que se llegó a tal acuerdo o determinación.

En el caso de que la acción de impugnación de acuerdos, acciones u omisiones de la junta de directores, del administrador interino, del agente administrador o del consejo de titulares, constituya violaciones a las disposiciones de esta ley, de la escritura matriz o del reglamento del condominio, prescribirá a los dos (2) años. El término se computará a partir de la fecha en que se tomó la acción, omisión o acuerdo si fue en la presencia del titular, o a partir de la notificación de este si no fue en su presencia. El acuerdo tiene que haberse notificado de acuerdo a las disposiciones de esta ley.

El titular que quiera impugnar una acción de la junta de directores, del administrador interino, del agente administrador o un acuerdo del consejo de titulares, tendrá que demostrar que no tiene ningún tipo de deuda con el consejo de titulares y que entregó a la junta de directores copia del documento mediante el cual adquirió su apartamento.

Será excepción al requisito de no deuda, cuando la impugnación sea para cuestionar la deuda que legalmente tiene.

El Departamento de Asuntos al Consumidor (DACO) tendrá una División Especial de Adjudicación de Querellas de Condominios para atender todo lo relacionado con todo condominio en el que exista por lo menos un apartamento dedicado a vivienda. El Secretario tendrá la capacidad de nombrar el personal necesario para la pronta atención de las querellas presentadas por los titulares de apartamentos al amparo de esta ley contra el consejo de titulares o el agente administrador, o por la junta de directores al amparo de aquellas leyes especiales aplicables.

ARTÍCULO 68: PETICIÓN DE REGISTRO DE CONDOMINIOS Y APARTAMENTOS, DERECHOS

Toda petición de registro de condominios y apartamentos en el Departamento de Asuntos del Consumidor (DACO) vendrá acompañada de un cheque a nombre del Secretario de Hacienda por la cantidad de veinticinco dólares ($25) por cada apartamento cuyo registro se solicite. No obstante, dicha cantidad nunca será menor de quinientos dólares ($500) ni mayor de dos mil dólares ($2,000). Por cada solicitud de enmienda a una petición de registro se pagarán treinta y cinco dólares ($35).

PLAN DE DESASTRE Y EMERGENCIA

Los condominios sometidos al régimen de la presente ley deberán aprobar en una asamblea y mantener un PLAN DE DESASTRE DE EMERGENCIA, que deberá actualizarse anualmente, conforme a lo dispuesto en el International Fire Code 2009. El plan deberá establecer qué se considera emergencia y el término de la misma, conforme a lo establecido por el Negociado de Manejo de Emergencias y Administración de Desastres. Dicha revisión deberá realizarse en consulta con las entidades gubernamentales estatales, municipales y federales que sean pertinentes para la protección de la vida y de la propiedad. Durante el mes de enero de cada año, cada condominio notificará al cuartel correspondiente del Negociado de la Policía de Puerto Rico, a la Oficina de Manejo de Emergencias Municipal, a la estación del Negociado del Cuerpo de Bomberos de Puerto Rico, y al Departamento de Asuntos del Consumidor (DACO), el nombre y teléfono de los miembros de la junta de directores y del agente administrador, de forma que se mantenga un registro de las personas a contactarse en un momento de emergencia.

Los condominios deberán aprobar un plan de racionamiento de agua y de energía eléctrica para ser implantado durante el período del desastre, o cuando se decrete un racionamiento por las agencias concernidas, con el fin de garantizar, equitativamente, un mínimo de uso de dichos recursos a todos los apartamentos.

ARTÍCULO 73: RENUNCIA AL RÉGIMEN DE PROPIEDAD HORIZONTAL; CONDICIONES PARA REAGRUPAR LAS FINCAS FILIALES EN FINCA MATRIZ

La totalidad de los propietarios de un inmueble constituido en propiedad horizontal, o el propietario único, podrá renunciar a ese régimen y solicitar del registrador la reagrupación o refundición de las fincas filiales en la finca matriz, siempre que estas se encuentren libres de gravámenes, o en su defecto, que las personas a cuyo favor resulten inscritas las mismas presten su conformidad para sustituir la garantía que tengan con la participación que corresponda a aquellos titulares en el inmueble total, dentro del régimen de comunidad de bienes señalados en el artículo 326 del Código Civil de Puerto Rico.

Los condominios sometidos al régimen de propiedad horizontal según la derogada Ley 104 de 23 de junio de 1958, según enmendada, conocida como Ley de Condominios, tienen el propósito de establecer un régimen jurídico que facilite la vida en convivencia y propicie la disponibilidad de viviendas en un área restringida de terreno. Esta derogada ley a través de los años ha sufrido numerosas enmiendas con el propósito de armonizar la misma a las necesidades y cambios de nuestra sociedad. Las enmiendas más sustanciales fueron incorporadas a través de la Ley 103-2003, hace más de 15 años. Esto luego de que la Ley 153-1995 la derogó, y la ley 43-1996 dejara sin efecto dicha renovación, restituyendo la vigencia de la Ley Núm. 104.

Control de acceso, Ley # 21 (20 de mayo de 1987) y Ley de Alquiler Razonable

La Junta de Planificación de Puerto Rico autoriza a los municipios a conceder permisos para el control del tráfico de vehículos de motor y del uso de las vías públicas en paseos peatonales, calles, urbanizaciones, comunidades y residenciales públicos o privados.

Requisitos:

1. Se necesita una organización incorporada, asociación de residentes.
2. La asociación de residentes debe presentar evidencia de que son únicos representantes de la comunidad y que tienen todas las facilidades ya instaladas.
3. Que sea aprobado por lo menos por el 75% de los propietarios.
4. Que se notifique a las agencias del Gobierno y que estas den su endoso en vistas públicas.
5. En desarrollos nuevos anunciados con el servicio, todo el que compre cumplirá con la ley, no hay votación del 75% para aceptación.

Ley de Alquileres Razonables

Ley # 464 de 1946: fue derogada por la Ley # 57 de junio de 1995. DACO tenía la jurisdicción en alquileres residenciales y comerciales. En junio de 1998 terminó la aplicación de la ley. Oferta y demanda es lo que rige actualmente.

Contratos y modelos de contratos

A. ¿Cuáles son los elementos esenciales de los contratos?

1. Consentimiento: las partes están de acuerdo (libremente).
2. Objeto cierto: descripción de la cosa (inmueble).
3. Causa: será el pago o promesa de pago en dinero o servicios de la otra parte.

B. ¿Qué cosas pueden anular un contrato?

1. Términos contrarios a las leyes, a la moral y al orden público.
2. Vicio en el consentimiento. Como por ejemplo:
   a. Error.
   b. Dolo o mohatra (engaño).
   c. Violencia o intimidación.

C. No hay contrato si:

1. La oferta es rechazada.
2. La oferta es retirada.
3. Muerte del comprador antes de aceptarse la oferta.
4. Se hace contraoferta.
5. La oferta no es aceptada dentro de un término fijado.

D. ¿Quién no puede contratar?

1. Menores de 21 años no emancipados. Existen 3 tipos de emancipación:
   a. La voluntaria: esta es otorgada por los padres del menor.
   b. Por matrimonio: se necesita el permiso de los padres si el hombre es menor de 18 años y la mujer menor de 16. Esta emancipación es irreversible. Pero si van a comprar, o hipotecar una propiedad de más de $20,000, necesita la autorización de sus padres.
   c. Por concesión judicial: si es huérfano y mayor de 18 años, que la desee y sea conveniente para él.
4. Locos o dementes.

5. Sordomudos que no sepan leer ni escribir.

6. Cuando son menores e incapacitados, se necesita una orden del tribunal, tasación de la propiedad, exponer la necesidad y utilidad, nombramiento de un tutor y que el producto de la venta se consigne en el tribunal.

E. Poderes:

1. El que otorga el poder se conoce como el poderdante.

2. Se otorga si la persona está fuera de Puerto Rico.

3. Si se hace en Estados Unidos debe ser ante un notario en el County Clerk o Departamento de Estado.

4. Si es dado fuera de Estados Unidos deberá ser certificado por el Departamento de Estado.

5. Todo poder dado fuera de Puerto Rico tiene que ser protocolizado en Puerto Rico, menos los dados en las bases militares.

6. Se debe notificar el protocolo (el conjunto de lo que un abogado hace, como archivar, inscribir en Registro de la Propiedad) en un término de 72 horas.

7. Los poderes que se dan en Puerto Rico tienen que ser ante notario público y deben inscribirse en el Registro de la Propiedad.

8. Los poderes para transacciones FHA y HUD deben ser específicos (tiempo y descripción de la propiedad).

9. Los poderes terminan cuando muere o se incapacita el poderdante, por revocación de este, renuncia del mandatario o por quiebra de alguno de ellos.

F. Clases de contratos:

1. **Compraventa:** es uno bilateral. Obliga al vendedor a vender y al comprador a pagar el precio pactado. Puede ser por contrato privado o mediante escritura pública.

   a. Obligaciones del vendedor:

   1. Entregar la propiedad en las condiciones en que se encontraba al momento del contrato.

   2. Dar seis meses para reclamaciones.

   3. Si la diferencia en cabida es mayor del 20%, el vendedor puede reclamar la diferencia y el comprador pagar o rescindir el contrato, si el precio pactado fue por unidad y no por alzada.

   4. Pagar los honorarios del notario (hipoteca de compraventa).

5. La primera copia y minuta de inscripción serán pagadas por el comprador.

6. Será responsable del saneamiento (curar). Existen dos tipos de saneamiento.

    a. Saneamiento **(corrección de lo que esté dañado)** por vicios ocultos: prescriben a los seis meses. Se requerirá la reparación si el vendedor conocía los mismos (puede ser demandado por daños y prejuicios, prescribe a los 4 años). El contrato prescribe a los 10 años. DACO establece los criterios para nuevas urbanizaciones. El comprador renuncia a los vicios aparentes (dado que se pueden ver claramente).

    b. Saneamiento por evicción (por derecho): se garantiza el uso y disfrute pacífico de la propiedad. Si por sentencia final el comprador pierde la propiedad, este podrá reclamar al vendedor. No caduca.

2. Arrendamiento: es uno bilateral. Una parte se obliga a dar a la otra el uso y el disfrute de una propiedad por un término de tiempo a cambio de un canon de arrendamiento.

    a. Obligaciones del arrendador:

        1. Entregar la propiedad libre de peligro.

        2. Es responsable del saneamiento (oculto y de evicción).

        3. Responsable de las reparaciones necesarias en la propiedad para que esta sirva al uso destinado, salvo pacto contrario.

        4. Entregar evidencia de pago al arrendatario (recibos de pagos de la renta).

        5. Si el contrato es sobre los seis años, se puede inscribir en el Registro de la Propiedad por cualquiera de las dos partes.

        6. En caso de reparaciones necesarias por más de 40 días se ajustará el canon.

    b. Obligaciones del arrendatario:

        1. Pagar a tiempo. No puede retener pagos para obligar al arrendador a que efectúe reparaciones necesarias.

        2. Usar la propiedad según lo pactado y cuidarla como un buen padre de familia.

3. Entregarla como la recibió, salvo por el deterioro normal no atribuible a descuido.
4. Notificar al dueño de cualquier reparación urgente.

3. **Opción a compraventa:** es uno unilateral, obliga al vendedor.
4. **Permuta:** intercambiar propiedades.
5. **Usufructo:** uso y disfrute de la propiedad.
6. **Promesa de venta:** obliga al vendedor.

EJEMPLO DE CONTRATOS

MR. VELAZQUEZ REALTY LIC. 8,332
BO. ESPINAR 3 SECTOR JAVIER AGUADA, P.R.
CEL. 787-368-4000/ EM –mrvrealty18@gmail.com

FAVOR DE LEER ESTE CONTRATO DETENIDAMENTE EN TODAS SUS PARTES ANTES DE FIRMARLO

AUTORIZACIÓN DE VENTA EXCLUSIVA DE BIENES RAÍCES

CONTRATO

En la ciudad de _____, P.R. el _____ de _____de 20_____

El (los) compareciente(s) vendedor(es) _____ y _____ _____, con dirección residencial en _____ _____ y el /la Corredor (a) de Bienes Raíces _____, ambas partes pactaron para la venta de la siguiente propiedad:

DESCRIPCIÓN:

Solar con un área o cabida superficial de _____ metros cuadrados (m/c) y/o residencia con solar

Localizado (a) _____ en el municipio de _____, P.R. La propiedad consiste de _____ plantas y/o _____ m/c si es solar solamente.

Construida de ( ) hormigón y bloques, ( ) madera ( ) y/o hormigón y bloques y madera.

Esta propiedad está dedicada a _____, consiste de ____cuartos de dormitorios, ___ servicio(s) sanitario(s), ( ) sala, ( ) cocina, ( ) comedor ( ) marquesina y/o garaje para _____ estacionamiento(s), ( ) sala de espera, ( ) cocina-comedor, ( ) edificio comercial y/o ( ) negocio.

DATOS DE INSCRIPCIÓN: Esta propiedad inmueble está inscrita en el Registro de la Propiedad de _____. P.R. al folio #____ del tomo #____de la finca #____.

¿Está inscrita para fines contributivos? ___SÍ ___NO. Inscripción _____. El # de Catastro es _____. Escritura # _____ de hipoteca voluntaria, fechada El ___ de _____ del 20___, ante el (la) notario Lcdo.(da) _____, En _____, Puerto Rico.

ACUERDOS:

1. Juan Francisco Velázquez Cabán, Corredor de Bienes Raíces, Lic. 8,332 será el Corredor exclusivo que representará ( ) al y/o ( ) los dueño(s) en la venta de esta propiedad inmueble desde el otorgamiento de esta autorización de venta exclusiva, por un término de ( ) 6 meses (180 días), ( ) 9 meses (275 días) y/o 12 meses (365 días).

2. El (los) propietario(s) pagará (n) al sr. Juan Francisco Velázquez Cabán (Corredor) una Comisión de $_____ (un_____%) del precio total de la venta, si se cuenta con un comprador listo, dispuesto y capaz para la compra de la propiedad dentro del término de esta transacción o contrato de venta. El precio de esta venta establecido por el (los) dueño(s) es de $_____.

3. Preparar un análisis breve de la propiedad.

4. Anunciar y/o promover la venta de esta propiedad inmueble con un rótulo si el o los Dueños está(n) de acuerdo, por internet en distintas redes sociales, anuncio en hojas sueltas, entrevistas personales con prospectos y potenciales compradores y medios y/o recursos. El vendedor-dueño, autorizará al / la Corredor(a) a colocar un rótulo SE VENDE EN LA PROPIEDAD, SI ASÍ LO DESEA.

5. Recomendar al /los dueño/s las mejoras necesarias para el mejor mercadeo de la propiedad, tales como: talado, desyerbo de maleza y patio, pintar la casa, edificio y/o reparaciones mínimas adicionales.

6. Proporcionarle ayuda e información al (los) prospecto/s comprador /es sobre el financiamiento, hipoteca y otra información relacionada.

7. Ofrecer información y orientación al (los) dueño/s del inmueble con relación a lo siguiente:

> a) Inscripción de la propiedad en venta, b) El pago o exoneración de las contribuciones con el CRIM de la región, c) Sobre cualquier gravamen o hipoteca que afecte la propiedad y d) De algún embargo, etc., que grave dicha propiedad.

8. Proveerá orientación, etc., respecto a los casos que envuelvan herederos o secesiones, ejemplo: como la otorgación de poderes legales, en caso de herederos ausentes, incapacitados mentales y otros casos parecidos.

9. Mantendrá informado al (los) dueño/s del progreso de la venta y sobre alguna oferta de compra de un potencial comprador que esté listo, dispuesto y capaz. El (los) dueño/s es/son el (los) único/s que tienen la potestad o un representante autorizado por escrito por el dueño o los dueños a aceptar o rechazar cualquier oferta de compra.

10. Obtener un pronto pago como opción de compraventa de un potencial comprador de un 2% del precio de venta, con previa autorización de (el) (los) dueño/s, acordado y firmado en el contrato de opción compraventa por las partes.

11. Dicha opción será depositada en la cuenta Escrow del/la Corredor/a, en el BANCO POPULAR DE AGUADILLA, P.R.

12. El/la Corredor/a tendrá el derecho de obtener el por ciento (%) pactado en este contrato de cualquier venta que se gestione durante la vigencia del mismo y/o se realice con posterioridad a este con la misma persona o personas que el/la Corredor/a les haya mostrado la propiedad aunque el contrato se haya vencido ya. Si el contrato ya venció y aparece un comprador, se consultará con el/los dueño/s, y si está/n de acuerdo se hará una enmienda al contrato vencido y se pondrá en vigencia el mismo con todas sus cláusulas anteriores o se firmará un contrato nuevo si el vendedor quiere seguir el contrato por más tiempo.

Si en el transcurso de la transacción el o los dueño/s se arrepiente/en y luego llaman al cliente nuevo y le venden la propiedad, será responsabilidad de los vendedores de pagarle el total de la comisión al Corredor o Corredora, de no cumplir con esta estipulación se dispone a que el Corredor/a acuda al tribunal y solicite que se le pague su comisión. Si el (los dueños) vendiera/n la propiedad a un prospecto comprador el cual el o la Corredor/a llevó a ver la misma con anterioridad, aunque el contrato esté vencido siempre le toca la comisión desde 6 meses hasta un año.

13. De vencerse este contrato y durante el vencimiento llama un cliente, el/la corredor/a llamará al dueño o los dueños para informarle de la intención del cliente y, si el dueño o dueños está/n de acuerdo y acepta/n continuar con la venta y extender el contrato, tendrá que firmar un nuevo contrato con las mismas condiciones, estas pueden ser exclusivamente para el nuevo cliente si lo desea, con un término específico, de querer continuar por más tiempo se pondrá una fecha y de un término más largo (se le puede hacer una enmienda al contrato ya vencido).

14. EL PRECIO FIJADO POR EL/LOS DUEÑO/S NO SERÁ IMPEDIMENTO PARA QUE EL CORREDOR O CORREDORA LOGRE UN PECIO SUPERIOR Y ESA CANTIDAD SE DIVIDE EN PARTES IGUALES ENTRE CORREDOR/A Y EL DUEÑO/S (ESTO ES SI EL DUEÑO O DUEÑOS LO AUTORIZAN)

15. Los gastos de promoción para la venta de dicha propiedad, tales como anuncios en periódicos si algunos, rótulos, e internet etc., uso de vehículo, gasolina, etc.s serán asumidos totalmente por el Corredor o Corredora (Compañía de Bienes Raíces) Mr. Velázquez Realty.

16. Durante la vigencia de este contrato no se rentará la propiedad hasta que se venza el mismo y lo haga con personas que no hayan sido llevadas por el /la Corredor/a. El/los dueño/s y el (los) comprador/es no podrán hacer ningún arreglo entre ellos sin estar el/la Corredor/a presente y/o tener conocimiento del mismo, ya que cualquier arreglo o negociación se hará por medio del/la Corredor/a quien es intermediario y representante de la parte vendedora.

17. Esta autorización de venta será efectiva una vez sea aprobada por Mr. Velázquez Realty y su presidente el sr. Juan Francisco Velázquez Cabán, Corredor de Bienes Raíces. Este contrato tiene vigencia desde el____ de _____ 20___ hasta el ___ de _____de 20____.

18. La propiedad incluye los siguientes enseres: (si es voluntad del dueño) pero no es necesario incluirlos. 1._____

19. El /la Corredor(a) de Bienes Raíces, ayudará a los compradores en algunas gestiones que ellos no puedan hacer/realizar para agilizar la venta de la propiedad, AUNQUE ESTAS NO SON PARTE DE SUS OBLIGACIONES.

20. Deuda hipotecaria de la propiedad:
    a) primera hipoteca ( ) banco_____ pago mensual $ _____
    b) segunda hipoteca ( ) banco_____ pago mensual $ _____

21. Si el/los vendedor(es) se arrepiente(n) durante los primeros cuarenta y cinco (45) días de haber firmado este contrato, el/la Corredor/a cobrará el 1% del precio de venta de la propiedad aquí fijado previamente para cubrir los gastos incurridos en promoción y gestiones de venta de la misma, del día cuarenta seis (46) hasta el noventa (90) cobrará el 2% de la comisión y del noventa y un (91) día hasta el 180 (6 meses) se cobrará la comisión completa. Del contrato ser por seis (6) meses o doce (12) meses se cobrará la misma comisión en 3, 6, y 9 y/o en 4, 8, 12, en trimestres o cuatrimestres.

22. **Se orienta al vendedor sobre la Ley 93 del 16 de mayo del 2006 sobre el derecho del comprador de buscar un inspector de propiedad licenciado para la misma, si así lo desea el comprador. (El vendedor no puede negarle este derecho al comprador porque así la ley lo exige, si lo hace el comprador tiene derecho a exigir el mismo.) ** El comprador será responsable de pagar la inspección de la propiedad.**

23. ***ACUERDOS SOBRE PAGO DE CONTRIBUCIONES Y RELEVO DE RESPONSABILIDAD DE COMPRAVENTA SI LA PROPIEDAD NO ESTÁ INSCRITA PARA FINES CONTRIBUTIVOS***

Los /el ( )vendedores ( ) vendedor de la propiedad ( ) hacemos ( ) hago constar que hemos sido /he orientado/s y notificado/s debidamente por el/la Corredor/a de Bienes Raíces en cuanto a que, como dueño/s somos/soy responsable de cualquier y toda contribución imponga el Centro de Recaudaciones Municipales (CRIM) y/o el Departamento de Hacienda correspondiente a fechas anteriores a la venta de la propiedad y la posibilidad de que en cualquier momento el CRIM expida recibos/cobros retroactivos por concepto de contribuciones sobre la propiedad.

Autorizamos/autorizo a la institución financiera a retener cualquier cantidad adeudada al CRIM de la cantidad de la venta de esta propiedad. Los ( ) vendedores ( ) el vendedor de la propiedad ( ) conocemos ( ) conozco ( ) no conocemos ( ) no conozco que la propiedad que estamos/estoy vendiendo (

) no ha sido tasada ( ) ha sido tasada para fines contributivos. ( ) Hemos ( ) he sido orientado/s por el Corredor/a de Bienes Raíces a los efectos de que, de surgir alguna cantidad cuando el CRIM proceda con la tasación de la misma, en adición con la retención al cierre para esos efectos (en cumplimiento con la Orden Administrativa 2016-01), ( ) seremos ( ) soy responsable de pagar dicha cantidad.

24. Certificamos con nuestra firma que en nuestra propiedad NO hay/existen vicios ocultos a nuestro mejor entender y que al momento de firmar este CONTRATO, NO tenemos ningún otro Corredor/a de Bienes Raíces contratado/a para la venta de la misma.

25. El cliente comprador está claro que el/la Corredor/a o su representante autorizado le informó que al comprar una casa reposeída o no reposeída que no tenga los servicios de agua y luz, necesita buscar un plomero y un electricista, ambos certificados por sus respectivas juntas, para que le certifiquen que tanto la plomería como la instalación eléctrica están en buenas condiciones para que pueda solicitar los servicios en cada agencia pertinente. EL VENDEDOR SOLICITARÁ UNA CERTIFICACIÓN DE Y LUZ ACTUALIZADA PARA EL BANCO.

Declaramos que toda la información contenida en este contrato es fiel y exacta para fines legales y civiles y que no tenemos dudas sobre él, el cual firmamos libre y voluntariamente. NOTA: se les concede un término de ( ) 45, ( ) 60, ( ) 90 días o ( ) ___ días a los compradores para mudarse a la propiedad luego del cierre y firma de la escritura para que nos / me dé la oportunidad de buscar otra residencia mudarnos/mudarme. Con nuestra firma certificamos que lo antes explicado en este contrato es correcto, y aceptamos los términos y condiciones del mismo. Este contrato lo firmo/firmamos libre y voluntariamente, de tener alguna duda consultaré el mismo con un abogado, si hubiese algún detalle que yo entienda que va contra mis intereses, el abogado nos orientará tanto a mí como al/la Corredor/a para subsanar lo incorrecto y así establecerlo en el contrato, si hubiese que hacer alguna enmienda al mismo, el resto del contrato sigue a tales efectos como lo establecido en el mismo sin tener que alterar su contenido original.

NOTA: SI LA PROPIEDAD NO ESTÁ INSCRITA PARA FINES CONTRIBUTIVOS, EL DUEÑO HARÁ LAS GESTIONES PARA TAL CASO O ESTARÁ DE ACUERDO QUE EL CRIM LE RETENGA LA DEUDA ESTIMADA HASTA QUE SE TASE LA PROPIEDAD Y EN TAL

CASO QUE NO DEBIERA, EL CRIM LE DEVOLVERÁ EL DINERO PAGADO NUEVAMENTE.

FIRMA DE LOS DUEÑOS O REPRESENTANTE AUTORIZADO:

Nombre: _____ Puesto:_____ Email:_____

Firma: _____ Fecha: _____ Tel._____

Nombre: _____ Puesto:_____ Email:_____

Firma: _____ Fecha: _____ Tel._____

Juan F. Velázquez Cabán- CBR Lic. 8,332

Fecha:_____ Firma:_____

Representante autorizado _____ ( ) CBR ( ) VBR Lic. # _____

Nombre: _____ Firma: _____ Fecha:_____

MR. VELÁZQUEZ REALTY LIC. 8332
BO. ESPINAR 3 SECTOR JAVIER AGUADA, P.R.
787-368-4000 /mrvrealty18@gmail.com

CONTRATO DE OPCIÓN DE COMPRAVENTA

FAVOR DE LEER ESTE CONTRATO DETENIDAMENTE EN TODAS SUS PARTES ANTES DE FIRMAR

FAVOR DE INICIAR ESTE CONTRATO EN TODAS SUS PAGINAS MENOS EN LA ÚLTIMA PAGINA*****

En la ciudad de _____, P.R. a ____ de _____ del 20_____.

COMPARECEN: La parte vendedora, _____ y _____,

Estado civil ( ) casado(s), ( ) soltero(a) de profesión _____ y vecino(a) de _____, P.R.

La parte compradora, _____y _____

( ) mayor ( ) mayores de edad, Seguro Social _____ y _____,

Estado civil ( ) casado(s) ( )soltero(a) y ( ) vecino(a) o vecinos de
_____ y de profesión _____, en lo adelante las partes
acuerdan el presente contrato de opción de compraventa de este bien ( )
inmueble ( ) mueble libre y voluntariamente .

EXPONEN:

__Primero: Que según la Ley 93 del 16 de mayo de 2006, incluida como
enmienda a la Ley 10 del 26 de abril de 1994, dice que todo comprador tiene
derecho de buscar un Inspector de Viviendas licenciado y autorizado por el
Estado Libre Asociado de Puerto Rico para inspeccionar la propiedad si así lo
desea, para averiguar cualquier vicio oculto que pueda tener dicha propiedad.

__Segundo: Que las partes certifican tener la autoridad y capacidad legal su-
ficiente para contratar y obligarse mediante este contrato.

__Tercero: Que la parte vendedora es dueña en pleno dominio del ( ) inmue-
ble ( ) mueble que se describe a continuación: _____
_____
_____

La referida propiedad incluye los siguientes enseres y/o propiedades muebles, los cuales serán entregados por la parte vendedora en condiciones tal
como están (si el/los) dueño/s lo desea/n y el comprador /compradores lo
desea/n, esto no es obligatorio de ninguna de las partes) en el contrato.

__Cuarto: Que la parte compradora interesa adquirir mediante compra el in-
mueble antes descrito, y mientras dicha parte realiza las correspondientes gestiones conducente a la antedicha compraventa, las partes de referencia acuerdan suscribir el presente contrato, bajo las siguientes cláusulas y condiciones:

CLÁUSULAS Y CONDICIONES:

__1. Los compradores y vendedores tienen convenido llevar a efec-
to la compraventa del relacionado inmueble o mueble por el precio de
$_____.

__2. El título de la propiedad será transferido libre de cargas y gravámenes
salvo las servidumbres para los servicios de agua, electricidad, luz, teléfono y
condiciones restrictivas de edificación y/o similares que consta el Registro de
la Propiedad. Durante la vigencia de este contrato la propiedad no será vendida, rentada ni gravada. Ambas partes reconocen que pueden ocurrir demoras

inevitables y se comprometen a hacer todo lo posible para darle curso a la transacción. Si la propiedad no está inscrita o tasada para fines contributivos hay que esperar que el CRIM haga la tasación para saber si hay contribuciones pendientes de pagar, si el comprador está de acuerdo en comprarla con ese detalle, será responsable de asumir la deuda si alguna, o si estando tasada y tiene deuda y el comprador quiere asumir la misma también. Si no hay deuda alguna el CRIM le devolverá el dinero pagado/retenido. ( ) Si acepta, favor de iniciar aquí. _____. Si no acepta, favor de iniciar aquí ( ) _____.

__3. El vendedor requiere un depósito de un 2% del precio pactado en la venta de la propiedad.

__4. La parte vendedora acusa recibo de la suma de $_____ 2% de la venta o precio acordado entre las partes, dada en este caso por la parte compradora como depósito, la cual SERÁ ABONADA AL PRECIO DE VENTA de la propiedad aquí descrita. En caso de que el depósito que entregue la parte compradora sea efectuado en un cheque personal, no se considerará válido y efectivo este contrato hasta tanto dicho cheque sea efectivamente cobrado por el banco y depositarlo en la cuenta PLICA del/a Corredor/a.

__5. Esta opción está sujeta a que la parte compradora origine un préstamo dentro de los próximos cinco (5) días por la suma de $_____. Esta opción será válida por un término de cuarenta y cinco (45) días para la obtención del préstamo de la escritura de compraventa. Esto está sujeto a una extensión de contrato de ser necesario, firmado por ambas partes, comprador y vendedor.

__6. Los honorarios del notario en la escritura de compraventa y primera copia certificada serán pagados por la parte compradora, _____y _____.

__7. Los sellos y comprobantes para el registro de dicha escritura en el Registro de la Propiedad serán pagados por la parte compradora.

__8. La cancelación de la hipoteca la asumirá la parte vendedora, o por ambas partes si se ponen de acuerdo, 50% cada uno. **** _____ y _____, favor de escribir su **nombre e iniciales al lado del nombre o nombres**.

__9. El depósito entregado en este acto por la parte compradora, queda en poder del /la Corredor/a de Bienes Raíces quien lo depositará en su cuenta PLICA #_____ en el Banco Popular de Puerto Rico hasta la firma de las escrituras.

__10.En caso de que la parte compradora esté lista, dispuesta y capaz para ejecutar la firma de la escritura de compraventa, así como los documentos pertinentes para el cierre, pero si la parte vendedora no ejecuta la escritura de compraventa, mediando culpa, negligencia o incumplimiento de cualquiera de los términos de este contrato por parte de esta, sin que haya mediado mala fe de la parte compradora, entonces la parte compradora tendrá el derecho al cumplimiento específico de este contrato más derecho al pago de una indemnización por cualquier daño causado por el incumplimiento de la parte vendedora, o si así lo prefiere, la parte compradora puede cancelar este contrato y recibir el depósito en su totalidad. **En cualquier caso, la PARTE VENDEDORA pagará al Corredor o Corredora la comisión completa pactada entre ambos.**

__11. El /los vendedor pagará/n la comisión del/la Corredor/a. Si ambas partes acuerdan pagar dicha comisión pagarán 50% cada uno. ( ) vendedor solamente ( ) ambas partes.

__12. Por otra parte, si el/los comprador/es violaran cualquiera de las condiciones de este contrato como por ejemplo: que se arrepienta/n de comprar la propiedad antes mencionada habiendo cualificado en la institución financiera donde solicitó/solicitaron el préstamo, perderá el 100% del depósito hecho al/la Corredor/a, a menos que haya causa justificada y ambas partes lleguen a un acuerdo razonable (aunque el/la Corredor/a no está/n en la obligación de devolverlo).

__13. Si no se pudiera cerrar el préstamo aunque la parte compradora hubiese cualificado y se hubiese aprobado el mismo, le solicitará a la institución financiera una carta indicando las razones de por qué no se cerró el mismo, o en su lugar firmará una carta de relevo de responsabilidad al/a Corredor/a indicando que hizo las gestiones con el banco y este se negó a facilitarle dicha carta.

__14. El vendedor acuerda dejar la propiedad en buenas condiciones, tal como el comprador la vio al hacer la oferta y antes de firmar el contrato. Todos los objetos y artículos personales no incluidos en este contrato, deberán ser removidos del inmueble por cuenta del vendedor después de la fecha del cierre, dando el comprador un tiempo razonable para tal ejecución.

__15. Las partes acuerdan que el Corredor/a está actuando como intermediario de la transacción de la venta acordada entre estas y que no es responsable por defectos o vicios ocultos, aparentes o de cualquier índole en la estructura de la propiedad objeto de este contrato, o en el título de la misma. El /

la Corredor/a no se hace responsable por el incumplimiento o rescisión de las partes. Las partes acuerdan, además, que el/la Corredor/a no incurrirá en responsabilidad alguna en el acto de que el depósito u otros cheques no tengan fondos. Finalmente, las partes expresan que el Corredor/a les ha recomendado que consulten con sus abogados/asesores legales el contenido de este contrato de opción de compraventa, previo a su firma. De haber alguna discrepancia/duda alguna su representante legal citará a las partes para discutir los detalles al respecto. Lo enmendado en el contrato si algo, no afectará las demás cláusulas del mismo.

__16. Mediante la firma de este contrato de opción de compraventa, la parte compradora y vendedora aceptan que el mismo representa los acuerdos entre ellos.

__17. Tal es el contrato, que ratifican y firman las partes contratadas, por el que se obligan mutuamente al fiel cumplimiento de cada una de las cláusulas pactadas.

__18. A la parte compradora se le da el término de cuarenta y cinco (45) días para cumplir con los términos de este contrato, si incumple los mismos perderá el depósito. Si el comprador cumple con todas las cláusulas pero luego no cualifica para el préstamo el/la Corredor/a le devolverá el 100% de su dinero depositado. De necesitar una extensión de contrato se le hará un anejo al mismo indicando los días a extenderse y fecha de terminación de la misma. Dicho anejo será firmado por el comprador, vendedor y el/la corredor/a de Bienes Raíces.

__19. El cliente comprador está claro que el/la Corredor/a o su representante autorizado, que al comprar una **propiedad reposeída o no reposeída** que no tenga los servicios de agua o luz, necesita contratar a un electricista y a un plomero certificado por sus respectivas **Juntas Examinadoras** para que certifiquen el estatus tanto de la plomería como de la electricidad y si las instalaciones están en buenas condiciones o necesitan reparaciones, para que puedan solicitar los servicios de cada agencia. **** **De tener servicio de ambas agencias, el dueño solicitará una certificación reciente de cada agencia para enviársela al banco al momento de otorgar el préstamo si lo solicita. NO SE ACEPTA RECIBO******

__20. Los compradores acuerdan, con su firma y por mutuo acuerdo, darle a la parte vendedora tiempo suficiente para buscar otra propiedad y mudarse en el tiempo acordado que será como sigue: ( ) 45 días ( ) 60 días ( ) 90 días ( ) _____ días.

__21. Esta propiedad se vende "as is" (como está), cualquier gasto adicional de reparación corre por cuenta del comprador.

__22. ( ) el comprador ( ) los compradores ( ) hago constar ( ) hacemos constar que he/hemos sido orientado/s y notificado/s debidamente por el/la Corredor/a de Bienes Raíces en cuanto a que como dueño/s soy/ somos responsable/s de cualquier contribución que imponga el CRIM y el DEPARTAMENTO DE HACIENDA después del cierre de la compraventa SOBRE NUESTRA PROPIEDAD YA COMO DUEÑO/S. TODA CONTRIBUCIÓN ANTES DE LA VENTA SERÁ ASUMIDA POR EL/LOS DUEÑO/S A MENOS QUE LAS PARTES PACTEN LO CONTRARIO EN MUTUO ACUERDO.

ACUERDO SOBRE PAGO DE CONTRIBUCIONES Y RELEVO DE RESPONSABILIDAD DE COMPRAVENTA DE PROPIEDAD NO TASADA PARA FINES CONTRIBUTIVOS

__23. ( ) Nosotros los compradores ( ) yo el comprador ( ) aceptamos ( ) acepto y ( ) nos comprometemos ( ) me comprometo a que cuando el CRIM tase la propiedad, de surgir alguna cantidad adeudada correspondiente al período previo a la fecha de compraventa, haremos/haré inmediatamente las gestiones necesarias para que el dueño anterior (vendedor) proceda a hacer los pagos correspondientes y notificaremos/notificaré al banco tenedor de la primera hipoteca sobre la propiedad con evidencia del pago efectuado. De no lograr que el vendedor pague cantidad alguna de la arriba indicada en un período de treinta (30) días desde el recibo de la factura del CRIM reflejando dicha fecha, procederemos/procederé a pagar la misma. Hacemos/ hago tal aceptación y compromiso, reconociendo que tales recibos pudieran corresponder a períodos que no hayamos sido/haya sido dueños de dicha propiedad.

__24. Las partes hacemos constar que la obligación de rendir la planilla informativa sobre la segregación, agrupación o traslado de bienes inmuebles ("planilla informativa"), la Solicitud de Exoneración Contributiva y la Solicitud de Cambio de Dueño al CRIM y/o Departamento de Hacienda, relacionado con esta transacción, es del Notario autorizado y no del Banco ni de la Compañía de Título. La deuda contributiva es un gravamen preferente sobre la propiedad poniendo en riesgo la garantía. Ni el Banco ni la Compañía de Título realizarán acciones de cobro a los anteriores dueños de la propiedad. RELEVAMOS/RELEVO AL BANCO, A SUS SUBSIDIARIAS Y AFILIADAS, A LA COMPAÑÍA DE TÍTULO QUE ESTÉ ENVUELTA EN LA TRANSACCIÓN Y AL /LA CORREDOR/A DE BIENES RAÍCES, DE CUALQUIER RESPONSABILIDAD EN EL PAGO DE DEUDAS POR CONCEPTO DE ESTA PROPIEDAD INMUEBLE O MUEBLE EN EL CRIM Y/O EL DEPARTAMENTO DE HACIENDA.

NOTA: EL COMPRADOR O COMPRADORES ACEPTA/N LA PROPIEDAD COMO ESTÁ. SE COMPROMETE/N A HACER LOS ARREGLOS NECESARIOS PARA QUE EL BANCO LE PUEDA OTORGA EL PRÉSTAMO UNA VEZ QUE EL MISMO SEA APROBADO. SI HACE LOS ARREGLOS ANTES DE SER APROBADO EL PRÉSTAMO Y NO SE DA EL MISMO, LOS ARREGLOS QUEDAN COMO PERTENENCIA DE LA PROPIEDAD, A MENOS QUE LAS PARTES ACUERDEN OTRA COSA SI EL DUEÑO LO PERMITE. SI LA PARTE COMPRADORA SE ARREPIENTE DURANTE EL PROCESO DEL PRÉSTAMO Y HA HECHO ALGUNOS ARREGLOS, EL DUEÑO NO LE DEVOLVERÁ EL IMPORTE DE LOS ARREGLOS.

CERTIFICACIÓN: CERTIFICO/CERTIFICAMOS HABER LEÍDO ESTE CONTRATO EN TODAS SUS PARTES Y ESTOY/ESTAMOS DE ACUERDO CON EL MISMO, LO CUAL ( ) FIRMO ( ) FIRMAMOS LIBRE Y VOLUNTARIAMENTE.

_____	_____
Firma de la parte vendedora	Firma de la parte vendedora
Fecha:_____	Fecha:_____
_____	_____
Firma de la parte compradora	Firma de la parte compradora
Fecha:_____	Fecha:_____
Tel-_____ em-_____	Tel-_____ em-_____

Nota: La firma del/la Corredor/a o su representante autorizado es como testigo de las firmas de las partes solamente, no como nada más, y no tiene nada que ver con cualquier desacuerdo entre comprador y vendedor.

_____   _____

Juan F. Velázquez Cabán (Corredor) Firma   Rep. Auto. _____ (Firma)

Lic. 8,332   Lic. _____

Fecha de hoy: ___ de _____ de 20__   Fecha de hoy: ___ de _____ de 20__

MR VELÁZQUEZ REALTY LIC. 8,332
BO. ESPINAR SECTOR JAVIER AGUADA, P.R.
787-368-4000 /mrvrealty18@gmail.com

CONTRATO SEMIEXCLUSIVO CON ACUERDO ESPECIAL

NO FIRME ESTE CONTRATO SIN ANTES LEERLO COMPLETAMENTE

De una parte:_____ y _____,
Mayor(es) de edad, Seg. Soc. #_____y _____ de profesión
_____ y_____, estado civil ( ) casado ( ) casados ( ) soltero/s
Propietario/s y vecinos/ de _____, Puerto Rico, en lo adelante denominado/s como El/la /los propietario/s (vendedor/es).

De la otra parte: _____, Corredor/a de Bienes Raíces, mayor de edad, Con Lic. #_____, en lo adelante denominado/a como _____.

Las partes arriba mencionadas afirman tener la capacidad legal necesaria para llevar a cabo el presente contrato de forma libre y voluntariamente y establecen y acuerdan los siguientes términos:

TÉRMINOS Y CONDICIONES

PRIMERO: En consideración a nuestro esfuerzo para lograr la venta de propiedad descrita en el párrafo séptimo de este contrato, el/la/los propietario/s vendedor/es conceden a _____, el único y exclusivo derecho para actuar **como intermediario o Corredor/a exclusivo/a en la venta de**

dicha propiedad por el término de _____ días, a partir de la firma de este contrato. A estos efectos autorizamos al/la Corredor/a de Bienes Raíces a ofrecer, promover y negociar los términos de la venta de la propiedad, sujeto a los términos y condiciones aquí acordados.

SEGUNDO: Por sus servicios como "Corredor/a exclusivo/a", el/la/los propietario/s vendedor/es acuerda/n pagar a _____, al momento del cierre de la compraventa de la propiedad, una comisión equivalente al _____% del precio de venta de la misma.

TERCERO: **El/la/los propietario/s vendedor/es podrá/n realizar gestiones venta de la propiedad por sí mismos.** NO obstante, si el/la/los propietario/s vendedor/es encuentran un prospecto comprador referirán el mismo a _____. De concretarse la venta con el prospecto comprador referido por el/la los vendedor/es, pagarán al/la Corredor/a una comisión equivalente al 2.5% del precio de venta de la propiedad.

CUARTO: La comisión aquí pactada será incluida en el contrato o acuerdo de compraventa entre el/la/los propietario/s vendedor/es y el comprador.

QUINTO: Si la venta se efectúa dentro del término de seis (6) meses, luego de haber expirado el presente contrato, a un cliente que ha visto la propiedad a través de los esfuerzos del/la Corredor/a, el/la/los propietario/s vendedor/es vendrá/n obligado/s a pagar a _____ la comisión pactada en el párrafo segundo de este contrato.

SEXTO: El/los propietario/s no podrá/n rentar la propiedad durante la vigencia de este contrato. Si lo hiciera/n, le pagará/n al/la Corredor/a el 50% de la renta desde el segundo mes hasta el máximo de un año, en el primer mes le pagará/n un mes de renta completa.

SÉPTIMO: La propiedad sujeta a este contrato está localizada en:_____
_____.

Equipos o bienes muebles que se incluye/n en /con dicha propiedad ___
_____
_____
_____
_____

OCTAVO: El precio de venta de la propiedad es de $_____.

NOVENO: Como parte de este contrato el/la Corredor/a deberá:

a. Inspeccionar cuidadosamente la propiedad a través de un agente autorizado y recopilar la información necesaria para llevar a cabo la venta de la misma.
b. Realizar esfuerzos concertados a través del Departamento de Ventas para la promoción, mercadeo y venta de la propiedad.
c. Colocar un rótulo anunciando la propiedad para la venta.
d. Previa coordinación con el/la/los dueño/s, mostrará la propiedad a los prospectos compradores. El/los propietario/s vendedor/es se comprometen a cooperar con el/la Corredor/a para la coordinación de las visitas a la propiedad por los prospectos compradores con el fin de mostrar la misma. En caso de no estar habitada la propiedad, el/la/los propietario/s entregará/n las llaves al/la Corredor/a para que su agente autorizado muestre la misma. El/la Corredor/a llevará un registro de todas las visitas realizadas por los prospectos compradores para el conocimiento e información del/la/los propietario/s.

DÉCIMO: El/la/los propietario/s vendedor/es harán entrega al/la Corredor/a de copia de las escrituras de la propiedad y certificación de deudas y valores del Centro de Recaudación de Ingresos Municipales (CRIM), así como de cualquier otro documento relacionado con la misma tales como tasación, estudio de título, etc.

UNDÉCIMO: El/la/los propietario/s vendedor/es acuerda/n referir al/la Corredor/a todas las solicitudes de Corredores de Bienes Raíces en representación de personas interesadas en la propiedad sujeto a este contrato.

DUODÉCIMO: El/la/los propietario/s vendedor/es autorizan al/la Corredor/a a aceptar, recibir y retener la cantidad de dinero dada por concepto de depósito de buena fe. Tal cantidad será depositada en la cuenta especial (plica) #_____ del/la Corredor/a. Si dicho dinero es confiscado, las partes en este acto acuerdan que el 50% será para el/ Corredor/a como compensación y el 50% será para el/la/los dueños vendedores.

DÉCIMO TERCERO: El/la/ Corredor/a bajo ningún concepto garantiza la venta de la propiedad objeto de este contrato. Sin embargo el/la Corredor/a garantiza a el/la/los propietario/s vendedor/es que hará sus más decididos esfuerzos para lograr la venta de la misma hasta la terminación del contrato.

DÉCIMO CUARTO: El/la Corredor/a o sus asociados no asumirán responsabilidad por vicios ocultos en la propiedad o contribuciones atrasadas sobre la misma, ya sean pasadas o futuras, por lo cual el/la/los propietario/s vendedor/es relevan expresamente al/la Corredor/a y/o sus asociados por cualquier reclamación que pueda surgir a tales efectos.

DÉCIMO QUINTO: El/la/los propietario/s vendedor/es certifica/n que la propiedad objeto de este contrato no tiene defectos estructurales mayores o problemas ambientales.

DÉCIMO SEXTO: En el caso de que el/la/los vendedor/es decidan no vender la propiedad o cancelar este contrato antes del vencimiento del mismo, pagará/n al/la Corredor/a la cantidad del cincuenta por ciento (50%) $_____ por concepto de servicios profesionales (como comisión) y por concepto de daños líquidos sin necesidad de que el/la Corredor/a tenga que presentar evidencia para justificar los mismos.

DÉCIMO SÉPTIMO: De tener el/la Corredor/a de acudir a los Tribunales para reclamar el cumplimiento por parte de el/la/los propietario/s vendedor/es de cualquiera de las cláusulas de este contrato, el/la/los propietario/s vendrá/n obligado/s a pagar todos los gastos, costas y honorarios de abogado en que tenga que incurrir el/la Corredor/a para hacer valer su reclamo.

DÉCIMO OCTAVO: En caso de que un Tribunal competente declare cualquiera de las cláusulas aquí expuestas inválida, nula o ineficaz por ser contraria al ordenamiento jurídico, seguirán rigiendo con toda su fuerza el resto de las disposiciones del presente contrato.

DÉCIMO NOVENO: El/la/los propietario/s certifican que el/la Corredor/a en este contrato, le/les ha explicado clara y detenidamente todos los términos y condiciones del mismo, así como que lo ha/n leído detenidamente antes de proceder a firmarlo de forma libre, voluntaria y con pleno conocimiento de obligaciones que en él adquiere.

Firmado en _____, Puerto Rico Hoy ____ de _____de 20____

_____   _____

Propietario vendedor   Propietario esposo/a

_____ Lic.# _____   _____

Corredor/a de Bienes Raíces   Firma Corredor/a de Bienes Raíces

NOTA: la firma del/la Corredor puede ser la del representante autorizado.

MR. VELÁZQUEZ REALTY
BO. ESPINAR SECTOR JAVIER
AGUADA, PUERTO RICO
CEL. 787-368-4000 /mrvrealty18@gmail.com

CONTRATO DE CO-BROKE

De una parte, _____, Corredor de Bienes Raíces con Lic. #_____, la cual expira el ___ de _____ del 20 __, quien trabaja para _____en este acto representando a la parte vendedora_____.

De la otra parte,_____, Corredor de Bienes Raíces, con Lic. #____, La cual expira el____ de _____ de 20____, quien labora para _____, en este acto dándole servicio a la parte compradora _____.

Ambos Corredores de Bienes Raíces acuerdan en tramitar la venta de la propiedad ubicada en:_____ _____, Puerto Rico, por el precio de venta de $_____.

El total de la comisión pactada es el 50% de la comisión ganada de la parte vendedora/del Corredor que tiene el listado exclusivo por la venta total de $_____. Las partes acuerdan que una vez la parte compradora acepte la propiedad sujeto a este contrato, depositará el dinero de la opción en la cuenta plica que para estos propósitos mantiene el Corredor representante de la parte vendedora,_____.

El agente proveyéndole servicios al comprador, se encargará de todos los trámites de su Representado, entiéndase trámites bancarios, gestiones del representado, etc.

Una vez firmado el contrato de compraventa, las partes representadas quedan obligadas y cualquier incumplimiento de las partes al mismo se resolverá de acuerdo a lo estipulado en este. Los Corredores de Bienes Raíces, actuando en representación de las partes, no son responsables por el incumplimiento que resulte de la acción de cualquiera de las partes en el contrato de compraventa. En el caso de que la parte compradora incumpla, el Corredor de Bienes Raíces dándole servicios a la parte compradora acuerda que el depósito sea retenido y se divida en partes iguales entre los Corredores y la parte compradora según lo estipulado en el contrato de compraventa. Este contrato entra en vigor una vez sea firmado por las partes. En el caso de incumplimiento por alguna de las partes, la parte perdidosa se obliga a pagar los gastos y honorarios de abogado en relación con la acción radicada por la parte promovente.

MR. VELÁZQUEZ REALTY

CARTA DE CANCELACIÓN DE CONTRATO DE VENTA EXCLUSIVA

(   )Yo(   )Nosotros_____y_____

(   ) dueño/a (   ) dueños de la propiedad en venta localizada en _____

_____

_____, estoy/ estamos solicitando la cancelación del contrato exclusivo sujeto a los siguientes términos:

Que estoy/estamos dispuesto/s a cancelar el contrato dándole como garantía al/la Corredor/a la cantidad del 50% de la comisión pactada en este contrato de venta exclusiva equivalente a $_____.

Que durante el término que queda para el vencimiento de este contrato no venderé/mos esta propiedad a ningún prospecto ya traído por el/la Corredor/a anteriormente ni rentaré/mos la misma. Podré/mos hacerlo con otras personas no traídas por el/la Corredor/a.

Tampoco buscaremos otro Corredor hasta pasado el término de vencimiento del contrato; de hacerlo tendré/mos que pagar la comisión completa al/la Corredor/a.

Que nuestro compromiso de venta en este contrato fue por (   ) 6 meses, (   ) 9 meses (   ) 12 meses

_____   _____
      Firma del/la dueño/a   Firma de los dueños

En _____, Puerto Rico, hoy ____ de _____ de 20_____

Aceptado por _____ C.B.R. Lic. _____ /____ de _____ 20____

Subastas y propiedades reposeídas

¿Qué es una subasta? (*auction*)

Una subasta o remate es una venta organizada de un producto, ya sea casas, edificios comerciales, fincas, carros o cualquier mercancía, etc., sobre la base de la competencia directa y generalmente pública, como por ejemplo cualquier comprador (postor) que pague la mayor cantidad de dinero o de bienes a cambio de un producto.

El bien subastado se adjudica al mejor postor, el que más dinero haya ofrecido por él, aunque si la subasta es a sobre cerrado el bien se adjudicará a la mejor oferta sin la posibilidad de mejorar la misma una vez conocida. Tradicionalmente en la teoría se conocen dos (2) subastas:

- La subasta de sobre cerrado: es aquella en la que los postores presentan su oferta en una sola ocasión.
- La subasta dinámica: es aquella en que se hace a viva voz. En el caso de la subasta dinámica, el que dirige y adjudica públicamente al ganador de la mejor oferta (puja) se denomina el subastador o martillero, en referencia al uso de un martillo de madera que golpea sobre una mesa o mesón para indicar la finalización de la subasta. Los postores conocen las ofertas de sus competidores y pueden modificar la suya mientras la subasta está abierta.

Según informe de la Asociación Nacional de Subasta (NAA, por sus siglas en inglés), la subasta se ha convertido en el método preferido de ventas en estos días. Este crecimiento se observa tanto en venta de viviendas comerciales como residenciales. Estas subastas tuvieron un crecimiento de 39.2% entre el 2003 y 2006. Los reportes del 2007 y 2008 en adelante demuestran una tendencia de crecimiento aún mayor.

Por décadas en Puerto Rico se estuvo acostumbrado como única alternativa realizar las ventas individuales a sobre cerrado o con métodos arcaicos/viejos. Siguiendo con el carácter evolutivo que por naturaleza involucre al progreso socioeconómico, hemos ido adaptando todas las tendencias y modalidades que la industria impone, hasta llegar a incorporar como una herramienta de venta viable el innovador sistema de subastas, exitosamente probado por mucho tiempo en Estados Unidos y estableciendo el Centro Casas Subastas en Puerto Rico en el 1993.

Las subastas han demostrado ser, en principio, procedimientos eficientes y hasta favorables en términos de dinero, tanto para el que vende como para el que compra. Entre las propiedades que son buenas para llegar a una subasta están las que son difíciles de tasar porque están en medio de algún proceso judicial o están siendo reparadas, las que tienen una localización altamente buscada, aquellas que no han tenido una buena oferta en un tiempo y las que deben ser vendidas rápidamente ya sea porque están por ejecutarse o ya fueron reposeídas por las entidades acreedoras.

Existen varias maneras de conducir una subasta, pero la más utilizada en Puerto Rico es la subasta sujeta a confirmación por el vendedor, donde este tiene la potestad de confirmar, negociar o denegar licitación. La venta a través de la subasta es rápida y segura. En ella, la agencia o institución puede recuperar su dinero en un corto plazo, disminuyendo el costo de primas, contribuciones, mantenimiento, seguros y vandalismo sobre las propiedades. A estos efectos, el denominador común es el precio, donde el comprador adquiere un bien a un precio bien competitivo en el mercado.

Las subastas cantadas o a viva voz, como comúnmente se les conoce, tienen la peculiaridad de ofrecer claridad en el proceso, donde usted participa activamente logrando conocer los incrementos en las apuestas de su competidor y logrando de esta manera una competencia legal y específica encaminada a su propio beneficio y calificación.

Debido al alza en el valor de las propiedades nuevas en Puerto Rico, las subastas de propiedades reposeídas se han convertido en un método seguro que permite a los compradores adquirir propiedades que se ajustan a sus necesidades y presupuesto, ya que la propiedad que se adquiera a través del método de subasta tiene el potencial para apreciar con el paso de los años.

PASOS PARA COMPRAR EN UNA SUBASTA

1. **Inscripción:** la inscripción es el registro formal para participar en una subasta. El registro comienza de 8:00 a.m. a 9:00 a.m. Para el registro debe completar la forma del postor con su información personal, presentar una identificación con foto y firma de los términos

y condiciones. El postor debe presentar al registrarse el depósito de buena fe. El mismo puede ser en giro o cheque certificado.

2. **Reconocimiento e inspección de las propiedades:** las propiedades deben ser inspeccionadas antes de la subasta. Verificar fechas y horas en el folleto con el listado de propiedades. Las propiedades y los terrenos que así lo indiquen podrán ser inspeccionadas recorriendo los predios a propio riesgo del comprador **(este debe ir acompañado de un corredor o corredora de bienes raíces).** El suscribiente declara que la propiedad licitada es la misma propiedad inspeccionada por él y su agente de bienes raíces (corredor/a de bienes raíces). Reconoce que es su única y exclusiva responsabilidad el haber verificado mediante todas las gestiones necesarias la identidad de la propiedad licitada y las condiciones de la misma. Cualquier error de identidad o de otra índole, en consecuencia, de su omisión en identificar e inspeccionar correctamente la propiedad subastada, no relevará todas las obligaciones legales contraídas en la subasta.

3. **Participación de los corredores de bienes raíces:** un 3% de comisión será pagado al/la corredor/a de bienes raíces que presente al comprador y que complete todos los trámites de cierre exitosamente. El/la corredor/a debe inscribir a su cliente por **correo electrónico, personalmente o por fax.** Debe identificar el nombre, dirección, teléfono y firma del cliente, eso debe estar acompañado con copia de la licencia del/la corredor/a de bienes raíces. Si el/la corredor no llena los requisitos previos, la comisión no será pagada aunque el cliente compre la propiedad. La comisión será pagada al primer corredor que haya inscrito a su cliente. Inscripciones orales no serán aceptadas. **No se pagará comisión alguna a ningún corredor/a que actúe como comprador.**

Términos de venta (confirmada por la institución bancaria): todo aquel que resulte comprador deberá, inmediatamente después de haber sido declarado como mejor postor, firmar el documento de acuerdo de apuesta y recibo de depósito, al igual que el contrato de subasta de bienes raíces con el depósito correspondiente. La fecha del cierre será determinada no más tarde de treinta (30) días después de la subasta. Para las propiedades vendidas sujeto a confirmación, el mayor postor está sujeto a la aprobación del vendedor por un término de diez (10) días (nos reservamos el derecho de admisión).

Si el comprador incumpliese parcial o totalmente con los términos y condiciones o falsamente ha certificado su elegibilidad, la venta será cancelada y el vendedor tendrá la opción de retener el depósito declarado como liquidación por daños. Cualquier venta que sea cancelada antes de completar la subasta podrá ser subastada nuevamente, a discreción del subastador. Licitaciones de apoyo serán recibidas; en caso de que una propiedad no cierre, el vendedor tendrá la opción de solicitar un apoyo. Todos los cierres se realizarán a través de los vendedores. Las propiedades serán traspasadas mediante título limpio y libre de gravamen alguno, salvo notificación de lo contrario. La información ofrecida no constituye una oferta o compromiso de venta. De igual forma no se garantiza la totalidad de la información suministrada de las propiedades, la cual está sujeta a variación y/o corrección.

Notas adicionales: las **compañías subastadoras como Reo Customer Solutions Corp., entre otras,** se reservan el derecho de agregar o sustraer cualquier propiedad de la subasta. Todas las propiedades son vendidas "*as is*", o sea, como están al momento en que el cliente las vio cuando las inspeccionó, en el lugar donde están y con todas sus faltas, sin ninguna garantía expresa o implícita. Se apercibe al comprador de que algunas propiedades pueden estar invadidas; **de ser esto así, la gestión de evicción (procedimiento legal de desalojo de habitantes de una vivienda o propiedad)** será responsabilidad del comprador. Se exige a todos los licitadores inspeccionar la propiedad antes de la subasta. Aunque toda la información obtenida viene de fuente de confianza, esta no ha sido verificada posiblemente por la compañía de subasta.

Los compradores estarán sujetos a lo indicado en el **estudio de título de la propiedad.** El vendedor o la compañía de subasta no asumen ninguna responsabilidad por errores u omisión en la publicidad, promoción o listado de propiedades, ni da ninguna garantía de la exactitud de la información obtenida. No están en la obligación de actualizar la misma de cualquiera de las propiedades promovidas o listadas. Ni el vendedor (banco) ni la compañía de subasta tienen responsabilidad por cualquier representación verbal, escrita, garantías o acuerdos relacionados con la propiedad, excepto lo expresado en el contrato de subasta de bienes raíces.

El método y orden de venta, así como los incrementos en apuestas el día de la subasta, serán a la discreción del subastador. Todas las ventas serán en efectivo, no sujetas a financiamiento; se recomienda que todos los clientes sean precualificados antes de la subasta si van a solicitar financiamiento. Copia del documento de acuerdo de apuesta, recibo de depósito y el contrato de subasta de bienes raíces estarán disponibles para su inspección en la oficina de la compañía del subastador en el lugar en que esté ubicada.

Reconocimiento y aceptación:

El solicitante suscribiente reconoce que ha leído y entendido estos procedimientos, términos y condiciones y que está obligado por ellos.   Licitador #_____ Nombre_____ Fecha:_____ Firma_____

PROPIEDADES REPOSEÍDAS:

Se refiere a REO, "luego de ser subastadas": Real Estate Owner. Las propiedades se reciben ocupadas y se incluyen en el listado del banco y en el site www.etc.

PROCESO DE LANZAMIENTO:

Este proceso depende de cada caso. El proceso puede demorar veinte (20) días desde la fecha de la subasta, como puede demorar más tiempo. Al momento que notifican la posesión, el agente de REO procede a ponerle a la propiedad un letrero con la inscripción "Se vende" y solicita la tasación y limpieza de la misma.

ENTREGAS VOLUNTARIAS:

Cuando son entregas voluntarias esperamos a que nos entreguen las llaves de la propiedad para proceder a ponerle el letrero con la inscripción "Se vende" y solicitar la tasación y limpieza de la misma.

PRECIOS DE LAS PROPIEDADES:

EST.: el precio de venta está estimado, ya que la posesión y/o la tasación está pendiente de recibirse.

Cuando la tasación se recibe se ajusta al precio estimado por REO.

Los precios son evaluados mensualmente para ajustes de acuerdo al tiempo en el mercado y la condición de la propiedad.

OFERTAS:

Las ofertas son evaluadas semanalmente. No se consideran ofertas si la propiedad está ocupada o si no ha llegado la tasación.

VISITAS Y OFERTAS:

Luego de que el cliente visite la propiedad somete una oferta. Estamos abiertos a ofertas.

Las ofertas son referidas al comité REO y este decide si acepta la oferta o no.

PROCESO DE OPCIÓN DE COMPRAVENTA 1:

Para poder firmar el contrato de opción de compraventa, se le solicita al cliente un cheque oficial de gerente o un giro postal a nombre del banco que tiene la propiedad por el ___% de la oferta aceptada. Si el financiamiento es con subsidio, la cantidad para opcionar la propiedad es negociable.

PROCESO DE OPCIÓN DE COMPRAVENTA 2:

Se le brinda al cliente cuatro (4) días o (48) horas laborables para firmar el contrato de opción de compraventa.

El contrato es válido por cuarenta (45) días calendarios.

De necesitar una extensión, se le puede solicitar al cliente una cantidad adicional de dinero y se brinda unos días adicionales (esto es con HUD).

Las propiedades se venden "*as is*", o sea, como están.

¿CÓMO IDENTIFICAR SI UNA PROPIEDAD SE ENCUENTRA REPOSEÍDA POR EL BANCO?

Se identifica llamando al banco, entrando a la página de internet del banco y/o solicitando el listado del banco. Si la propiedad no se encuentra en el listado puede ser que está opcionada, vendida o no está reposeída.

"Short Sales": nueva tendencia y su impacto

Es conocido por todos que el mercado de bienes raíces está atravesando por un momento correctivo. El USA Today publicó que desde la Segunda Guerra Mundial las propiedades en Estados Unidos promedian menos de un quince por ciento (15%) de equidad (*home equity*) y se estima que de estas entre 10% y 15% no poseen equidad alguna.

La otorgación de préstamos *"subprime"*, *"adjustable rate"* e *"interest only"*, entre otros, sumados al exceso de inventario, han traído consigo que los valores de las propiedades sigan bajando. Aunque el mercado de bienes raíces en Puerto Rico, gracias a Dios, no está en las condiciones en que se encuentra el mercado americano, todos sabemos que la economía en general en Estados Unidos y su comportamiento nos afecta directamente.

Ya hemos experimentado que los valores de las propiedades en un gran número de los municipios en la isla sufren un descenso, *"declining market"*, y hemos visto cómo algunas urbanizaciones poseen un inventario de propiedades a la venta que se absorberá en un promedio de cinco (5) años o más.

Cuando todo esto se suma al vendedor (dueño) pierde su capacidad económica porque pierde su trabajo y su nuevo empleo paga menos que el anterior u otras razones, hace imposible que el propietario continúe pagando su hipoteca, y es cuando aquí la *"short sale"* se convierte en la mejor solución para el vendedor y una alternativa viable para el banco.

¿QUÉ ES "SHORT SALE"?

Una *"short sale"* es el proceso cuando el banco permite que el dueño venda su propiedad aceptando menos dinero del que le adeuda a la propiedad, o sea, es la solución negociada entre una institución hipotecaria y el prestatario, para autorizar a un agente de bienes raíces a vender una propiedad en un precio de venta por debajo del balance del préstamo hipotecario, para evitar la ejecución de la misma. De aquí surge el término *"short sale"* o "**venta corta**", ya que en el cierre, el sobrante se queda corto respecto al total adeudado y siempre habrá una deficiencia en la transacción. Se entiende por deficiencia, la diferencia entre el precio de venta y el balance del préstamo o la pérdida monetaria que el banco ha incurrido. Aunque en términos generales el cobro de dicha deficiencia queda a discreción del prestamista, en aquellos préstamos donde Fannie Mae o Freddie Mac están envueltos, es requisito que dicha deficiencia se cancele.

En los casos donde el mercado secundario no está envuelto y dicho préstamo no está en "cartera" lo más temprano posible en la negociación, se debe documentar si la institución financiera tiene la intención de cobrar o cancelar la misma y no cobrarla. Tanto Fannie Mae como Freddie Mac estimulan e incentivan a las instituciones financieras para que también cancelen la diferencia en aquellas transacciones cuando la transacción de "*short sale*" en cuestión es de un préstamo en "cartera".

¿QUÉ CONDICIONES DEBEN EXISTIR PARA BUSCAR LA POSIBILIDAD DE UNA *"SHORT SALE"*?

Las condiciones que deben ocurrir para auscultar/verificar la posibilidad de una "*short sale*" es cuando el propietario experimenta una situación de insolvencia económica e incapacidad para pagar la hipoteca. En adición, la propiedad no debe tener equidad, o sea, que no habrá sobrante para el vendedor.

RealtyTrack es una firma que se dedica a promover datos "*foreclosures*", reposesiones entre otras compañías a nivel nacional. Esto indica que en la actualidad las ejecuciones están a un 93% por encima del año anterior. Además, reportó que uno (1) de cada 693 dueños de hogares estaba en algún proceso de ejecución. Este porcentaje es menor en Puerto Rico ya que nuestra tendencia es una morosidad alta en los pagos hipotecarios, pero el "*foreclosure rate*" es menor al de los Estados Unidos; sin embargo, los números han comenzado a incrementarse.

¿POR QUÉ LOS BANCOS ESTÁN CONSIDERANDO LAS *"SHORT SALES"*?

Los bancos han considerado la alternativa de "*short sales*" debido a los miles y miles de ejecuciones con las que han venido lidiando actualmente. <u>Las ejecuciones son un proceso largo y costoso que le cuesta a las instituciones bancarias millones de dólares.</u> En adición, el negocio del banco es prestar dinero, y no negocio de bienes raíces; el banco lo último que quiere es ejecutar y añadir otra propiedad a su inventario (REO), lo que conlleva un gasto adicional al tener que mantener cientos de propiedades más el costo de manejo de las mismas, entre otros.

¿POR QUÉ LOS PROPIETARIOS QUE NO TIENEN SOBRANTE DEBEN CONSIDERAR UNA *"SHORT SALE"*?

1. Una ejecución es un proceso por el cual a nadie le gustaría atravesar debido a los aspectos emocionales que conlleva.

2. Una ejecución no concluye la responsabilidad del deudor en el banco; el banco tiene derecho a cobrar cualquier insuficiencia de dinero que dejara de colectar para satisfacer su deuda. Por el contrario, la *"short sale"* brinda la posibilidad de conseguir un comprador ahora, liberándolo de la deuda, y a su vez mitiga el daño en su crédito. Es importante recalcar que los bancos tienen a disposición de los propietarios un departamento para mitigar/disminuir los daños en el crédito, *"Lost Mitigation Department"*, el cual debe ser la primera alternativa. Las *"short sales"* son para aquellos que han agotado todas las alternativas posibles. El proceso puede tardar de uno a tres meses o mucho más y tiene que ser aprobado por la institución bancaria.

¿QUIÉN SE ENCARGA DE ESTE PROCESO?

Por lo general, por no decir que en todos los casos, se utiliza un *realtor*/corredor de bienes raíces, preferiblemente especializado en *"short sales"*, ya que para manejar estos casos se requiere y hay que proveer mucha información técnica por parte de la propiedad y el vendedor, en adición a que es mucho más cómodo para las partes utilizar un intermediario experimentado que se encargue del proceso. En Estados Unidos el agente/corredor de bienes raíces es quien inicia los trámites y se encarga de solicitar y someter la información, así como un *broker price opinion* (BPO), un estimado de precio que hace un corredor para conseguir el mejor postor para la propiedad, presentar la oferta al banco hasta que sea aceptada por este y guiar a los compradores al cierre de la transacción.

LA DECELERACIÓN Y CONTRACCIÓN DE LA ECONOMÍA

La deceleración y posteriormente la contracción de la economía, acompañada por un aumento en el índice de desempleo, con la consabida pérdida de confianza por parte de los consumidores, han sido algunas de las causas principales por las cuales prácticamente todos los mercados de bienes raíces en Puerto Rico están saturados. Es decir, hay más propiedades disponibles que compradores listos, dispuestos, capaces y deseosos de adquirir las mismas. Como resultado de estos hechos, la máxima económica de oferta y demanda entra en juego y tanto los valores como los precios de las propiedades descienden.

Estos factores han creado una nueva realidad, donde en una cantidad considerada de mercados, el balance del préstamo hipotecario supera el valor de la propiedad. Como consecuencia de este fenómeno, unido a la reducción de ingresos que experimentan muchos ciudadanos, viendo así su capacidad de pago reducida, una buena cantidad de propiedades se encuentran en condición de *"distress"* o penalidad. Es decir, que la misma se encuentra en atraso inminente de pago y corre el riesgo de ser reposeída, por lo cual sus dueños cada día más acuden a las instituciones financieras a solicitar los beneficios del departamento de mitigación de pérdida correspondiente.

El personal de dicho departamento tiene a su disposición una variedad de alternativas en la fase preejecución, que está diseñada para evitar que la propiedad en cuestión sea eventualmente ejecutada. Tanto para la institución hipotecaria como para el propietario, la ejecución de una propiedad es la última y menos deseada alternativa. Después de todo, la institución hipotecaria no está en el proceso de adquirir y vender propiedades y los propietarios no están en el de perder la suya.

A continuación las distintas alternativas a disposición de los departamentos de mitigación de pérdida, exponiendo tanto las alternativas para préstamos en "cartera", como los que cualifiquen para el Plan de Obama (antes) y de inmediato pasa a descartar la *"short sale"*.

PROPIEDADES EN *DISTRESS* (PENALIDAD)

Loss Mitigation Department / Mitigación de pérdidas

1. Restaurar: pagar el total de los atrasos y recargos.

2. Refinanciar: mayor término, mayor interés o ambos.

3. Alivio hipotecario: a. plan de pagos, b. estipulación, c. moratoria, d. modificación, e. interés, f. término.

4. *"Short sale"*: a. Menor daño al crédito.b. Podría no tener responsabilidad por deficiencia.c. Menos impactos emocionales.

5. Dación. a. Mayor daño al crédito. b. Interrogante de la deficiencia.

PROCESO PARA UNA *"SHORT SALE"*

Para proceder con una *"short sale"*, la misma tiene que ser aprobada por el prestamista. Son requisitos indispensables para dicha aprobación que el propietario haya establecido que no le es posible retener la propiedad y haya comparecido al departamento de mitigación de pérdida y documentado que no tiene capacidad de pago, que le permita acogerse a otra modalidad de mitigación de pérdida que no sea *"short sale"*. Para que la transacción cualifique para *"short sale"* hay que documentarle a la institución financiera dos requisitos básicos que apuntan a la pérdida inminente de la propiedad. Estos requisitos son:

1. Incapacidad de pago.

2. Cero equidad, o sea, no sobrante.

Típicamente el prestamista requiere que el préstamo esté en atraso. Sin embargo, si el prestatario puede documentar que pronto lo estará, porque ha sufrido o está próximo a experimentar una adversidad, que ha tenido o que tendrá un impacto negativo en su capacidad de pago, la institución financiera considerará la situación caso a caso.

Entre otras, algunas de las situaciones que se considera de impacto negativo en la capacidad de pago incluyen las siguientes:

1. Reducción de ingresos.Pérdida de empleo.Aumento de deudas en relación con los ingresos actuales.Incapacidad física.Enfermedad. Divorcio.

Debido a la complejidad del proceso de *"short sale"*, y en reconocimiento al papel que juega en el éxito de dicha transacción, el agente de bienes raíces, tanto como Fannie Mae o Freddie Mac, no solo requieren la participación de un agente de bienes raíces, sino que instruyen a las instituciones hipotecarias a no negociar la comisión pactada por los agentes de bienes raíces con sus clientes, a menos que esta exceda de un 6%.

ALGUNAS DE LAS VENTAJAS QUE UNA *"SHORT SALE"* LE PRESENTA A LA INSTITUCIÓN FINANCIERA SON:

1. Es una alternativa menos larga y costosa, ya que bajo muchos programas es requerido que la propiedad esté habitada para cualificar.

2. Reduce la posibilidad de vandalismo y deterioro de la misma, con el consabido estigma tanto para la institución como para la comunidad.

3. Bajo el Plan Obama (antes) la institución financiera recibirá $1,000 por cada cierre registrado como *"short sale"*.

ALGUNAS DE LAS VENTAJAS QUE UNA *"SHORT SALE"* PRESENTA AL VENDEDOR CUANDO LO COMPARAMOS CON UNA EJECUCIÓN SON:

1. Aunque los pagos atrasados, si alguno, se reflejan en el reporte de crédito, ya que si la *"short sale"* se registra como una cuenta de *"paid settled"* en lugar de *foreclosure*, el impacto en la puntuación de crédito y el tiempo durante el cual el mismo se refleja es menor.

2. El tiempo de espera para poder comprar otra propiedad, si el préstamo es Fannie Mae, es de dos (2) años en lugar de siete (7).

3. Si su reporte de crédito no refleja un atraso de más de sesenta (60) días con Fannie Mae, podrá comprar de inmediato.

4. Bajo el Plan Obama (antes) recibirá $1,500 para gastos de relocalización.

5. No ejecución durante un período de por lo menos noventa (90) días, estipulado en el contrato de compraventa.

6. Se podría eximir de la deficiencia.

7. El vendedor no pagará gastos de cierre.

8. La institución financiera paga los honorarios del corredor/agente de bienes raíces.

9. Menos impacto adverso en la autoestima.

10. No tiene el impacto del estigma asociado con una reposesión.

Causas de desahucio en contrato de arrendamiento

1. Usar la propiedad para otro uso diferente a lo pactado.

2. Falta de pago.

3. Subarrendar sin permiso del dueño.

4. Que la propiedad la necesite el dueño para uso propio (debe dar seis meses a partir del envío de la carta con acuse de recibo; una vez desocupada y ocupada por el dueño no podrá arrendarla en un año).

5. Por remodelación.

Ley de alquileres razonables

(Ley 464 de 1946): fue derogada por la Ley 57 de junio de 1995. DACO tenía la jurisdicción en alquileres residenciales y comerciales. En junio de 1998 terminó la aplicación de la ley. Oferta y demanda es lo que rige actualmente.

Contratos especiales (*Listing*)

1. Entre corredor y vendedor.

2. Entre corredor y corredor.

3. Entre empresas y vendedor o corredor.

4. Opción a compraventa; unilateral, obliga al vendedor.

5. Permuta: intercambio, cambiar una cosa por otra.

6. Usufructo: uso y disfrute de la propiedad.

Aspectos legales

CONTRATOS DE CORRETAJE:

1. Exclusivo.

2. Semiexclusivo.

3. Abierto.

4. Arrendamiento.

5. Servicio de listado múltiple de propiedades (MLS): se debe consultar con un abogado para asegurar la legalidad.

Conceptos y definiciones:

1. Derecho real: es el que recae sobre una cosa, es oponible contra todo el mundo y persigue la cosa aunque esta cambie de dueño.

2. Propiedad o dominio: se refiere a que el dueño de la cosa puede aprovechar y usar la cosa excluyendo a los demás para que no interfieran con su uso, disfrute, disposición y derecho a enajenar la cosa. La propiedad de la cosa es de quien tiene el dominio.

3. Propietario: es la persona que tiene título o dominio pleno de determinada propiedad. Tiene que estar inscrita.

4. Posesión natural: situación que existe cuando una persona se sirve de una cosa corporal.

5. Posesión civil: cuando el poseedor tiene la cosa o disfruta un derecho sobre la cosa; como suyo o con intención de hacerlo suyo.

6. Posesión de mala fe: se refiere a cuando se ignora que en su título o modo de adquirir existe un vicio que lo invalida (conocido o desconocido).

7. Usufructo: se describe como el goce de la cosa de otro que sigue manteniendo el dominio de la misma. Es temporal, nunca permanente. Puede limitarse a la vida de la persona.

8. Usufructo voluntario: los que se establecen por contrato.

9. Usufructo legal: aquel como el usufructo viudal o del viudo(a), el de la sociedad legal de bienes gananciales sobre los bienes privativos de cada cónyuge, el de los solares municipales; el concedido por la Administración de Programas Sociales.

10. Derecho de superficie: una persona otorga a otra el derecho a levantar en su propiedad edificios o plantaciones de los cuales será el titular, sujeto a ciertas restricciones; puede ser inscrita temporalmente si se expresa, o permanente si no se expresa. El superficiario no puede alterar ni derribar lo edificado sin el consentimiento del dueño de la propiedad.

11. Derecho de uso de habitación: derecho de ocupar una habitación en una casa ajena; es un gravamen, o sea, una carga, y no se hereda.

12. Anticresis: derecho de garantía mediante el cual el acreedor adquiere el derecho a percibir todos los frutos de un inmueble de su deudor con la obligación de aplicarlo en primer lugar como el pago de interés y en segundo al pago del principal.

13. Medianería: es una servidumbre proindivisa (que no se puede dividir) que se presume mientras no haya título; signo exterior o prueba en contrario en los siguientes casos:

    a. Paredes divisoras de los edificios contiguos hasta el punto común de elevación.
    b. Jardines.
    c. Corrales.
    d. Cercas, vallados, setos y zanjas o acequias abiertas entre heredades. Se puede renunciar a la medianería; de lo contrario, se necesita consentimiento mutuo.

14. Servidumbres: es un gravamen que se le impone a un predio conocido como sirviente o beneficiario de otro predio conocido como dominante perteneciente a distintos dueños. Son indivisibles y se adquieren por título. Se clasifican en:

a. Legales: las que establece la ley.
b. Voluntarias: por contrato. Se dividen en:

    1. Voluntarias continuas: uso incesante, sin intervención del hombre (luz, agua).
    2. Voluntarias descontinuas: se usan a intervalos, dependen de la intervención del hombre; como las servidumbres de paso por un camino.
    3. Voluntarias aparentes: están a la vista (caminos).
    4. Voluntarias no aparentes: no se ven (tuberías soterradas).
    5. Voluntarias positivas: obligan a dejar algo (dominante sobre sirviente).
    6. Voluntarias no positivas: prohíben al dueño sirviente dejar hacer algo sobre él a un tercero.
    7. Equidad: son restricciones impuestas sobre solares en una urbanización   mediante escritura pública.

15. Modos de adquirir los derechos reales: por donación, sucesión testada, sucesión intestada, por cierta clase de contratos, por medio de prescripción.

16. Testamento: una persona dispone de sus bienes para después de su muerte. Condiciones: ser mayor de 14 años y que esté en su sano juicio.

a. Testamento abierto: se requiere presencia del notario, tres testigos, uno tiene que saber leer y escribir, debe decir el lugar, hora, día mes y año. Tienen que estar todos presentes.
b. Testamento cerrado: día, mes y año, cinco testigos, tres tienen que firmar, se guarda y se leerá cuando muera la persona.
c. Testamento ológrafo: de puño y letra. Fecha y lugar, se necesita protocolizar. Es válido hasta cinco años. Se verifica la letra por un perito.

17. Usucapión: manera de adquirir derechos reales mediante el transcurso del tiempo y el cumplimiento de ciertos requisitos. Existen dos tipos y para ambos se requiere una posesión continua y no interrumpida, pacífica, pública, en concepto de dueño.

a. Ordinaria: la creencia subjetiva que tiene el poseedor de que la persona de quien adquirió era el dueño y podía transmitirla.

Requiere buena fe y justo título. Le aplican unos términos de tiempo transcurridos en la posesión de 10 años, entre presentes con justo título y buena fe, y 20 años entre presentes con justo título y buena fe. Dos (2) años de ausencia cuentan como uno de presencia.

b. Extraordinaria: independientemente de lo que el poseedor sepa, la posee con la intención de hacerla suya y la comunidad lo reconoce como dueño. Tiene un término de tiempo transcurrido de 30 años sin justo título ni buena fe, incluso para casos de invasión.

18. Capitulaciones matrimoniales: contrato al que se suscriben los contrayentes ante un notario el cual tiene que ser protocolizado y registrado antes de celebrarse el matrimonio, y una vez registrado no se le podrá hacer ningún cambio al mismo; a los fines de establecer que no se casan bajo el régimen de sociedad legal de gananciales, por lo que los bienes adquiridos durante el matrimonio se consideran como privativos de aquel que los adquiera. Esto generalmente se hace entre personas de bienes cuantiosos con la idea de no disminuir su patrimonio en caso de divorcio o muerte, y para preservar la futura herencia de los hijos (si no hay enlaces previos). Una vez los contrayentes se casen bajo la sociedad de bienes gananciales no podrán hacer capitulaciones matrimoniales y viceversa. Solo con el divorcio o la muerte de alguno de los contrayentes podrán ser eliminadas las capitulaciones matrimoniales.

19. Las legítimas: se le atribuye a ciertos parientes del difunto un derecho sobre el patrimonio hereditario, que se denomina legítima. Se le pone al testador una limitación a la libertad de actuación. El testador viene obligado a distribuir forzosamente parte de su caudal a favor de ciertos parientes. Son herederos forzosos pues la ley les reserva ese derecho a heredar.

20. Los herederos forzosos: los hijos (descendientes) y sus padres (ascendientes). Si no hay hijos; heredan según este orden; los padres, hermanos, primos. El cónyuge o viudo (supérstite) tiene derecho a una parte de la legítima (usufructo viudal). La sucesión testada le da una libertad al testador de disponer de sus bienes de cierta manera especial pero siempre respetando las legítimas. Una tercera parte se puede disponer a mejorar uno de los herederos forzosos. La otra

parte queda de libre disposición, se la puede dejar al que el testador desee. Un testador puede desheredar a un hijo por el causal de ingratitud o indignidad.

21. Herencias: transmisión de todos los bienes, derechos y obligaciones que una persona deja al momento de morir y que no se extinguen con el deceso de la persona. Es el derecho por el cual el heredero toma posesión de los bienes de un difunto con todas sus obligaciones, deudas y cargas (solo después de la muerte, no en vida). Las herencias son bienes privativos. Esta tiene que ser aceptada o denegada.

22. Clases de sucesiones (según el Código Civil de Puerto Rico)

   1. Sucesión testada (con testamento):
   2. Libre: cuando no hay herederos forzosos (descendientes o ascendientes).
   3. Limitada: cuando hay herederos forzosos (descendientes o ascendientes).
   4. Sucesión legítima: cuando no hay testamento válido (intestado)
   5. Sucesión mixta: cuando, habiendo testamento, no se dispone en él de todos los bienes.

23. Donaciones: una donación es un acto de liberalidad mediante el cual una persona dispone gratuitamente de una cosa a favor de otra persona. Las donaciones no pueden ser de cosas que pertenezcan a bienes gananciales ni de patrimonio. El donante (el que da) y el donatario (el que recibe) tienen que estar de acuerdo (dada y aceptada), de lo contrario no será válida. La cancelación de deudas realmente incobrables (onerosas) no será considerada como una donación. Los cónyuges no podrán hacer donaciones entre sí, ni hijos del cónyuge. Los regalos entre esposos están permitidos si son módicos. Las donaciones deben hacerse ante notario e inscribirse al Registro de Donaciones. Se necesita el relevo de Hacienda al igual que la planilla de herencia. La planilla debe rendirse no más tarde del día 15 de abril del año siguiente a la donación. En las propiedades heredadas y luego vendidas se pagarán contribuciones y se informará la ganancia o pérdida en la planilla de contribuciones sobre ingresos. Si la propiedad donada se vendiera, igualmente se pagarán contribuciones sobre ingresos. Por tal razón los corredores deben conocer el estatus legal

de la propiedad antes de mercadearla. La orientación al vendedor es imperativa. Existen diferentes tipos de donaciones:

a. Graciosa: sin condición alguna.

b. Onerosa: se impone un gravamen al donatario.

c. Remunerativa: por servicios prestados al donante.

24. Explicación de las legítimas: cuando se hace testamento bajo el régimen de bienes gananciales.

    a. El 50% de todos los bienes gananciales le corresponde al cónyuge supérstite (vivo). Este tiene derecho a vivir en la propiedad donde ambos vivían sin tener que pagar renta por el resto de sus días (usufructo). Si se venden propiedades pertenecientes a la herencia el cónyuge tiene derecho a participar de la 1/3 legítima obligada.

    b. Legítima obligada: pertenece por igual a los herederos forzosos, descendientes (hijos, nietos) o ascendentes (padre, madre, hermanos, sobrinos).

    c. Tercia de mejora: con ella el testador puede favorecer a cualquier heredero o herederos forzosos que él desee.

    d. Tercia de libre disposición: el testador puede favorecer a quien él quiera, como a familiares, instituciones, herederos, cónyuge vivo, animales o cualquier otro particular.

    e. Si no existiese testamento alguno, entonces todo el capital se dividirá en partes iguales para todos los herederos forzosos descendientes o ascendientes.

Zonificación

La zonificación es la clasificación de los terrenos de cualquier núcleo urbano o rural y su futura extensión. Determina el uso de terrenos y los tipos de edificación o construcciones que se podrán levantar en ellos, además de mejorar el uso y planificación de los recursos naturales.

I. Agencias interventoras:

A. Junta de Planificación:

1. Ley 213 del 12 de mayo de 1942: para guiar el desarrollo urbano y rural.

2. Ley 75 del 24 de junio de 1975: responsable de guiar el desarrollo integral de Puerto Rico de modo que fomente la seguridad, el orden, la convivencia, la prosperidad, la defensa, la cultura, la solidez económica y el bienestar de los habitantes. Las funciones son:
   a. Preparar planos de uso y terrenos.
   b. Adoptar y enmendar el reglamento y mapas de zonificación.
   c. Tramitación de consultas de ubicación.
   d. Adoptar reglamentos de:
      i. Notificación.
      ii. Facilidades vecinales.
      iii. Lotificación simple.
      iv. Edificación.
      v. Reglamento # 4.

B. ARPE (ahora nuevo **OGPE**)

1. Ley 76 del 24 de junio de 1975: su función es la de ejecutar las funciones operacionales que antes desempeñaba la Junta de Planificación.

2. Tiene una fase operacional. Expide permisos de:
   a. Construcción.
   b. Usos.

    c. Demolición.

    d. Rótulos y anuncios.

3. Expide resoluciones aprobando lotificaciones:
   a. Simples: hasta 10 solares (nueve más remanente).
   b. Urbanizaciones: 11 o más viviendas.
   c. Puede dispensar los requisitos mediante autorizaciones directas (excepciones) o concesiones (variaciones).

C. Junta de Apelaciones sobre Construcciones y Lotificaciones

1. Ley 75 de junio de 1975.

2. Atiende casos en apelación por la parte interesada.

3. Tiene facultad para dispensar requisitos mediante autorización directa o concesión.

4. Las apelaciones se hacen antes de los 30 días después de la notificación de ARPE.

II. Reglamento de Planificación # 4

A. Alcance: tiene el fin de guiar y controlar el uso y desarrollo de los terrenos en Puerto Rico para contribuir a la seguridad, el orden, la convivencia, la solidez económica y el bienestar general de los actuales y futuros habitantes. La zonificación constituye el mecanismo mediante el cual se fijan los usos adecuados para todos los terrenos del país. Excluye los terrenos federales y militares.

B. Definiciones importantes:

    a. Área bruta del piso: la suma del espacio de piso ocupado o usado en cualquier edificio principal o accesorio incluyendo pasillos, balcones, terrazas cubiertas, galerías, escaleras, huecos de elevadores, sótano y anchura de paredes, incluyendo comisas, aleros, tejados, etc.

    b. Área neta de piso: suma del espacio ocupado usado, excluyendo pasillos de menos de seis pies, galerías, balcones y huecos de elevadores.

    c. Área de ocupación: área incluida en la proyección horizontal de los edificios y accesorios incluyendo todas sus partes y estructura salientes.

d. Área urbanizada: área o asentamiento producto de un proceso formal de urbanizar conforme a los reglamentos de planificación, además de contar con una población que posee ciertos elementos de infraestructura que provean los servicios y amenidades que completen el vivir en un sector.

e. Área zonificada: terrenos comprendidos dentro de los límites de zonificación establecidos en los mapas de zonificación adoptados por la junta en virtud de sus facultades legales.

f. Casa patio: edificio que contiene una o dos unidades de vivienda, que no tiene pared en común con otra edificación y que tiene una de las paredes laterales coincidiendo con una de las colindancias.

g. Casa de dos familias: casa para la vivienda de dos familias colocadas en unidades de viviendas separadas, una al lado o sobre la otra, y que no tiene ninguna pared en común con otra cosa.

h. Condotel: edificio o grupo de edificios construidos expresamente para ser regido o que se ha convertido al régimen de propiedad horizontal.

i. Distrito residencial: se refiere a distritos de uso residencial, comercial o residencial turístico.

j. Pared medianera: es una pared en o adyacente a la línea lateral del solar que se le levanta desde los cimientos hasta el techo más alto.

k. Supermanzana: manzana de gran tamaño bordeada en su periferia por avenidas, calles principales, colectoras o marginales de vías expreso, que comprenden 700 unidades de viviendas o más bien de casas en hileras, gemelas, apartamentos, y que comprenda por lo menos de 16 manzanas o bloques regulares con igual número de viviendas.

C. Requerimientos y expedición de permisos:

a. Se requiere un permiso para ocupar, usar, construir, reconstruir, alteración. ampliación, instalación de rótulos o para demolición.

    b. En casos de graderías, pabellones y carpas se requiere un permiso temporero para construcción y uso por tiempo limitado.

D. Mapas de zonificación

    a. La junta establecerá mediante reglamento y mapas de zonificación el uso, control y desarrollo de terrenos, edificios y estructuras en Puerto Rico. Se limitan estos mapas a 10 millas de la costa, puede crear distritos y zonas especiales tales como aeropuertos, zonas inundables, turísticas, históricas, escolares y otras.

    b. La junta atiende solicitudes de cambio de zonas (rezonificación) mediante lo siguiente:

       1. Solicitud escrita de los dueños.
       2. Evidencia de notificación de los dueños de los límites de 60 metros y/o por lo menos 20 dueños de la propiedad más cercana a dicha área de propuesto cambio. Se notifica por edictos y los 20 son citados. La citación y evidencia llevará los números de catastro, nombres y direcciones de los dueños.
       3. Plano certificado de localización, que contiene:
          a. La misma escala.
          b. Norte.
          c. La propiedad objeto de petición.
          d. La propiedad notificada de estar marcada.
          e. Usos circundantes.
       4. Memo explicativo de las razones y beneficios del cambio para el proponente y la comunidad. Se justifica el cambio en beneficio de la comunidad social.
       5. Cabida del solar.
       6. Se requieren visitas públicas antes de enmendar un mapa de zonificación.
    c. Zonas escolares: a fines de propiciar un ambiente sano y seguro en las escuelas públicas y privadas.

III. Reglamento de zonificación

Las áreas con condiciones y características parecidas se clasifican en distritos. Estos distritos son residenciales, comerciales, turísticos e industriales, y pueden estar combinados entre ellos.

A. Distrito residencial. Densidad baja

R-00:
-Mínimo de 4,000 mc.
-Uso agrícola.
-Ancho mínimo de 60 m.
-Altura máxima de 2 plantas/9 m.

R-0:
-Mínimo de 8,000 mc.
-Uso agrícola.
-Ancho mínimo de 60 m.
-Altura máxima de 2 plantas/9 m.

R-1:
-Mínimo de 900 mc.
-Casas de una familia.
-Altura máxima 2 plantas/9 m.

R-2:
-Mínimo de 450 mc.
-Casas en hileras.
-Altura máxima de 2 plantas/9 m.

B. Distrito residencial. Densidad intermedia

R-3:
-Mínimo de 300 mc.
-Casas en hileras y apartamentos.
-Altura máxima de 2 plantas/9 m.
-Ancho mínimo de 12 m.

R-4:
-Mínimo de 250 mc.
-Casas en hileras y apartamentos.
-Altura máxima de 2 plantas/9 m.
-Ancho mínimo de 12m.

C. Distrito residencial. Densidad alta

R-5:
-Mínimo de 400 mc.
-Apartamentos.
-Altura máxima depende de la densidad.
-Ancho mínimo de 15 m.

R-6:
-No hay mínimo de área.
-Apartamentos en zona histórica.
-Altura máxima de 6 plantas.
-No hay mínimo de ancho.

D. Distrito residencial-comercial (este es uno especial)

RC-1
-Residencial comercial.
-Está sobrepuesto a los distritos R-3, R-4, R-5, R-6.
-Comercio en la primera planta y residencial en la segunda planta.
-Tres estacionamientos funcionales.
-Dueño debe vivir en la residencia. Horario 7 am-10 pm, o ley de cierre.
-Controlar los ruidos, olores, basura o rotulación con resplandor excesivo.

E. Distrito residencial-turístico

RT-0:
-Área mínima de 2,000 mc.
-Altura máxima de 9 m.
-Ancho mínimo de 60 m.
-Casas individuales, en hilera y apartamentos.

RT-1:
-Área mínima de 900 mc.
-Altura máxima de 9 metros.
-Ancho mínimo de 25 m.
-Casas individuales, de dos unidades, en hilera y apartamentos.

RT-2:
-Área mínima de 450 mc.
-Altura máxima de 9 m.
-Ancho mínimo de 15 m.
-Casas individuales, en hilera y apartamentos.

RT-3:
-Área mínima de 300 mc.
-Altura máxima de 9 m.
-Ancho mínimo de 15 m.
-Casas individuales, de dos unidades, en hilera y apartamentos.

RT-4:
-Área mínima de 250 mc.
-Altura máxima de 4 plantas/12 m.
-Ancho mínimo de 12 m.
-Casas individuales, en hilera y
apartamentos.

F. Distrito comercial

C-1:
-Comercial para 1 vecindario residencial.
-Área mínima de 300 mc.
-Altura máxima de 3 plantas/10 m.
-Ancho mínimo de 12 m.

C-3:
-Comercial central y residencial y algunos usos individuales.
-Área mínima de 500 mc.
-Altura máxima de 6 plantas.
-Ancho de mínimo de 15 m.

G. Distrito comercial turístico

CT-1:
-Área mínima de 400 mc.
-Altura mínima de 10 m.
-Ancho mínimo 15 m.

CT-3:
-Área mínima de 1,000 mc.
-Altura mínima de 30 m.
-Ancho mínimo de 20 m.
-Uso autorizado comercial.

H. Distrito industrial

I-1:
-Industria liviana uso comercial.
-Área mínima de 800 mc.
-Altura máxima de 6 plantas.
-Ancho mínimo de 20 m.

I-2:
-Industria pesada.
-Área mínima de 4,000 mc.
-Altura máxima de 6 plantas/24 m.

RT-5:
-Área mínima de 1,000 mc.
-Altura máxima de 30 m.
-Ancho mínimo de 20 m.
-Casas individuales, de dos unidades,
en hileras y apartamentos.

Residenciales y algunos usos residenciales

C-2:
-Comercial para varios vecindarios.
-Área mínima de 450 mc.
-Altura máxima de 5 plantas.
-Ancho mínimo de 15 m.

C-4:
-Comercial, centro de mercadeo.
-Área mínima de 8,000 mc.
-Altura máxima de 2 plantas/ 9 m.
-No hay ancho mínimo.

CT-2:
-Área mínima de 450 mc.
-Altura mínima de 4 plantas/12 m.
-Ancho mínimo 15m.

CT-4:
-Área mínima de 1,000 mc.
-Altura mínima de 40 m.
-Ancho mínimo de 20 m.
-Uso comercial.

IL-1:
-Industria liviana limitada.
-Área mínima de 800 mc.
-Altura máxima de 2 plantas/9 m.
-Ancho mínimo de 20 m.
-Industria liviana.

IL-2:
-Industria pesada limitada.
-Área mínima de 8,000 mc.
-Altura máxima depende del tipo de
proyecto.

I. Otros distritos

M:
-Área a mejorar, área de desarrollo desordenado y excesiva aglomeración, faltan servicios públicos esenciales.
-Solares muy pequeños.
-Mejoras mediante resolución de la junta.

P:
-Usos públicos.
-Posible expropiación forzosa.
-Edificios con carácter cívico, público, docente, filantrópico, religioso.
AD: áreas desarrolladas.
A-1, 2, 3, 4: agrícolas.
B-1, 2, 3, 4: bosques.
CR-1, 2, 3, 4: conservación de recursos.
CR-A: conservación de recursos arqueológicos.
CR-H: conservación de recursos históricos.
DM: desarrollo minero.
DS: desarrollo selectivo.
DTS: desarrollo turístico selectivo.
PP: playas públicas.
PR: preservación de recursos.
RE: ruta escénica.

J. Disposiciones especiales:

Aplica a verjas, torres, portales, patios, patios interiores, edificaciones y usos accesorios.

K. Disposiciones generales:

Diseño y provisiones de espacio para estacionamiento de autos. Se requiere un espacio por cada unidad de vivienda y en los apartamentos basados en los dormitorios de la unidad.

L. Estaciones de gasolina:

1. Estudio de viabilidad.
2. Certificación de que distribuidores, mayoristas, dueños y arrendadores que se encuentren dentro del perímetro que establece el reglamento han sido notificados, junto con nombre y dirección.
3. Vistas públicas.
4. Separación mínima.

M. Rótulos y anuncios:

1. Armoniza los diferentes intereses envueltos.
2. Reglamentación, tamaño, ubicación, diseño, mantenimiento, localización.
3. Rótulo: está en la misma propiedad.
4. Anuncio: informa u orienta sobre actividad en otra propiedad.
5. Un (1) rótulo o un (1) anuncio por solar vacante.
6. En fachadas de edificios siempre que no proyecten sobre propiedades ajenas.

N. Proyectos de desarrollos externos

Proyectos de urbanización de terrenos considerados por ARPE o la junta.

Ñ. Variaciones y excepciones:

Pueden ser autorizadas por la junta o ARPE en forma discrecional sin detrimento del distrito, a veces se hacen vistas públicas.

O. Proyectos y retiro de zona costera:

1. Necesitan aprobación de recursos naturales.

2. Deben proveer vías de acceso a litoral marítimo.

P. Proyectos de construcción e instalación de facilidades:

1. No aplica a instalaciones de antenas parabólicas, uso personal, cable, onda corta, etc.

Matemáticas de bienes raíces

Midiendo terrenos y habitaciones

El área de terrenos y/o habitaciones se mide en metros cuadrados o en pies cuadrados, tomando en consideración su forma específica al medir. Estas formas pueden ser triangulares, circulares y cuadrilaterales, siendo los rectángulos y cuadrados los más comunes. Es necesario considerar su forma al medir espacios en habitaciones al igual que en los terrenos.

Fórmulas para determinar área de terrenos y/o habitaciones según su forma:

1. Cuadrados y rectángulos (4 lados con ángulos de 90° y lados opuestos paralelos).

Área = lado x lado
A = L x a
An = 20p x 10 p = 200p²

10 pies

20 pies

2. Triángulos (lotes y habitaciones trilaterales)

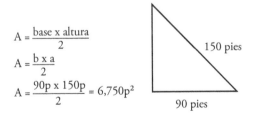

$A = \dfrac{\text{base x altura}}{2}$

$A = \dfrac{b \, x \, a}{2}$

$A = \dfrac{90p \, x \, 150p}{2} = 6,750p^2$

150 pies

90 pies

3. Círculos

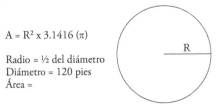

A = R² x 3.1416 (π)

Radio = ½ del diámetro
Diámetro = 120 pies
Área =

R

Conversión de unidades matemáticas

1. 1 hectárea = 2.471 acres
2. 1 hectárea = 10,000.000 m²
3. 1 acre = 1.0296 cuerdas
4. 1 acre = 4.046.849 m²
5. 1 acre = 43,560.50 p²
6. 1 cuerda = 0.971 acres
7. 1 cuerda = 3,930.3966 m²
8. 1 cuerda = 42,306.79 p²
9. 1 metro cuadrado = 10.76391 p²
10. 1 metro = 3.2808 pies (lineal)
11. 1 vara castellana = 0.82093 m
12. 1 vara conuquera = 2.50850 m

Tasación

Para ejercicios de obtención de tasa de recobro, valor de una propiedad e ingreso neto se utilizará el siguiente dibujo:

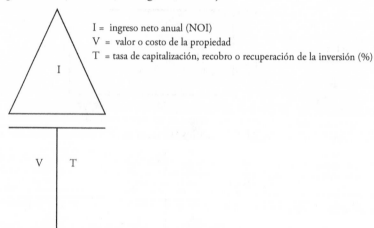

I = ingreso neto anual (NOI)
V = valor o costo de la propiedad
T = tasa de capitalización, recobro o recuperación de la inversión (%)

Cómo calcular precio neto

100 – Comisión (%) 6 = 94
Cantidad que desea el cliente = el % sacado arriba = al precio final de venta
Ej. Cliente desea $95,000.00 neto. ¿En cuánto se debe vender, si la comisión es de un 6%?
100 – 6 = 94
$95,000.00 / 0.94 = $101,063.82

Usted ha visto ligeramente problemas a los cuales se enfrentará en la profesión de bienes raíces. Hay siete (7) problemas básicos en bienes raíces: medidas de terrenos y habitaciones, cálculos en préstamos hipotecarios y comisiones por ventas, buscando el ingreso y valor de una propiedad, determinar contribuciones, seguros, rentas, ganancias y pérdidas.

MIDIENDO TERRENOS Y HABITACIONES

Esta figura es importante porque determina el valor de una propiedad. Supongamos que hay dos lotes de terrenos para la venta. Uno es de 100 por 100 metros. El otro es de 75 por 130 metros. Los lotes tienen el mismo precio; por lo tanto, el comprador compraría el más grande, pero no es así, porque el que mide 75 por 130 metros es más pequeño que el que mide 100 por 100 metros, que sería un área de 10,000 metros.

Cuando se miden lotes de terrenos y tamaños de habitaciones o espacio de piso, es importante considerar su forma. Puede ser cuadrilateral (cuatro lados), trilateral (tres lados) o circular. Para medir cualquiera de estas formas, usted debe saber la fórmula correcta. Las formas más comunes para lotes y habitaciones son cuadrilaterales. Los cuadriláteros más comunes son los rectángulos y cuadrados. El rectángulo tiene cuatro lados, cada uno con ángulos interiores de 90 grados y los lados opuestos son paralelos.

Un cuadrado es una clase especial de rectángulo donde sus cuatro lados son de igual tamaño. El área de un lote rectangular o habitación se puede calcular por medio de multiplicar el largo por el ancho. Como un cuadrado tiene cuatro lados de igual tamaño, su área se calcula multiplicando lado por otro lado.

Ejemplo:
El pie cuadrado de un lote que mide 80 x 100 pies y un edificio que mide 50 x 50 pies se determina como sigue:

área = largo x ancho
área = lado x lado
área = 50 x 50 p

área lote = 80 x 100 p
área de un edificio = 2,500 p²
área lote = 8,000 M²

Lotes y habitaciones trilaterales = esto es, que tienen tres lados, o sea, un triángulo.

Ejemplo:

El área de un triángulo en un lote o una habitación se consigue multiplicando la mitad de la base de la altura.

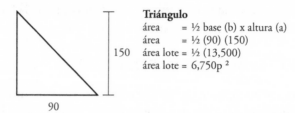

Triángulo
área   = ½ base (b) x altura (a)
área   = ½ (90) (150)
área lote = ½ (13,500)
área lote = 6,750p ^{2}

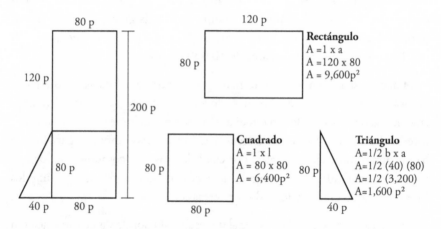

Rectángulo
A = l x a
A = 120 x 80
A = 9,600p²

Cuadrado
A = l x l
A = 80 x 80
A = 6,400p²

Triángulo
A = 1/2 b x a
A = 1/2 (40) (80)
A = 1/2 (3,200)
A = 1,600 p²

El total de área se obtiene sumando las áreas del triángulo, el rectángulo y el cuadrado.

9,600 p²
6,400 p²
1,600 p²
17,600 área total en pies cuadrados

CONVIRTIENDO A CUERDAS

Hay 42,306.79 pies cuadrados en una cuerda. Si usted vende cuerda de terreno, debe saber cuántas cuerdas hay en una parcela de terreno que mida 400 x 300 pies.

Mida 400 x 300 pies cuadrados:

A = L x A
A = 400 x 300
A = 120,000
Cuerdas = 120,000/42,306.79
Cuerdas = 2.8

TABLA:

Para convertir de:	a	multiplique por:
acres	metros cuadrados	4.046.849
pies cuadrados	metros cuadrados	0.093
yardas cuadradas	metros cuadrados	0.836
pulgadas cuadradas	centímetros cuadrados	6.452
cuerdas	metros cuadrados	3930.3966
varas castellanas	metros	0.820931 1
varas conuqueras	metros	2.50850
pies	metros	0.3048
áreas	metros	100.00

Determine la tasa de recobro sobre inversión:

Precio: $4,250,000
Hipoteca: 2,500,000
Ingreso neto: 185,000

$4,250,000 - $2,500,000 = $1,750,00 (inversión)
185,000 □ = 1/2 1,750.000 = 10.57 (11.00%0

Valor: $137,096
Tasa: 6.2%
Ingreso: 8,500
Fórmula: V = I   I = VT   T = I
        T

Ejercicios:

Valor: $100,000	Tasa: 7%	Valor: $80,000
Ingreso: $6,500	Ingreso: $4,000	Tasa: 8%
Buscar la tasa	Buscar el valor	Buscar el ingreso

Resultados:

T = I   V = I   I = VT

T = 6,5000 = 100,000   V = 4,000 = \$57,142.86 80,000 x .08 = \$6,40

Si el costo de construcción es de \$35 por pie cuadrado, y tiene que construir una casa de 40 pies de ancho por 50 pies de largo. ¿Cuánto costará construir la casa?

Fórmula: L x A = p² x C = Costo de construcción
50 (L) x 40 (A) = 2,000 p² x 35 (C) = \$70,000

El valor depreciado, dos años más tarde, de una casa de 32.5' x 40'. Costo de reproducción: \$13.50 p². Deprecia: 5% por año.

32.5' x 40' = 1,300 p² x \$13.50 = \$17,550.00

\$17,550 x 5% = \$877.50 x 2 años= 1,755 (deprecio)

\$17,550 - \$1,755 = \$15,795 (valor actual)

El valor de una casa de madera al final de 6 años se estimó en \$7,650. Determine el costo original si la tasa de depreciación era el 2-1/2% al año.

2.5 x 6 años = 15%   100% - 15% = 85%
7,650/ 85% = \$9,000 costo original

Calcule: Interés (1) Pagaré (p), Tasa (T), Término (TE)
Fórmula: I = P x T x TE

Pagaré de \$1,000 al 6% por un año.
1 = 1,000 x 6% = 60   60 x 1 = 60.00

Determine cuántos metros cuadrados hay en una parcela de 10 acres.

1 acre = 4,046.849 m²
10 x 4,046.849 m² = 40,468.49 m²

Contribuciones: sobre propiedad

Un apartamento que ocupa su dueño tiene exoneración por Ley 24 de 1962.

Tasado:

Tierra: \$2,540
Estructura: \$16,000

Tasa: 8.33 (Ponce)

1^r semestre, pagado 20 de julio

Determine contribución primer semestre

2,540 + 16,000 = $18,540 - $15,000 - $3,540 x 8.33 = $295.00

295.00 – 10% = $265.50 ÷ 2 = $132.75 (primer semestre) con descuento de 10%

Posee un solar de 40 metros de largo por 50 metros de ancho en zona comercial. Somete consulta de ubicación a ARPE y le informan que puede construir un edificio ocupando un máximo del 70% del solar.

Determine los pies cuadrados que tendría ese edificio.

1 metro = 10.76391 p^2

40 x 50 = 2,000 m^2

2,000 x 10.76391 = 21,527.82 x 70% = 15,069.47 p^2

Para determinar el precio de un *listing* neto o precio neto:

El cliente quiere $100,000 para él y usted tiene que añadir su comisión de 6%.

Comisión:

5% divide entre .95

6% divide entre .94

7% divide entre .93

$100,000 ÷ .94 = $106,382.98 (precio de venta)

Nunca se multiplica para añadir la comisión, ya que el resultado le dará un error.

Fórmula:

Rectángulo: paralelogramo que tiene los cuatro ángulos rectos y los contiguos lados desiguales

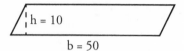

Paralelograma: figura de 4 lados cuyos lados opuestos son paralelos.

Fórmula:
A = b x h
A = 50 x 10 = 500 m²

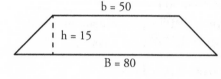

Trapezoide = Figura de 4 lados, con solo dos lados paralelos.

Fórmula:

$$A = H \times \frac{B + b}{2}$$

$$A = 15 \times \frac{50 + 80}{2} = 15 \times \frac{130}{2} = 15 \times 65$$

A = 975 m²

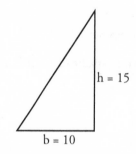

Triángulo rectángulo = figura formada por tres líneas que se cortan mutuamente, h(15) formando tres ángulos, uno de los cuales tiene 90º.

Fórmula:

A = ½ (b x h)
A= ½ (10 x 15)= 150 ÷ 2 = 75m²

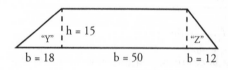

Trapezoide = Resuélvase usando las fórmulas para rectángulos y triángulos de 90º.

50 x 15 = 750   Rectángulo central
18 x 15 = 270 ÷ 2 = 135   "Y"
3.12 x 15 = 180 ÷ 2 = 90   "Z"
A = 975 m²

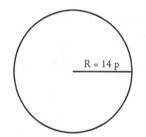

Circulares:

A = R² x 3.1416
R = 14 ft.

A = 14 x 14 = 196 x 3.1416 = 615.75 p²

Tasación

Es necesario que toda persona que interviene en el negocio de bienes raíces tenga algún conocimiento sobre la tasación de la propiedad. Cualquier compra, venta, arrendamiento e intercambio de una propiedad se hace con base en el valor de la misma. Un corredor o vendedor de bienes raíces debe estar preparado para opinar sobre el valor de una propiedad sin que en todos los casos tenga que recurrir a un tasador profesional, que es el experto en materias de valoración de la propiedad inmueble.

Con regularidad nuestros clientes y amigos nos presentan un problema que en el caso nuestro es que le digamos cuál es el valor de su propiedad.

DEFINICIÓN DEL PROBLEMA

* ¿Qué es lo que se va a tasar?
* Propósito de la valoración.
* Enfoques a usar en el análisis.
* Fuentes de información.
* Número de personas que formarán el equipo de trabajo para la solución de este problema.
* Cuánto tiempo nos tomará terminar el informe.
* Cuántos serán los honorarios a cobrar.

Una vez tengamos claro lo que hemos discutido anteriormente, pasemos a continuar con el procedimiento. Dependiendo del problema habremos de determinar el tipo de informe que vamos a presentar. Si es el informe narrativo o es el de planilla, ambos se discuten en temas más adelante.

A los efectos de contestar cada una de las preguntas que nos hacemos al principio de este problema, empecemos por la primera:

¿Qué es lo que se va a tasar?

Si es una estructura con solar, un solar vacante, una finca, un edificio de apartamentos o de locales comerciales.

Propósito de la valoración

Hay varios propósitos, entre otros: vender, comprar, préstamos, división de bienes gananciales, división de herencias, autorizaciones judiciales o expropiación.

Cualquier compra, venta, arrendamiento e intercambio de una propiedad, se hace con base en el valor de la misma. Un tasador es una persona entrenada y educada en los métodos de determinar el valor de una propiedad a través del análisis de varios factores que determinan el llamado valor.

FACTORES DE LA TASACIÓN

1. **Propósito de la tasación:** vender, comprar, préstamos, división de bienes gananciales, división de herencias, autorizaciones judiciales o expropiación.

2. **Fuentes de información**: oficinas gubernamentales como: Hacienda, Registro de la Propiedad, Junta de Planificación, OGPE (antes ARPE), Vivienda y otros, corredores de bienes raíces y bancos.

3. **Análisis de vecindad:** son áreas similares u homogéneas en cuanto a individuos o usos como residenciales, comerciales, industriales, agrícolas, turísticos, militares, arrabaleros, etc.

4. Áreas de análisis: dónde está ubicado el vecindario, mercado, valores, comportamiento, facilidades, servicios, instituciones, accesos, etc.

5. **Valoración de solar:** evaluar un solar vacante o uno donde se ubica una estructura.

6. **Métodos de valoración de un solar:**
   a. **Mercado:** Comparables de solares vacantes, a cómo se están vendiendo las propiedades.

   b. **Residual o abstracto (valor figurado):** está incluido el valor con la estructura. El valor del solar surge por diferencia. Ejemplo: valor total de la propiedad - cuánto costó construir la casa = al valor del terreno.

   c. **Desarrollo:** se determina cuánto cuesta desarrollar unos terrenos.

7. **Métodos de valoración de una residencia (estructura)**
   a. **Enfoque de costo:** Se determina el valor de la estructura con base en los precios actuales, o sea, cuánto costará construir la propiedad

hoy. Después se le resta la depreciación y la obsolescencia de la propiedad. Luego con base en la información del mercado se determina el valor del solar.

OTROS FACTORES IMPORTANTES EN LA PREPARACIÓN DEL INFORME DE VALORACIÓN SON:

El equipo de trabajo, el cual debe ser de profesionales y técnicos de gran experiencia. El tiempo que vamos a consumir debe ser programado en forma sistemática. Y, por último, cuántos son los honorarios, para lo cual hay que hacer un análisis de tiempo, personal técnico y otros costos que nos darán un buen estimado de honorarios.

FUENTES DE INFORMACIÓN

El tasador requiere, en la gran mayoría de las ocasiones, información de las diferentes fuentes, a saber: oficinas gubernamentales como el Departamento de Hacienda, Departamento de la Vivienda, Junta de Planificación y el Registro de la Propiedad, entre otras; corredores de bienes raíces, bancos hipotecarios y comerciales.

En resumen, si usted sigue este procedimiento, tendrá una guía para sacar un buen producto terminado que es el informe de tasación.

ANÁLISIS DE VECINDAD

Un vecindario es un área donde existen áreas similares u homogéneas en cuanto a individuos o uso. A continuación algunos de los vecindarios, a saber: residenciales, comerciales, industriales, agrícolas: turísticos, mineros, militares, arrabaleros, gubernamentales, universitarios, diversión y deportivos.

En el capítulo de zonificación notarán que el Estado es el que crea estos vecindarios. El vecindario más analizado por el tasador es el residencial, ya que la mayor parte de la práctica está en esa área.

En la determinación de la valoración de una propiedad, analizamos lo siguiente:

- Dónde radica el vecindario; si es rural, suburbio o urbano.
- Tendencias en el mercado, si hay oferta o demanda por vivienda en el área.

- Margen de valores, desde el más bajo hasta el más alto. Edad de las propiedades.
- Si la comunidad está en crecimiento, estable o en decadencia.
- Facilidades comerciales, deportivas y recreativas.
- Vigilancia policíaca y servicios de bomberos.
- Impacto de las propiedades en el mercado.
- Instituciones religiosas y educativas.
- Facilidades de alumbrado, aceras, encintado, agua, luz, cable, teléfono, alcantarillado, tanto pluvial como sanitario.
- Accesos a carreteras y expresos importantes.

Aunque hay más tipos de vecindarios, estos señalados son los más importantes. Los vecindarios adicionales son los turísticos, que son aquellos de atracción al turista. Se combinan con el vecindario comercial y en parte residencial.

Los vecindarios mineros son aquellos donde se está explotando una mina. Estos vecindarios son temporeros, ya que una vez se termine la explotación de la misma desaparecen.

Los vecindarios militares son aquellos próximos a instalaciones militares importantes. El área cercana a la antigua Base Ramey en Aguadilla fue uno de estos casos. Como en los vecindarios mineros, una vez se cierra la base militar, desaparecen.

También existen los vecindarios universitarios, que están próximos a instituciones colegiales y universitarias.

Los vecindarios arrabaleros son aquellos en que el Estado tiene planes de mejorar su calidad de vida.

Los vecindarios gubernamentales son aquellos que están próximos a centros gubernamentales importantes.

Los vecindarios deportivos son aquellos que bordean grandes complejos deportivos. Los de diversión son similares a estos, como por ejemplo: Disneyland o Disney World, en California y Florida, respectivamente.

VALORACIÓN DEL SOLAR

En muchas ocasiones nos encontramos con el problema de evaluar un solar vacante, o un solar donde radica una estructura y que tenemos que evaluarlo aparte para algunos fines, tales como:

- Contributivos.
- Separarlo de la estructura, ya que esta se va a asegurar para fines de protección contra huracán, terremotos, fuego u otras catástrofes.
- Valorar el solar separadamente de la estructura, ya que esta se habrá de usar para determinar depreciación para fines contributivos o para ganancias de capital.

MÉTODOS DE VALORACIÓN DEL SOLAR

Mercado: se hará una búsqueda en las fuentes de información sobre ventas comparables de solares vacantes.

Método residual o abstracto: se buscan ventas comparables donde está incluido tanto el solar como la estructura. El valor del solar surge por diferencia.

Método de desarrollo: se determina cuánto cuesta desarrollar unos terrenos. Estos terrenos al desarrollarse pierden área en la construcción de calles, aceras y terrenos que por ley hay que reservar para escuelas, parques atléticos, etc. Lo que queda es el área vendible. Al costo de terreno desarrollado hay que añadirle los costos de financiamiento interino, gastos de venta y la ganancia razonable para el desarrollador. Después, por medio de comparables, determinamos el precio de venta de los solares desarrollados. Esta cantidad menos el costo total del desarrollo les dará el costo del terreno por este método.

Ejemplo del método # 2 (residual o abstracto)

Precio de venta	$ 50,000
Valor de la estructura determinado por el método de costo	40,000
La diferencia es el valor del solar, o sea	$ 10,000

Ejemplo del método # 3 (costo de desarrollo)

(Terreno a evaluarse por este método)	
Cinco (5) cuerdas	20,000 m/c
Área que se utilizará para calles, aceras y reservas establecidos por ley	4,000 m/c
Área de solares vendible	16,000 m/c

Costo de desarrollos:

Calles	$ 30,000
Agua y luz	10,000
Movimiento de tierras	10,000
Financiamiento	20,000
Ganancia	40,000
Total costo de desarrollo	$110,000

Solares a vender al precio unitario de ventas comparables:

16,000 m/c a razón de $15 el metro cuadrado	$240,000
Precio de venta	240,000
Menos: costo de desarrollo	110,000
Valor aplicable de las tierras	$130,000

ENFOQUE DE COSTO

En la solución del problema que se le plantea al tasador, el enfoque de costo juega un papel muy importante. Aunque es una mezcla de costo y mercado, se le llama costo porque la estructura se analiza con base en el costo. Este consiste en determinar el costo de la estructura nueva con base en precios unitarios corrientes y de buenas fuentes después de determinar el área de vivienda y otras constituyentes de la estructura, tales como marquesina, balcón, verja, rejas, etc. Una vez tengamos el costo nuevo de la estructura y demás dependencias, se le resta la depreciación y obsolescencia, que discutiremos más adelante, y obtenemos el valor depreciado de la estructura. Luego con base en información de mercado se determina el valor del solar.

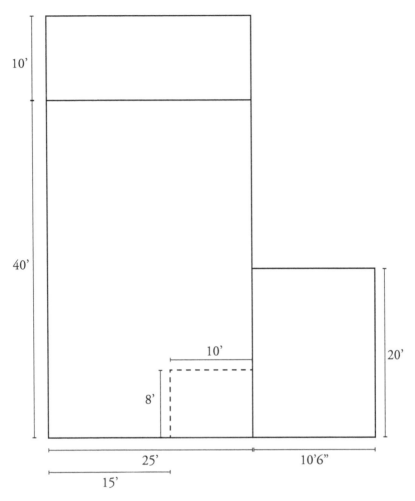

A continuación un croquis de la estructura que servirá de base para el cómputo de áreas a considerar:

El área de vivienda es toda el área menos el área de balcón y de la terraza. Esta se determina de la siguiente forma:

Fondo: 40 pies
Ancho: 25 pies

Fondo por ancho	40' x 25' =	1,000 p/c
Menos: área de balcón	10' x 8' =	80 p/c
Área de vivienda		920 p/c

Pasamos entonces a determinar el área del balcón que ya lo tenemos y es de 10' x 8', o sea, 80 pies cuadrados.

Luego determinaremos el área de la terraza que es 25' x 10', o sea, 250 pies cuadrados.

Pasamos entonces a calcular el área de la marquesina que es: 20' x 10'6", o sea, 210 pies cuadrados.

Resumen:

Área de vivienda	920 p/c
Área del balcón	80 p/c
Área de la terraza	250 p/c
Área de la marquesina	210 p/c

Precios unitarios de construcción

Siendo esto tan importante en el cómputo por el método de costo, es bueno indicarles que para esos parámetros o guías sean de calidad y sensatos, debemos ir a las siguientes fuentes:

• Contratistas de construcción.
• Publicaciones que contienen esta información.
• Agencias de gobierno, tales como la Junta de Planes, Departamento de la Vivienda y bancos hipotecarios.

Para los efectos del ejemplo, la estructura está enclavada en un solar de 300 metros cuadrados. Vamos entonces a organizar la información en la solución del problema. A los efectos del problema el precio unitario para el área de vivienda es de $35 el pie cuadrado, el de la marquesina; el del balcón es de $15 el pie cuadrado y el de la terraza es de $12 el pie cuadrado.

Área de vivienda: 920 p/c – a razón de $35 el p/c $32,200

MÁS: otras mejoras

Balcón (80 p/c a razón de $15 p/c)	$ 1,200
Marquesina (210 p/c a razón de $15 el p/c)	3,150
Terraza (250 p/c a razón de $12 el p/c)	3,000
Total otras mejoras	$ 7,350
Costo nuevo total de la estructura	$ 39,550

MENOS:

Depreciación física 10%	$ 3,955
Obsolescencia funcional	
Obsolescencia económica	
Depreciación total	3,955
Valor depreciado de la estructura	$35,595

MÁS:

Solar de 300 m/c a razón de $40 el metro cuadrado	$ 12,000
VALOR TOTAL DE LA ESTRUCTURA	**$ 47,595**

Hemos determinado el valor de la propiedad con base en el enfoque de costo.

DEPRECIACIÓN Y OBSOLESCENCIA

Siendo los términos de depreciación y obsolescencia relevantes al enfoque de costo, veamos de qué se tratan los mismos:

1. Depreciación física

Esto comprende el deterioro físico que ha sufrido la estructura, tales como grietas, humedad, puertas apolilladas, plomería defectuosa, electricidad, proceso de alambrar nuevamente, puertas de closets y gabinetes de cocina en deterioro, así como los elementos del baño y piso suite a reemplazar, pintura y limpieza.

2. Obsolescencia funcional

Una estructura tiene funcionalmente una distribución normal. Cualquier desviación de esta normalidad se considera una obsolescencia funcional. Ejemplo de ello: cuartos incómodos con falta de closets, instalación eléctrica obsoleta, construir un dormitorio donde hay que pasar otro afectando la privacidad de ambos. En resumen, todo aquello que afecte la comodidad.

3. Obsolescencia económica

Esta es la parte que afecta adversamente el valor de una propiedad. Los factores económicos pueden ser creados por decisiones de Estado y decisiones financieras. Por ejemplo: el construir un complejo residencial que no guarde proporción con el vecindario donde radica la propiedad objeto de valoración. El subir el tipo de interés hipotecario, el control de rentas, zonificación, cierre de fábricas, cierre de instalaciones militares, etc.

4. Cómo se determina la depreciación (método directo)

* Se determina la edad útil de la estructura.
* Se determina la edad actual o cronológica de la estructura.
* Se determina por observación la edad efectiva de la estructura.

La estructura se supone que deprecie físicamente un por ciento determinado anualmente. Con esta data vamos al ejemplo:

Vida útil	60 años
% anual de depreciación	2%
Edad cronológica de la propiedad	20 años
Edad efectiva de la propiedad	10 años
Depreciación determinada	20%
(Basado en la edad efectiva de la propiedad)	

Notarán que se usa la edad efectiva porque la propiedad, aunque tiene 20 años de edad cronológica, luce de menos de edad por estar bien mantenida y en condiciones aceptables. Hay otros casos donde la depreciación se determina de ventas comparables por el método residual.

La obsolescencia económica se determina también apelando al mercado. La obsolescencia funcional se determina con base en lo que cuesta corregirla si es curable. Si el corregirla no añade valor a la estructura, esta se considera incurable.

ENFOQUE DE MERCADO

El enfoque de mercado se analiza siguiendo ventas con características similares al sujeto y haciendo los ajustes pertinentes a estas ventas que nos sugerirán el valor en el mercado para el sujeto. **(AQUÍ SE BUSCAN LAS COMPARABLES)**

Una vez analizadas estas sugerencias, el tasador concluirá el valor usando su mejor criterio y experiencia.

ENFOQUE DE INGRESO

Este enfoque es el más popular entre propiedades que producen ingreso o renta. Se determina indicando el ingreso bruto anual de renta, restándole los gastos ordinarios y necesarios relacionados con este ingreso y un por ciento razonable de desocupación. Esto nos trae como resultado el ingreso neto anual. Para determinar el valor se divide este ingreso neto anual por el índice de capitalización y su resultado será el valor sugerido del edificio, objeto de valoración. A continuación un ejemplo sencillo para determinar el valor por este método: I = V X T (**INGRESO = VALOR POR TASA**)

TASA DE RENTA	NETA	PRECIO DE VENTA	CAPITALIZACIÓN
Venta # 1	$16,000	$150,000	.107
Venta # 2	$14,000	$130,000	.107
Venta # 3	$11,000	$100,000	.11

Como notarán, la tasa de capitalización que se determina dividiendo **la renta neta por el precio de venta**, nos refleja tres opciones, de las que el tasador habrá de escoger la más apropiada.

EXPROPIACIÓN FORZOSA

Para determinar el valor de una propiedad por este método, se divide la renta neta anual entre la tasa de capitalización (RN/TC=VP).

En los Estados de tipo republicano de gobierno una de sus prerrogativas es la de expropiar propiedades a los ciudadanos pero con dos condiciones básicas, a saber:

- Que esta propiedad habrá de usarse para fines públicos tales como para dividir en parcelas para las personas de escasos recursos, para servidumbres de líneas telefónicas, eléctricas, para colocar tubería aérea o soterrada de aguas negras o agua potable.
- Pagarle al afectado el valor justo y razonable en el mercado, así como los daños que se ocasionen por tal acción. Es aquí donde entra al panorama el tasador de bienes raíces.

Como esta materia se cubre en un curso más detallado, vamos a darle algunos rasgos de esta práctica:

Expropiación de servidumbre: si la servidumbre es soterrada se tasará a base del precio unitario en el mercado. Si el afectado puede seguir usando la parte afectada aunque sea limitada, se establecerá tasar por un porciento del total. Ejemplo: se tasó la servidumbre en $2,000 y entendemos que el dueño puede usar la superficie aunque limitadamente. El tasador recomendará que se pague un por ciento del valor total. Esto más tarde se decide en el tribunal de expropiaciones de haber discrepancias.

Si la servidumbre es aérea en los casos de autoridad de energía eléctrica y telefónica, también se usa el mismo principio de servidumbres subterráneas. En cuanto a servidumbres donde la tubería tiene que ir sobre la superficie de la tierra, en los casos de terrenos donde no se pueda hacer subterránea se pagaría entonces el total, ya que el Estado estaría usando la servidumbre en su totalidad.

Tasación

Cualquier compra, venta, arrendamiento e intercambio de una propiedad se hace con base en el valor de la misma. Un tasador es una persona entrenada y educada en los métodos para determinar el valor de una propiedad a través del análisis de varios factores.

1. Propósito de la tasación: vender, comprar, préstamos, división de bienes gananciales, división de herencias, autorizaciones judiciales o expropiación.

2. Fuentes de información: oficinas gubernamentales como: Hacienda, Registro de la Propiedad, Junta de Planificación, ARPE, Vivienda y otros; corredores y bancos.

3. Análisis de vecindad: son áreas similares u homogéneas en cuanto a individuos o usos como residenciales, comerciales, industriales, agrícolas, turísticos, militares, arrabaleros, etc.

4. Áreas de análisis: dónde está ubicado el vecindario, mercado, valores, comportamiento, facilidades, servicios, instituciones, accesos, etc.

5. Valoración del solar: evaluar un solar vacante o uno donde radica una estructura.

6. Métodos de valoración de un solar:

a. Mercado: comparables de solares vacantes, a cómo se están vendiendo las propiedades.

b. Residual o abstracto: está incluido el solar con la estructura. El valor del solar surge por diferencia. Ejemplo: valor total de la propiedad – cuánto costó construirse la casa = valor del terreno.

c. Desarrollo: se determina cuánto cuesta desarrollar unos terrenos.

7. Métodos de valoración de una residencia (estructuras)

a. Enfoque de costo: se determina el valor de la estructura con base en los precios actuales. O sea cuánto costaría construir la propiedad hoy. Después se le resta la depreciación y la obsolescencia (de la propiedad). Luego a base de la información del mercado se determina el valor del solar.

b. Enfoque de mercado: se comparan las ventas con características similares al sujeto (comparables) y haciendo los ajustes pertinentes a esas ventas (suma o resta).

c. Enfoque de ingreso: es más popular entre propiedades que producen ingresos como las destinadas a rentas. Se determina el ingreso bruto anual de renta (se restan los gastos) y se divide por el índice de capitalización. Su resultado será el valor sugerido del edificio. En este tipo de enfoque puede usar el triángulo donde $I = V \times T$.

8. Depreciación y obsolescencia: relevantes al enfoque de costo.

a. Depreciación física: deterioro físico de la estructura, lo que se ve (x/- 2% por año). (Ejemplo: grietas, humedad, polilla, plomería defectuosa, puertas rotas, pintura, limpieza, etc., todo lo que sea visible). Para las casas de cemento se les da 60 años y para las maderas tratadas (con certificado) 30 años. Existen dos tipos de edades para las estructuras, que son: edad cronológica y edad funcional.

Curable: que se puede arreglar y aumenta el valor de la propiedad.

No curable: se puede arreglar pero no aumenta el valor de la propiedad.

b. Depreciación, método directo: se determina la edad útil de la estructura (60 años para concreto). Después se determina la edad actual o cronológica, luego se determina la edad efectiva (cómo se ve la estructura). Si la depreciación física o funcional se puede corregir (son curables) se determina por el mercado el costo de las reparaciones.

c. Obsolescencia funcional: todo aquello que afecta la comodidad y privacidad.

d. Obsolescencia económica: factores que no están en nuestro control y que afectan el valor de una propiedad (ejemplo: construcción de un residencial al lado de la propiedad).

9. Expropiación forzosa: para determinar el valor de una propiedad por este método se divide la renta anual entre la tasa de capitalización. Para expropiar es necesario seguir un proceso. La propiedad debe ser para un fin público y se debe pagar un justo precio.

Contribuciones sobre la propiedad

El Departamento de Hacienda era el responsable de recaudar las contribuciones y devolver la parte de los municipios. Hoy día existe el Centro de Recaudaciones de Ingresos Municipales (CRIM), que cubre la parte de los municipios. Esta entidad se crea bajo la Ley 80 como parte de la reforma municipal que elimina la centralización y permite la autonomía municipal. Está dirigido por una junta de 9 miembros compuesta por el presidente del Banco de Fomento, el comisionado de Asuntos Municipales, tres (3) alcaldes de Minoría y cuatro (4) alcaldes de Mayoría.

Definiciones

1. Propiedad inmueble: se considera la tierra, el subsuelo, las edificaciones, los objetos, maquinarias e implementos adheridos al edificio o a la tierra de una manera que indique permanencia sin considerar los contratos que los afecten.

2. Propiedad mueble:

    a. Son maquinarias, vasijas, instrumentos, dinero, bonos, acciones, certificados de crédito, pero no los créditos en cuentas corrientes, ahorros, depósitos a plazos ni otros créditos personales.

    b. La responsabilidad contributiva recae sobre la persona que los posea; aunque el dueño de la propiedad esté fuera de Puerto Rico.

    c. Para la propiedad mueble existe una exoneración contributiva de $50,000 siempre que las ventas sean menores de $150,000, sea dueño del negocio y radique la planilla antes del 15 de mayo.

3. Exenciones contributivas para propiedad inmueble: es la liberación total o parcial de cargos o gravamen contributivo sobre la propiedad mueble o inmueble aplicado a diferentes leyes. La ley permite el cobro de contribuciones por retasación hasta 5 años antes y por mejoras o reconstrucciones sustanciales no tasadas realizadas a un inmueble

que constituya la residencia principal del contribuyente. El valor del solar, en adición al valor de la estructura para efectos de determinar la porción sujeta a la exoneración contributiva de las residencias, se incluye hasta un máximo de una cuerda cuadrada en zona rural y 500 metros^2 en zona urbana. La certificación de deuda contributiva parte del número de Catastro. Este número identifica todas las propiedades en Puerto Rico (18 dígitos). La violación a estos estatutos se considera un delito menos grave y puede ser multado con $500 y/o 6 meses de cárcel.

a. Fincas agrícolas: la ofrece el Departamento de Agricultura y se somete al CRIM y a Hacienda.

b. Industrias: las concede Fomento Industrial para el área metro por 10 años, para el Norte por 15 años, el resto de la isla por 20 años, Vieques y Culebra por 25 años.

c. Zonas históricas: las da el Instituto de Cultura. Siempre que se restaure bajo sus parámetros de 20 años al 100%.

d. Ley # 24 de 8 de junio de 1962: exoneración contributiva para la propiedad en que vive, de hasta $15,000 del valor tasado, y se concede en una sola vivienda; si tiene más de una vivienda puede escoger para cuál quiere la exención. Hay que solicitarla. Hay que vivirla al primero de enero de cada año. Si la propiedad, además de utilizarse como vivienda se utiliza para otros fines, la exoneración se reconoce únicamente a la parte de la propiedad dedicada para uso residencial, hasta la cantidad equivalente de no más de $15,000 del valor de tasación para fines contributivos.

e. Ley de Veteranos, Ley # 13 del 1980: concede a todo veterano $5,000 adicionales por la vida del mismo. Hasta $50,000 si tiene 50% de incapacidad y el 100% si está incapacitado por completo.

4. Año fiscal: año que comienza el 1 de julio y termina el 30 de junio.

5. Año tributable: se establece el 1 de enero hasta el 31 de diciembre.

6. Período de notificación: dos veces al año, o sea cada semestre, las contribuciones se pagan después de haber pasado el semestre correspondiente y se desglosa de la siguiente forma:

    a.   La primera notificación sale el 1 de julio. Esta corresponde a los meses de enero a junio.

    b.   La segunda notificación sale el 1 de enero del año siguiente. Y corresponde a los meses de julio a diciembre.

7. Descuentos: una vez reciba la notificación sobre la contribución impuesta a la propiedad, el contribuyente.

    a.   Si paga dentro de los primeros 30 días después de la notificación tiene un 10% de descuento.

    b.   Si paga dentro de los 60 días después de la notificación tiene un 5% de descuento.

    c.   Si paga en los 90 días después de la notificación no tiene ningún descuento.

8. Penalidades

    a.   A partir del día # 91 hasta el día # 120 tiene un 10% de interés diario.

    b.   A partir del día # 121 hasta el día # 149 tiene un 10% de interés diario más 5% de penalidad (se aplica una sola vez).

    c.   A partir del día # 150 hasta el día # 180 tiene un 10% de interés diario más 10% de penalidad.

    d.   Después de terminar el período de indulgencia y sus extensiones, los intereses se calculan anualmente y se cobran diariamente.

9. Período de indulgencia en los pagos: el Gobierno permite un período de indulgencia de 90 días después de la fecha de notificación para el pago de contribuciones. Los intereses y las penalidades no se cobran hasta después de dicho término.

10. Intereses y penalidades por morosidad: el cómputo de intereses anuales comienza al finalizar el período de indulgencia. El período de indulgencia se extiende otros 30 días adicionales antes de gravar las penalidades. Se agrega un recargo del 5 por ciento de la contribución adeudada en dicho semestre si la misma se paga dentro de los 30 días de la extensión, y un 10 por ciento si se paga dentro de los 60 días de la extensión.

11. Catastro: se ha asignado un catastro (número de identificación) a toda propiedad que ha sido tasada por el Gobierno para propósitos contributivos. Este número se obtiene de la notificación de contribuciones, del Negociado de Contribución sobre la Propiedad, o del acreedor hipotecario de la propiedad.

12. Certificación de deuda: se necesita una certificación de deuda para cerrar la venta de una propiedad inmueble. Esta es una declaración del Gobierno acerca de las contribuciones o pagadas. El notario público tiene que enviar una copia de la misma al Departamento de Hacienda después de cada venta. El nombre que encabeza la certificación tiene que ser la del dueño-vendedor. Si el nombre es diferente a aquel que aparece en las escrituras, hay dos fuentes posibles del error:

   a. Podría ser que el dueño-vendedor nunca solicitó su exoneración contributiva residencial o no informó el cambio de propietario al Negociado de Contribución sobre la Propiedad. En tal caso, tiene que someter la escritura al Negociado y las contribuciones adeudadas se calcularán desde la fecha en que compró la propiedad.

   b. Puede ser erróneo el catastro que se utilizó para cotejar en el Registro de la Propiedad.

De haber cualquier cargo por intereses o penalidades sobre una propiedad, la oficina de distrito del Negociado de Contribución sobre la Propiedad calculará la cantidad al solicitar la misma. Todas las contribuciones adeudadas se tienen que pagar antes de o durante el cierre, cuando se firman las escrituras.

La certificación de deuda se obtiene en una colecturía en el municipio donde se encuentra la propiedad. Tiene que tener fecha y estar firmada.

Financiamiento

El financiamiento hace las propiedades accesibles a cualquiera, siempre que tengan capacidad de pago.

Breve historia

1. 1920: se daba la unidad y en cinco años se pagaba.

2. 1934: surge la Federal Housing Administration (FHA) por causa de la gran depresión. Esta asegura al banco la deuda y esto permite intereses más bajos, con términos mayores de 15, 20 o 30 años. Disponible para residentes de Estados Unidos.

3. 1944: G.I. Bill. Administración de Veteranos que garantiza las hipotecas disponibles para veteranos, GN y reserva hasta 1999. Los activos después de jurar por otro término y a algunas viudas si el esposo muere en servicio (*service connected*).

4. 1957: Private Mortgage Insurance (PMI), hipotecas convencionales pueden competir con las otras. Son compañías de seguro hipotecario o privado.

Movimiento del mercado

1. Mercado primario (mercado que origina las hipotecas, donde se hacen las hipotecas).
    a. Instituciones de ahorro y crédito.
    b. Banco comercial.
    c. Cooperativas y banca hipotecaria.

2. Mercado secundario (donde se compran y se venden del mercado primario, intercambian hipotecas).
    a. Federal National Mortgage Association (FNMA), o Fannie Mae. Compra hipotecas de bajo rendimiento aseguradas o garantizadas por el Gobierno federal (FHA, VA).

b. Federal Home Loan Mortgage Association (FHLMC), o Freddie Mac. Compra hipotecas originadas por instituciones de ahorro y crédito además de préstamos convencionales.

c. Government National Mortgage Association (GNMA), o Ginnie Mac. Hipotecas subsidiadas por el Gobierno; hipotecas administradas por el Departamento de Vivienda y Desarrollo Urbano (Department of Housing and Urban Development, HUD).

Requisitos de la propiedad *conforming* en hipotecas FHA, VA y Convencional

Todas las hipotecas que cada mercado compra tienen que estar aseguradas, tienen que ser "*conforming*". Lo que significa que la estructura debe cumplir con los parámetros y regulaciones que se establecen para préstamos FHA y VA. Por otro lado, el término "*non conforming*" significa que la estructura no cumple con las regulaciones de los préstamos FHA y VA.

1. Totalmente en cemento.
2. Libre de filtraciones y humedad.
3. Certificado de inspección de techo por un ingeniero (para techos planos).
4. Relación adecuada de cuartos y baños (que asegure privacidad).
5. Libre influencia comercial (no puede estar en un área comercial ni tener negocio en la propiedad).
6. Los servicios sanitarios tienen que estar conectados al alcantarillado o poseer pozo séptico, que tiene que tener una distancia mínima de cinco pies de la casa y diez pies de la colindancia, con dos cabidas, una para sólidos y la otra para líquidos; tiene que estar herméticamente sellado, o sea que no percole (filtre), además de vaciarlo tan pronto se llene y ser certificado por el Departamento de Salud Ambiental.
7. Baño, cocina y *laundry* necesitan ventilación adecuada como ventanas y extractores (por el metano).
8. La casa debe estar en buen estado funcional sin obsolescencias.
9. No poseer "*safety hazard*" (sin peligro como riscos o que esté muy aislada).
10. Libre de toda infección animal (termitas).
11. Accesibles.
12. Libre de pinturas con base de plomo (para casas hechas antes del 1978, necesita una certificación libre de plomo).
13. Calentadores (deben tener válvula de escape y estar fuera de la casa).

Tipos de préstamos

1. Préstamo FHA: está asegurado por la Agencia Federal de la Vivienda a través de un seguro conocido por Mortgage Insurance Premium (MIP).

   a. Propósito: para la compra o refinanciamiento de residencia principal.

   b. Elegibilidad: residente legal de Puerto Rico o los Estados Unidos. No necesita tener ciudadanía americana, basta con tener residencia legal. Soltero o casado, empleo estable y verificable. Crédito adecuado.

   c. Financiamiento compraventa: podría financiar desde un 96.50% (LTV) para casas de precio de venta sobre los $50K, partiendo de lo que sea menor; el precio de venta o el de tasación.

   d. Máximo prestatario: varía según el municipio donde está localizada la propiedad; en área rural son $331,760 máximo por unidad y en área metro es $765,600 máximo por unidad.

   e. Para cualificar: los gastos de vivienda no deben exceder el 41% del ingreso bruto mensual; esto es el pago propuesto que se compone del principal + interés + prima de riesgo, además de la contribución sobre la propiedad, gastos comunales, etc. El total de gastos fijos mensuales (deudas) incluyendo el pago de la hipoteca mensual no debe exceder el 43% del ingreso bruto mensual. En el ingreso bruto se incluye el salario bruto de ambos, *overtime*, propinas, comisiones, bonos fijos (si son verificables); no son ingresos las dietas y millajes. El total de gastos fijos incluye los gastos de vivienda mensual, pagos recurrentes mensuales (todas las deudas se cuentan, no importa el tiempo que falte para saldar los pagos), tarjetas de crédito, pensiones alimentarias, préstamos donde se es el codeudor. No se toman en consideración los gastos corrientes como colegio, agua, luz y teléfono ni deudas a las que les queden solamente 9 meses o menos para ser canceladas. Se excluyen las deudas de nómina a excepción de algún préstamo.

   f. Seguros: el Mortgage Insurance Premium (MIP), que se compone de dos partes. El *up-front*, que es el seguro de la totalidad de la hipoteca con un valor fijo de 1.75% (este puede ser prepagado o financiado) y el MMIP, que es el seguro del pagaré mensual de la hipoteca con un valor fijo del 0.85% (el cómputo es diario). En caso de los condominios este *up-front* no se paga.

g. Refinanciamiento: podría refinanciar hasta un 85% del valor de la propiedad.

2. Préstamo VA (veteranos): está garantizado por la Oficina de Asuntos del Veterano.

   a. Propósito: compra o refinanciamiento de residencia principal.

   b. Elegibilidad: todo individuo que haya servido al Ejército de los Estados Unidos de América, o su viuda o viudo si no se ha casado nuevamente. Algunos miembros de la Reserva de los Estados Unidos y de la Guardia Nacional. Tienen que solicitar y presentar la 214.

   c. Financiamiento para compra: podría obtener financiamiento hasta un 100% del precio de venta o tasación, lo que sea menor hasta el máximo prestatario permitido por veteranos. Veterano garantiza hasta un máximo de $36,000 (ahora hasta $60,000 enmendado el 10 de diciembre del 2004, o el 25% del monto del préstamo).

   d. Máximo prestatario: no hay límite mínimo ni máximo de préstamo. El máximo de $424,100 es establecido por GNMA ya que estos préstamos se venden a ellos.

   e. Cualificación: mismos parámetros que los de un préstamo FHA.

   f. Seguro: seguro de hipoteca básica *funding fee*:

      1. Seguro *basic funding fee*: primera vez de uso para veteranos:
         a. 2.15% con menos de un 5% de pronto.
         b. 1.5% con más del 5% hasta el 10% de pronto.
         c. 1.25% con más de 10% de pronto.

      2. Seguro *basic funding fee*: para personas de la Reserva que lo usan por primera vez:
         a. 2.4% con menos de un 5% de pronto.
         b. 1.75% con más del 5% hasta un 10%.
         c. 1.5% con más de un 10% de pronto.

      3. Seguro *basic funding fee*: para usos subsecuentes por veteranos (más de una vez de uso):
         a. 3.3% con menos de un 5% de pronto.
         b. 1.5% (reservistas un 2.25%) con más de 5% hasta 10% de pronto.
         c. 1.25% (reservistas un 2%) con más de un 10% de pronto.

    g. Refinanciamiento: podría obtener un 90% para refinanciamiento según la tasación. Requiere que la propiedad tenga una deuda hipotecaria. Si se va a vender la propiedad tiene que vendérsela al otro.

3. Préstamo convencional: es uno considerado por instituciones privadas, no está asegurado por la Agencia Federal de la Vivienda. Algunas instituciones podrían exigir un seguro hipotecario privado conocido como Private Mortgage Insurance (PMI). Estos préstamos pueden ser negociados en un mercado secundario conocido como Fannie Mae y Freddie Mac. Si el banco puede hacer el préstamo conforme a las reglamentaciones de ambas agencias del mercado secundario (*conforming*), significará mejores intereses o menos gastos para el solicitante.

    a. Propósito: para la compra o refinanciamiento de residencia principal, segunda residencia o compra para inversión.

    b. Elegibilidad: residente legal de Puerto Rico o los Estados Unidos. No necesita tener ciudadanía americana; basta con tener residencia legal. Soltero o casado, empleo estable y verificable. Crédito adecuado.

    c. Financiamiento compraventa: financiamiento de un 80% (LTV) sin seguro Magic y podrían financiar hasta un 95% (LTV) (con seguro Magic) del precio de venta o tasación, o lo que sea menor entre tasación o precio de venta.

    d. Máximo prestatario: depende del historial de crédito y deudas. Actualmente en Puerto Rico un préstamo convencional no puede exceder de $424,100.

    e. Para cualificar: si es un préstamo *"conforming"* se utilizan los mismos criterios de cualificación del préstamo FHA, con la diferencia en los porcentajes de cualificación, que son 37% para gastos de vivienda y 45% para el total de gastos fijos. En préstamos *"non-conforming"* el banco es el que decide qué arreglos hará y qué le ofrecerá al cliente.

    f. Seguro: Private Mortgage Insurance (PMI) o Magic: seguro que se utiliza para poder aumentar el LTV del préstamo, y este puede ser prepagado o financiado.

    g. Refinanciamiento: podría refinanciar hasta un 95% del valor de la propiedad.

4. Préstamo Rural Developmnet (502): hipotecario garantizado por el Departamento de Agricultura de los Estados Unidos. Parámetro 29/41.

   a. Propósito: compra residencia principal en zona rural o en áreas elegibles.

   b. Elegibilidad: residente legal de Puerto Rico o los Estados Unidos.

   c. Financiamiento: hasta un 100% del valor de tasación. Esto significa que si la tasación es mayor que el precio de venta los gastos de cierre se pueden incluir en el préstamo hipotecario hasta el máximo de tasación.

   d. Máximo prestatario: la cantidad máxima del préstamo dependerá de la localización de la propiedad por municipio.

   e. Para cualificar: este programa está dirigido a individuos de ingresos bajos o moderados para comprar una residencia principal. Los límites de ingresos son de acuerdo a tablas publicadas por el Departamento USDA (RD).

   f. Seguro: seguro hipotecario de costo reducido de un 1.5% (ahora 2.0%) garantizado por el Departamento de Agricultura de los Estados Unidos.

   g. Este préstamo tiene una cláusula de *"recapture"* que indica que la propiedad si se vende, se alquila o no se vive, el beneficiario tendrá que regresar parte del subsidio aunque haya saldado la deuda hipotecaria. La parte a devolver va a depender de la tasación de la propiedad y la ganancia adquirida de esta.

5. Interés First: préstamo para compra de residencia principal donde se pagan solamente los intereses por los primeros 15 años, seguidos por pagos de principal e interés por los siguientes 15 años. El cliente tendrá pagos más bajos los primeros 15 años, proveyendo mayor flexibilidad en el manejo del dinero utilizando el ahorro en el pago para mejoras en el hogar u otros usos. Préstamos conforme a las regulaciones de Fannie Mae con interés fijo a 30 años.

   a. Propósito: compra o refinanciamiento de residencia principal.

   b. Elegibilidad: cualifica cualquier persona, residente o no residente.

   c. Financiamiento compraventa: puede recibir hasta 95% del precio de venta o tasación, lo que sea menor.

   d. Máximo prestatario: hasta el máximo prestatario por FNMA y FHLMC.

6. Préstamo Balloon: préstamos para compra de residencia principal donde se otorga el interés más bajo del mercado aplicable a los primeros años (5-7). El cliente tendrá pagos mensuales más bajos con un ahorro a corto plazo y gastos de cierre reducidos. Luego el interés del préstamo se ajustará al interés prevaleciente del mercado por el tiempo que falta. Este producto es para personas con ingresos bajos que esperan aumentar sus ingresos en un futuro cercano o que tengan planes de vender la propiedad antes de los 5 o 7 años. Tienen las mismas cualificaciones de un préstamo convencional conforme a las regulaciones de Fannie Mae.

   a. Propósito: compra o refinanciamiento sin sobrante, en residencia principal.

   b. Elegibilidad: cualifica cualquier persona, residente o no residente.

   c. Financiamiento compraventa: puede recibir hasta un 90% del precio de venta o tasación, lo que sea menor.

   d. Máximo prestatario: hasta el máximo permitido por FNMA y FHLMC.

Annual Percentage Rate (APR)

Es un denominador común en donde tiene usted la oportunidad de poder comparar adecuadamente el costo de su préstamo con otros préstamos. Es el número que en realidad nos dice cuánto cuesta el préstamo; este será siempre mayor que la tasa. El APR mide el costo efectivo de tomar prestado a largo plazo y le contesta a usted si vale la pena pagar por adelantado ciertos gastos para obtener una tasa de interés más bajo. El Gobierno federal requiere que el banco cotice en forma de APR.

El APR toma en consideración varios costos para obtener el préstamo que incluyen los costos de originación y descuento, seguro hipotecario y los intereses a pagarse; no toma en consideración prepagados ni gastos incidentales, como la tasación, informe de crédito, póliza de título, notaría, sellos y comprobantes. El Federal Truth in Lending Act requiere que los bancos divulguen la tasa nominal y el APR. La tasa nominal nunca será más alta que el APR.

Problemas de Cualificación

Deudas de mensuales $ _____

Convencional (37% 45%)

Sueldo de él (ella) $ _____

Sueldo de ambos $ _____ $ _____/$ _____ = _____%
                                       Hipoteca   sueldo

Hip. + deudas = $ _____ /$ _____ = _____%
                              sueldo

F.H.A. (31% / 43%)   Deudas mensuales $ _____

Sueldo de él (ella) $ _____ $ _____/$ _____ = _____%
                                         Hipoteca   sueldo

Sueldo de ambos $ _____

Hip. + deudas = $ _____/$ _____ = _____%
                            Sueldo

V.A. Veterano = parámetro = Residual 41%

Sueldo de él (ella) $ _____

Se descuentan los pagos mensuales, las deudas mensuales, deducción de nómina, hipoteca y el sobrante con hijos si tiene.

PROBLEMAS DE CUALIFICACIÓN

Nombre _____

Convencional/parámetro = (28% - 36%)

José gana	$ 1,600 mensual	Deudas – mensuales $ _____	
Ana gana	$1,400 mensual	$650 – Hipo.	
Pago de Hip.	$ 650 mensual	_____	
Gastos fijos	$ 450 mensual	$3,000 – Sueldo = $21.66% (22%)	

Cualifique a José: $ 650 Hipo. $ 1,100.00
                     + $ 450 Deudas   _____
                     = _____ $ 3,000 36.66% (37%)

F.H.A. /Parámetro = (31% 43%) $ 750 Hipo.

Ángel gana $2,500	$ 750 – Hip.	450 Deudas
María gana $1,800	_____	
Pago de Hip. $ 750	$ 4,300 – Sueldo = 17.44% (17) $ 1,200.00	
Deudas $ 450		
Cualifique a Ángel:	$ 1,200/$ 4,300 = 27.90% (28)	

V.A. Veterano – parámetro – Residual y 41%   Ingreso residual

Carlos gana	$ 2,800	$ 4,000 Sueldo
Carmen gana	1,200	- 950 Hipoteca
Pago mensual	950 Hip.	- 950 (deudas-g.f.)
Deudas	950 (G.F.)	- 600 (ded. Nóm.)
Casado 2 hijos		_____
Ded. Nóm.	600	$ 1,500 – cualifica
Sobrante con 2 hijos	893 (requisito)	porque el sobrante requerido es $893

Punto de descuento

Término que se utiliza para describir uno de los cargos que las instituciones prestatarias cobran en un préstamo hipotecario. Un punto de descuento = 1% del valor del préstamo. Los puntos de descuento representan dinero adicional que usted tiene que pagar al momento del cierre. Estos puntos de descuento le permiten a la institución prestataria ofrecerle una tasa de interés más baja sobre el préstamo hipotecario. Por lo general la institución no ofrece más de dos puntos (2) de descuento.

Generalmente, por cada punto que usted pague en un préstamo hipotecario a 30 años, su tasa se reduce 1/8 (0.125) de la tasa de interés regular. Por ejemplo; si usted desea bajar la tasa de interés del 6.50% en su préstamo de $100,000 y decide pagar dos puntos ($2,000) podría bajar su tasa de interés a 6.25%. Es importante mencionar que los puntos que usted paga en una transacción hipotecaria no se le restan al principal del préstamo, usted seguirá pagando intereses por los $100,000. Los puntos de descuentos que usted compre son deducibles de su planilla de contribuciones sobre ingresos.

Ejemplo: préstamo de $100,000 al 5.75% con tres puntos de descuentos

3 puntos = 3%

$100,000 X 0.03 = $3,000 que usted estaría aportando para bajar su tasa prestataria de un 5.75% a 5.375%.

Seguros

Al momento de comprar su propiedad existen varios tipos de seguros que debe tomar en cuenta, ya que el banco o institución financiera los exigirá. Se dividen entre seguros hipotecarios y de riesgo. El seguro hipotecario protege a la institución financiera en la eventualidad de que usted no pueda cumplir con su compromiso de pagar la hipoteca sobre su propiedad.

1. Seguros hipotecarios:

    a. FHA Mortgage Insurance Prime (MIP): se compone de dos partidas. Al momento del cierre se paga un 1.75% del monto de la hipoteca, esta partida puede ser prepagada o financiada. La otra partida se paga mensualmente, una cantidad equivalente al .85% de la hipoteca dividida entre 12 meses. Esto aplica a hipotecas por un término de 20, 25 a 30 años. Para hipotecas de 15 años es el 0.25%. Para hipotecas de menos de 50k por 15 años el porcentaje es 0.

    b. Convencionales: si la cantidad del préstamo es mayor del 80% del valor de la propiedad (Loan/Value), se requiere un seguro tipo Private Mortgage Insurance (PMI) o Magic. Se paga una sola vez y puede ser prepagado o financiado, siempre y cuando la hipoteca + el seguro no excedan del límite de $275,000. En Puerto Rico la compañía que provee estos seguros para préstamos convencionales se llama Mortgage General Insurance Company (MGIC), mejor conocida como "Magic". El monto del seguro se calcula de acuerdo a la siguiente tabla:

Loan/Value	Cantidad (%)
80% a 85%	2.25%
85.01% a 90%	2.60%
90.01% a 95%	3.60%
95.01%	4.15%

1. Seguro de riesgo (*hazard*): este seguro cubre la propiedad por daños ocasionados en la estructura por causa de incendio, huracán o terremoto. No cubre sus pertenencias. Es requerido en todos los préstamos y se paga mensualmente. En realidad se paga una reserva para renovar el seguro anualmente ya que entre los gastos de cierre se incluye un año por adelantado y una reserva de dos meses. El costo anual promedio de es de un 0.36% del monto de la hipoteca.

2. Seguro "*homeowner*": este seguro no forma parte del proceso de financiamiento y es la póliza que cubre tus pertenencias personales. La estructura de tu casa, tus muebles, electrodomésticos y hasta joyas, estarán cubiertos en caso de daño o pérdida por inundación, fuego o robo. También puede incluir responsabilidad pública. Debes revisar la cobertura de la póliza con cierta regularidad ya que lo más probable es que según pase el tiempo adquieras o reemplaces equipos o pertenencias y su valor probablemente aumente.

Gastos de cierre

Al cierre se requiere: pronto, descuento hipotecario, gastos de cierre y gastos prepagados.

1. Gastos legales: honorarios de los notarios según la ley.
2. Informe de crédito.
3. Tasación FHA.
4. Estudio de título.
5. Seguro de título.
6. Cuotas de originación FHA VA: hasta un máximo de 1% de hipoteca. Para préstamos convencionales hasta un máximo de un 5% de la hipoteca.
7. Plano de mesura.

Gastos prepagados

1. Intereses: las hipotecas vencen el primero del mes y hay que pagar hasta finales del mes para cuadrar el pago. Cubren el primer año y los dos meses hasta comenzar a pagar.
2. Seguro de riesgo: es compulsorio que toda hipoteca esté cubierta por una prima de riesgo (*hazard* = fuego, huracán y terremoto).
3. *Flood insurance*: es requisito en zonas inundables.

Gastos del préstamo hipotecario

Todo préstamo conlleva ciertos gastos los cuales se adjudican a recursos externos y suplidores utilizados para asegurarse de la veracidad y legalidad del proceso de compraventa. Entre los gastos de cierre que usted deberá asumir se encuentran:

1. Tasación: se utiliza un tasador profesional para estimar el valor de la propiedad. Este costo usualmente se paga al solicitar el préstamo hipotecario.
2. Informe de crédito: este reporte se solicita a instituciones especializadas para poder confirmar la información provista por usted. El costo de este reporte se paga al solicitar el préstamo.
3. Originación: gastos que cubren todos los costos administrativos de la entidad prestataria.
4. Descuento: puntos que se usan para ajustar el rendimiento derivado del préstamo, dependiendo de las condiciones del mercado. Un punto equivale al 1% del monto de la hipoteca.
5. Gastos prepagados: costos de póliza de seguro contra riesgos (huracán, fuego y terremotos), seguro hipotecario e intereses que se acumulan sobre la hipoteca desde la fecha del cierre hasta el comienzo del período cubierto por el primer pago mensual.
6. Gastos legales: el banco contrata servicios legales para el trámite de documentos del cierre con el propósito de hacer el traspaso de título en caso de compraventa y hacer las debidas cancelaciones si aplican.
7. Estudio y seguro de título: este gasto cubre la inspección de los récords públicos para confirmar que el vendedor es dueño actual de la propiedad. También cubre los costos del seguro de título, el cual compensa a la institución prestataria en caso de pérdida por discrepancias en el título de la propiedad y protege al cliente asegurado respecto a que la escritura de compraventa sea registrada sin restricciones.

8. Plano de mensura: el banco tiene que revisar finalmente la propiedad que usted compra para asegurarse de que no haya habido cambios referentes al terreno y las estructuras físicas que pudieran afectar futuros procesos de ventas.

9. Gastos misceláneos: estos costos serán según el tipo de préstamo solicitado. Entre ellos, podrían incluirse: pagos de garantías para préstamos VA, seguro hipotecario de FHA u otras pólizas privadas que cubran la hipoteca.

10. Contribución sobre la propiedad: las contribuciones sobre la propiedad se pagan al Gobierno anualmente.

Documentos necesarios para un cierre

1. Compraventa asumiendo la hipoteca:

   a. Escritura de compraventa certificada y registrada.
   b. Contrato de compraventa (firmado por las partes).
   c. Estudio de título.
   d. Certificado de deuda (CRIM).
   e. Certificación de valores contributivos o lapidaria (CRIM).
   f. Identificación con foto, si es posible, de las partes.
   g. Evidencia del número de Seguro Social de las partes.
   h. Informe de precualificación del banco (si existe cláusula "*due on sale*").
   i. Número de cuenta y nombre del banco (donde mantiene la hipoteca).
   j. Carta de balance de hipoteca.
   k. Carta de mantenimiento (si es condominio o acceso controlado).

2. Compraventa cancelando hipoteca:

   a. Escritura de compraventa certifica y registrada.
   b. Contrato de compraventa (firmado por las partes).
   c. Estudio de título.
   d. Certificado de deuda (CRIM).
   e. Certificación de valores contributivos o lapidaria (CRIM).
   f. Identificación con foto, si es posible, de las partes.
   g. Evidencia del número de Seguro Social de las partes.
   h. Carta de cancelación de hipoteca.
   i. Carta de mantenimiento (si es condómino o acceso controlado).
   j. Pagaré hipotecario (para cancelar hipoteca).

3. Compraventa sin deuda:

    a. Escritura de compraventa certificada y registrada.
    b. Contrato de compraventa (firmado por las partes).
    c. Estudio de título.
    d. Certificado de deuda (CRIM).
    e. Certificación de valores contributivos o lapidaria (CRIM).
    f. Identificación con foto, si es posible, de las partes.
    g. Evidencia del número de Seguro Social de las partes.
    h. Carta de mantenimiento (si es condómino o acceso controlado).

4. Compraventa por financiamiento:

    a. Escritura de compraventa certifica y registrada.
    b. Contrato de compraventa (firmado por las partes).
    c. Estudio de título.
    d. Evidencia de depósito de pronto pago (*slip* del banco).
    e. Copia de tarjeta de Seguro Social de las partes.
    f. Talonario nominal más reciente.
    g. Verificación de empleo.
    h. Estados financieros del año en curso (para el que tiene negocio propio).
    i. Evidencia de pensiones (si aplica).
    j. Forma W-2.
    k. Planilla.
    l. Verificación de procedencia de depósito (para los compradores).
    m. Certificado de deuda (CRIM).
    n. Certificación de valores contributivos o lapidaria (CRIM).
    o. Número de cuenta y nombre del banco (donde mantiene la hipoteca).
    p. Sentencia de divorcio (si aplica).
    q. Poder legalizado (si aplica).
    r. Declaración de herederos.
    s. Autorización de "pagos de comisión" (si aplica).
    t. Carta de balance de cancelación de hipoteca.

PROBLEMAS DE CUALIFICACIÓN

Convencional (37/45)   Deudas mensuales $_____

Sueldo de él $_____   Sueldo de ella $_____

Sueldo de ambos $_____ $_____/ $_____
                              Hipoteca   Sueldo

Hipoteca = $_____ + deudas $_____= $_____/ Sueldo $_____= % de parámetro_____

F.H.A. (31/43)   Deudas mensuales $_____
Sueldo de él $ _____, Sueldo de ella $_____ Sueldo de ambos $_____
Hipoteca= $_____ / Sueldo $_____ = _____% (parámetro)
Hipoteca + deudas = (H) $ ___ + (D) $ ___ = $ ___ / (S) $___ = ___% (parámetro)

V.A. = Veterano: El parámetro = a Residual y/o 43% - los gastos y descuentos y
lo que le sobra por los hijos.
Sueldo de él $ _____ Sueldo de ambos $_____ = $ _____
Se descuentan los pagos de deudas mensuales, deducción de nómina, hipoteca
y el sobrante con hijos si tiene. Para saber si cualifica se dividen las deudas entre
el sueldo y no debe dar más del 45%, si da más no cualifica.
Ej: $450/ $1,200 = $ 0.3750 (38%).

CÓMO CUALIFICAR A UN COMPRADOR

Nombre con ambos apellidos_____Tel_____Em_____
Se toma el precio de venta o tasación, lo que sea menor de los dos.
Precio de venta $_____, Tasación $_____, si es convencional se mul-
tiplica por 95/80.

Convencional: El parámetro es 37/45, FHA 31/43 (se cuentan todas las deudas)
(Cantidad máxima a prestar)
1. Préstamo convencional: Sueldo de él $_____ Sueldo de ella $_____ Total
ambos $ _____ Sueldo $ ___ x 37% = $ ___ (sd) ¿Cualifica? ___ Sí, ___No,
Sueldo $ _____ x45 =$ _____ (cd)
¿Cualifica? _____Sí, _____ No
Hipoteca $ _____ +deudas $_____= $_____/ Sueldo $_____ = ___% (parámetro
con dudas)
¿Cualifica? ___ Sí, ___ No. Para sacar el pago mensual se multiplica el LTV
(*loan to value*) = a la cantidad que presta el banco por el interés anual. Ej:
125,000 x .00477=$596.25. = P&I = a Principal + Interés.

2. Préstamo F.H.A.: Se suma el sueldo de él y el de ella $____ + $____ = $_____.

Hipoteca= $____/sueldo_____= ___% (parámetro sin deudas) ¿Cualifica? ___Sí, ___ No.

Hipoteca= $____+ deudas $____= $\_\_\_\_/ sueldo$____= ___% (parámetro con deudas)

¿Cualifica? ___Sí, ___No. Para sacar lo que le presta el banco multiplica el precio de venta o tasación, lo menor de los dos, por el 96.5%. Ej: $125,000 x 96.5% = $120,625.

Para sacar el pago mensual (P&I) principal + interés multiplica 96.5 x 00477% = $460.305 = (460.30 /o 460.31)

Préstamo de VETERANO: el parámetro es el residual.

1. Se toma el número de hijos que tiene.

2.Se suma la hipoteca $____ + gastos fijos $____ = $____/ sueldo= ____% (parámetro)

3.Ingreso residual: sueldo $\_\_\_\_ - hip.$____- gastos fijos - deducciones $_____, le sobra $ ____. El veterano es casado con dos hijos y es requisito que le sobre $983 luego de todos los pagos. Cantidad que le sobra luego de todas las deducciones =$_____,menos $983 que le debe sobrar por tener 2 hijos y ser veterano $_____. ¿Cualifica? __Sí __No. (sd) (cd) = a sin deuda y con deuda. PARA SABER SI EL CLIENTE CUALIFICA DIVIDE LAS DEUDAS ENTRE EL SUELDO (DEUDAS $\_\_\_\_/$ _____ SUELDO) Y NO DEBE PASAR DEL 45%. SI PASA NO CUALIFICA.

PRECUALIFICACIÓN: todas las deudas cuentan desde un mes en adelante no importa los meses que deba, en todos los tipos de préstamos.

CONVENCIONAL:

José gana $1,600 mensual, Ana gana $1,400 mensual, pago de hipoteca $650, deudas $450

$650 hip. / $3,000 sueldo = 0.2166 = **22% parámetro**.

Se suma la hipoteca + las deudas= $650. Hipoteca + $450 deudas = $1,100 /$3,000=36.66=37%

F.H.A:

Ángel gana $2,500, María gana $1,800, pago hipoteca $450, deudas $750 = $1,200

Sueldo ambos ($4,300) = $750 (d) / $4,300 (s) = 0.1744 = **17% parámetro**

Se suma las dudas más la hipoteca = $750 + $450 = $1,200 / $4,300 (s) = 0.2790=28%

V.A. =VETERANO (parámetro= **Ingreso residual** / **(43%)**
Carlos gana $2,800, Carmen gana $1,200, hipoteca mensual $950, deudas /
gastos fijos $950,
Deducción de nómina $600, es casado y tiene dos hijos y le debe sobrar $893
para ellos como requisito.

Ingreso residual

$4,000 sueldo - $950 hipoteca - $950 deudas - $600 deducción nómina =
$1,500 (cualifica)
$1,500 sobrante - $893 para los hijos = $607 que les sobra para ellos y cua-
lifica bien.

BIENES RAÍCES COMERCIALES (LEYES)

Un negocio depende a menudo de la localización de los bienes raíces comerciales para sobrevivir y crecer. Los minoristas utilizan su local para atraer
tantos clientes como sea posible, mientras que otros negocios se pueden preo-
cupar más de las tarifas del artículo, los pies cuadrados o el acceso conveniente
de sus empleados.

Factores si comprar o arrendar bienes raíces comerciales

- Acceso al capital efectivo al principio del negocio.
- El tipo de negocio en el cual usted desea estar.

Tipos comunes de arrendamientos comerciales

Muchos dueños de negocio, particularmente esos en ciudades grandes,
alquilan la parte que será utilizada para llevar a cabo el negocio. Hay muchos y diversos tipos de arrendamientos comerciales que un dueño de negocio
puede incorporar con un propietario. Algunos ejemplos de arrendamiento
comerciales son:

- Arrendamientos fijos: un arrendamiento fijo es como un arrendamiento residencial típico. En un arrendamiento fijo las partes acuerdan una cantidad específica de renta por un plazo fijo de tiempo.
- Arrendamiento de pasos (prorrateados): en un arrendamiento
  de paso, los propietarios acuerdan aumentar el alquiler a cierta
  cantidad anualmente. El arriendo de pasos se incorpora para
  reconocer que el propietario potencialmente puede incurrir en
  costos que aumentan.

- Arrendamientos gruesos: en un arrendamiento grueso, el arrendatario pagará el arrendamiento al propietario por medio de un sistema periódico (o plazo fijo). El propietario en un arrendamiento grueso concede pagar algo o todos los gastos de operación del negocio.

¿Cómo es un arrendamiento comercial diferente de un arrendamiento residencial?

- Términos generalmente negociados: distinto a los arrendamientos residenciales donde el propietario y el arrendatario generalmente firman una forma de contrato, un arrendamiento de forma estándar, las partes típicamente negocian los términos del arrendamiento y adaptan el mismo según sus negociaciones.
- Duración del arrendamiento: las partes en un arrendamiento comercial típicamente desean un plazo más largo para no interrumpir el negocio y simplemente para renovar el arrendamiento. Si el arrendamiento es por seis (6) meses o más hay que inscribirlo en el Registro de la Propiedad.

Desahucio / desalojo del lugar: El procedimiento y los límites para los desalojos comerciales, a diferencia de los residenciales, varían drásticamente dependiendo de su estado.

Comprar propiedad comercial: Si usted ha decidido comprar las propiedades inmobiliarias (bienes raíces comerciales), debe estar enterado de muchos factores incluidos en su oferta, los cuales afectan su posesión y el título del terreno de la propiedad inmobiliaria comercial.

Defectos de materia dentro del conocimiento del vendedor: muchos estados requieren que un vendedor que sabe de un problema en la propiedad, que podría influir a la decisión del comprador, debe notificar ese problema al comprador.

Encubrir los materiales defectuosos: generalmente, un vendedor no puede ocultar activamente un defecto para convencerlo a usted de que compre la propiedad.

El deber del comprador a examinar e inspeccionar la propiedad: antes que usted compre las propiedades inmobiliarias comerciales, debe contratar a un **inspector estructural** para inspeccionar la propiedad por cualquier defecto que no sea fácilmente visible. Generalmente el vendedor no será responsable por los problemas con la propiedad que no conocía y que no encubrió activamente.

Gravamen: el gravamen es algo que podría afectar sus derechos de dueño de la propiedad.

Otros problemas potenciales ambientales y acerca de la división de zonas: vea la Ley Ambiental y la de Planificación y Utilización de Zonas y Terrenos para más información.

¿Debo consultar a un abogado de bienes raíces acerca de mi asunto de la propiedad comercial?

Antes de hacer o aceptar una oferta con respecto a una parcela de propiedades inmobiliarias comerciales o de definir rentar una propiedad en particular, usted debe consultar a un abogado. Un abogado de las propiedades inmobiliarias se asegurará de que sus intereses estén representados en el proceso de la negociación. El abogado puede también ayudar a informarle si alquilar o comprar un espacio sería lo mejor para su negocio. Además, un abogado de propiedades inmobiliarias puede informarle si su propuesto negocio se conformará / estará en ley con las leyes locales del empleo de tierras y de las leyes de la división de zonas.

Bienes raíces comerciales

Bienes raíces comerciales es un término para describir una propiedad con cinco (5) o más unidades.

Los diferentes tipos incluyen edificios de oficinas, complejos de apartamentos, almacenes y consultorios médicos. Bienes raíces comerciales es un término amplio.

1. Descripción

Si usted es propietario o maneja algún negocio, es probable que le alquile a un propietario de bienes raíces comerciales. La mayoría de las empresas exigen espacio de algún tipo, ya sea en una tienda, oficina, personal, almacenamiento o depósito. A medida que su empresa crezca, puede que necesite más espacio, expansión, almacenamiento, o simplemente una mejor ubicación puede hacer que usted busque una nueva pieza/local de bienes raíces comerciales.

Lo que puede que no sepa es que usted es capaz de negociar términos más favorables de arrendamiento. Solo porque un propietario pide un acuerdo de "estándar de arrendamiento" no significa que debe ser unificado para todos. No existen leyes que exijan que se siga el mismo acuerdo con todos los inquilinos. El arrendamiento de bienes raíces comerciales puede dar cabida a cambios en la propiedad, y a condiciones de arrendamiento u otras variantes.

Antes de comenzar la negociación, debe conocer las respuestas a algunas preguntas claves. ¿Hay otras personas compitiendo por el mismo arrendamiento que usted tiene en mente? Si lo están, se debilita por su posición, ya que la otra compañía puede que no esté tan informada como usted y firma el contrato de arrendamiento a ciegas. ¿Ha estado el espacio desocupado por mucho tiempo? En caso afirmativo, el propietario puede estar más desesperado por alquilarlo, con más facilidad. Asimismo consideramos conveniente la forma del espacio en términos de ubicación, disposición y otras necesidades de bienes raíces comerciales.

2. Negociación de los asuntos del arrendamiento

Hay docenas de términos en cualquier acuerdo de arrendamiento. Además de la suma de la renta mensual, hay limitaciones sobre el uso de las instalaciones, el espacio arrendado, el acceso al espacio de almacenamiento adyacente, y más. Dependiendo de la ubicación y la configuración específica de los bienes raíces comerciales, puede ser capaz de negociar todos o algunos de esos términos.

Los términos comunes de bienes raíces comerciales que se negocian son los siguientes:

- El importe mensual del alquiler concedido por el propietario o empresa de arrendamiento financiera después de un lapso de tiempo en pago o en respuesta a un largo contrato de arrendamiento.
- Duración del contrato de arrendamiento en término de meses o años.
- Uso de los locales, incluidas las plazas de estacionamiento, el acceso a los mismos y cambios que se puedan realizar en el interior.
- Sitio exacto del espacio alquilado (¿se puede alquilar la mitad de la oficina?).
- Gastos relacionados con el funcionamiento de los bienes raíces comerciales (¿el dueño cubre el agua y el alcantarillado?).
- Proceso y licitud de las mejoras que el inquilino haga (¿pueden ser reemplazadas por el dueño?).
- Subarrendamiento de proceso de aprobación o permisos.
- Renovación de términos, como la reducción o aumento del costo del alquiler.
- Los derechos y los costos involucrados por abandonar y/o cancelar un contrato de alquiler.
- ¿En qué condiciones lo puede hacer el inquilino? Requisitos de seguro.
- Opciones adicionales de espacio disponible al inquilino si es necesario.

3. Tipos de arrendamiento

Además de que los términos puedan variar, el tipo de arrendamiento puede variar también. Hay cinco (5) tipos principales de arrendamientos. El tipo que usted necesita depende de su estructura empresarial, presupuesto y espacio disponible.

Un arrendamiento bruto es el tipo más común de bienes raíces comerciales. El inquilino presenta los pagos mensuales de alquiler a un propietario que, a su vez, asume la responsabilidad de pagar impuestos, los seguros, los gastos de mantenimiento, y otros gastos del propietario. Estos son a menudo llamados "contratos fijos", pero entendemos que no hay nada "estándar" sobre ellos. No existe una autoridad de reglamentación que establece los términos fijos.

Una red de arrendamiento es el segundo más común en los arrendamientos de bienes raíces comerciales. En una red de alquiler, el inquilino paga una renta mensual a un propietario y una parte de todos los gastos asociados con la propiedad de bienes raíces, incluyendo el mantenimiento, reparaciones e impuestos. La red de arrendamiento suele permitir al inquilino más flexibilidad en el uso de los bienes raíces comerciales. Si tiene que modificar los bienes raíces comerciales que está arrendando, este tipo de arrendamiento puede ser la mejor opción para usted.

Un reto triple de arrendamiento es muy similar a una red de arrendamiento, en la que el inquilino paga por la mayoría o paga todos los gastos de funcionamiento asociados a los bienes raíces comerciales. En un centro comercial o locales de arrendamiento comercial, el inquilino pagará un alquiler por pie cuadrado de la instalación y algunos de los gastos de funcionamiento compartido por las zonas comunes del centro comercial. Estos suelen incluir una porción de los impuestos sobre la propiedad, la estructura de seguros, mantenimiento, reparaciones así como zona de apartamentos, y la entrega de bahías. Mientras que usted pueda pagar más por un espacio en un centro comercial, puede ser una opción ideal para ganar más clientes, sobre todo si el centro comercial es frecuentado por varias personas.

El último y el más involucrado tipo de arrendamiento es un arrendamiento de los terrenos. Se trata de que un inquilino arrienda una parcela de tierra con la intención de construir una especie de propiedad sobre el lote. Aunque los edificios se adquieren y mantienen completamente por el arrendatario, la terminación del contrato de arrendamiento, todas las mejoras del edificio, y la propiedad, se revierten al propietario de la tierra. Estas son normalmente un arrendamiento de largo plazo, que van de cinco (5) a cien (100) años o más.

4. Lista de verificación de la mudanza

Después que haya elegido su ubicación y firmó su contrato, es el momento de iniciar el movimiento de mano de obra.

• La mudanza temporal demora mucho tiempo de empaque y conlleva equipo de oficina en movimiento. No subestime la cantidad de empaque que será necesario mientras está aún en marcha el negocio. Considere la posibilidad de contratar temporalmente algunos ayudantes para empacar los documentos no confidenciales, mientras que sus empleados siguen haciendo su trabajo.

- Aproveche esta oportunidad para un inventario de su oficina.
- La localización del diseño y la decoración es más fácil de hacer antes de la mudanza. Involucrar a sus empleados en el diseño y la decoración aumenta la moral de los empleados y es un proceso que los puede entusiasmar.
- Considere el arrendamiento o la compra de algunas piezas nuevas de oficina para el nuevo espacio comercial de bienes raíces.
- **Intereses:** planee los servicios que son importantes para sus empleados, y no se olvide de la sala de descanso adecuada.
- **Ejerza con cuidado:** asegúrese de que sus bienes raíces comerciales de arrendamiento permitan el subarriendo antes de hacer nada. Si tiene que obtener la aprobación del propietario antes de un arrendamiento, asegúrese de hacerlo rápidamente.
- Contacte a todas las empresas de servicio público y proveedores de comunicación para asegurarse de que tendrá los servicios en ambos lugares durante el traslado.
- Asigne los espacios de la oficina antes que la mudanza llegue, lo que hará el traslado mucho más fácil, ya que todos sabrán dónde ir.
- Ordene llaves, tarjetas y un servicio de seguridad con suficiente antelación para los cierres patronales.
- Cualquier persona por seguridad debe recibir una liquidación oficial a través del nuevo sistema de seguridad.
- Ordene cheques, tarjetas de visita, facturas y cualquier otro material impreso que se utiliza para reflejar su nueva dirección.
- Contacte vendedores, los clientes, las personas y la entrega de su nueva dirección. No olvide notificar de su nueva dirección de correo postal al United States Postal Service (USPS).
- Dedique tiempo a la asesoría sobre el sistema de comunicaciones telefónicas y dé clases a todos sus empleados, tanto si es nuevo el sistema o no. Un repaso nunca es perjudicial.
- Organice una fiesta e invite a clientes y proveedores, además de amigos y familiares de sus empleados.

5. Corredores

Un corredor de bienes raíces es la persona o empresa que está autorizada por el Estado para representar a un comprador o inquilino en una transacción de bienes raíces comerciales a cambio de una comisión. Esencialmente, es su agente y debe velar por sus intereses.

Busque el corredor correcto para sus necesidades. La mayoría de los agentes se centran en dos o tres tipos de bienes raíces. Industrial, tiendas, espacio de oficinas y almacén son algunas de las especialidades de tipos de bienes raíces comerciales. Elija un corredor con antecedentes del mismo tipo de espacio que requiere. Verifique las referencias y la concesión de licencias. Asegúrese de que todas las licencias estén al día. Compruebe la mejor agencia de negocios para cualquier queja que tenga contra ellos. Pida a los colegas recomendaciones para elegir un corredor con buena reputación para una buena calidad de servicio.

Usted elige el espacio que necesita, no el intermediario/corredor. No deje que un agente inmobiliario comercial de carácter fuerte, ya sea mayor o menor de lo que usted necesita (puede pedirle una opinión). Utilice la experiencia de su corredor en el mercado para elegir usted un buen sitio. Los corredores podrán sugerir áreas que sean de gran actividad comercial y alejarlo a usted de lugares inapropiados para su negocio. Un buen agente debe ser capaz de anticiparle sus necesidades futuras y le ayuda en la búsqueda de una propiedad con capacidad de ampliación. Manténgase alejado de los "intermediarios" que solo le buscan un lugar para el ahorro de su negocio, en vez de mirar su crecimiento proyectado a más de cinco (5) años. Mudar su negocio es una gran decisión con importantes derivaciones. Evite pasar innecesariamente en el futuro por esto mediante la planificación desde ahora.

6. Algunos motivos de cancelación de un contrato

Después de algún tiempo en su espacio de bienes raíces comerciales, puede encontrar algunas razones para su cancelación. Las razones más comunes incluyen:

- El negocio creció más rápidamente de lo previsto y necesita más espacio.
- Se necesita un mejor lugar debido a un cambio en la dirección de su empresa o las necesidades de los clientes.
- El negocio está disminuyendo y necesita un menor pago de renta, desea cerrar su negocio o las dos cosas.
- Insatisfacciones con el dueño o el administrador.

Si tiene que mudarse porque su empresa necesita más espacio o si necesita una mejor ubicación, puede ser capaz de subarrendar su espacio actual. El beneficio es que es normalmente un proceso rápido y no requiere costo adicional para usted. La desventaja es que usted es aún responsable a última instancia del contrato de arrendamiento de su inquilino. Compruebe las posibilidades y las disposiciones de subarrendar el local. El subarrendamiento es también una posible solución si la empresa va mal y necesita efectivo para reducir sus deudas.

Si se está actualizando a una zona más cara, o con mayor espacio, puede ser capaz de convencer a sus propietarios de que desea alquilar uno más grande y más caro para satisfacer sus necesidades. Se hará más dinero, usted ganará más dinero y podrá arrendar el otro local a otro negocio. Esto funciona mejor cuando se trata de grandes empresas de gestión de propiedad, ya que tendrá más que ofrecer.

Puede dejar su oferta de comprar por el resto del contrato con un pago único. Cuanto antes vuelva al dueño que le alquiló el espacio, mejor será su pago de la suma global. El beneficio de este acuerdo es que puede mudarse a su nueva ubicación sin lamentarse. La desventaja es que su pago de la suma global está en manos del agente de arrendamiento y, si no trabaja duro para alquilar el espacio, la ley puede intervenir.

Si no están conformes en el lugar de trabajo o con el propietario, deberá releer su contrato de arrendamiento y ver si su insatisfacción se debe a una violación del contrato de arrendamiento. Si encuentra que tiene motivos suficientes para salir del contrato de arrendamiento, en primer lugar debería hablar con el propietario. Solicitar que se deje fuera del contrato de arrendamiento y explicar por qué. Si esto no funciona, busque asesoramiento legal.

7. Encontrar la cantidad/medida correcta de espacio

¿Cuánto espacio en bienes raíces comerciales necesita para hacer su negocio? Dependerá de una serie de factores, tanto hechos correctos como proyecciones. Como la mayoría de los arrendamientos de bienes raíces comerciales son por un período de cinco (5) años, usted debe basar su espacio necesario en este número.

En primer lugar, usted y sus socios de negocios necesitan preguntarse: ¿en qué posición se encuentra el negocio? ¿Tiene su negocio la visión de expansión en cinco (5) años? ¿Cuánto personal va a añadir en los próximos cinco (5) años? Si bien usted puede no estar en condiciones de responder a todas estas preguntas, su estado general de expectativas será una pista útil en el proceso de planificación para el uso de bienes raíces comerciales. ¿Cuál será el tamaño de su organización en expansión? ¿Cuáles serán los recursos que serán necesario para obtener ese objetivo? ¿Cuántos empleados, mobiliarios de oficina, fabricación especial, computadoras y equipo de oficina principal, de almacenamiento de suministro de oficina, archivos y el inventario de lo que necesita para alcanzar su meta?

Llame a la asociación comercial de su sector y pregunte sobre el promedio de venta por pie cuadrado. Si su objetivo anual de ingresos es de $500,000 y las estimaciones de la asociación comercial son de $140 de venta por pie cuadrado, divida su objetivo por sus ventas actuales de ($500,000/$140= 3,571 metros cuadrados que se necesita para alcanzar la meta de ingreso). Si usted está comenzando con su negocio, sin necesidad de mucha acción puede estimar de 150 a 200 pies cuadrados por empleado además de los flujos de tráfico de subsidio del 15%.

8. En caso de que usted compre

¿Está usted luchando con la decisión de comprar, o el arrendamiento de bienes raíces comerciales para su empresa? Usted no está solo. Cada uno tiene su propia opinión, pero al final la decisión es suya. Comprender que su empresa no tiene que hacer lo que todos los demás hacen, su situación es única. Si decide comprar una propiedad de bienes raíces comerciales, usted obtiene el beneficio de reconocimiento de activos. El valor sube, lo que significa que serán capaces de venderla por más de lo que pagó por ella. Usted también se beneficia de los gastos generales fijos. Su empresa tendrá la opción de subarrendar espacio para ayudar a pagar sus facturas.

Una de las desventajas de comprar es que usted es completamente responsable de todas las reparaciones, el mantenimiento, los impuestos y las tarifas asociadas con la propiedad. Usted está también encerrado en un compromiso más grande si usted compra. A menudo hay sanciones de pago relacionadas con las hipotecas de bienes raíces. Si encuentra que no le gusta la zona, de nuevo, ya está bastante aferrado a esta. Piense con cuidado acerca de esta decisión, tanto en lo que respecta a su negocio como a la zona.

9. Lenguaje que usted debe saber acerca de la construcción

Informe de evaluación: es un informe de un profesional imparcial, que incluye un análisis del valor de los bienes raíces comerciales y el análisis y los cálculos que llevaron a esa opinión. Un informe de evaluación/tasación es necesario para cualquier venta de una propiedad.

Corredor: es un agente con licencia de obras que ayuda al comprador, vendedor, arrendatario o arrendador o una combinación de ambos. Ayuda a facilitar la compra o el alquiler y ayuda a sus clientes con el proceso de bienes raíces comerciales.

Satisfacción en la construcción: es una manera de arrendamiento que incluye que un propietario mejore el lugar para adaptarlo a las necesidades del inquilino. La construcción es por lo general parte de los términos del contrato de arrendamiento, pero los edificios y las mejoras siguen siendo propiedad de los propietarios de los terrenos a la terminación del contrato.

Concesiones: los beneficios, descuentos o concesiones hechas por el vendedor o arrendador para ayudar que la venta o arrendamiento avancen rápidamente, mejoras en los espacios, gastos de mudanza, actualizaciones y la reducción o cero pago, para adquirir una parte del lugar de arrendamiento, son comunes concesiones.

Cláusulas de escalada: es una sección en el contrato de alquiler que permite el aumento de alquiler. La cláusula de escalada incluye las normas que deben seguirse en caso de un aumento del alquiler. Las normas incluyen: aumento máximo de alquiler por período, el lapso de tiempo necesario entre los aumentos del precio del alquiler, el costo de vida aumenta de acuerdo al índice del Gobierno, y aumenta directamente relacionado con las operaciones de la propiedad.

HVAC: mantenimiento de la ventilación del aire, condicionado a que incluya estos sistemas. Si bien es, por lo general, responsabilidad de un propietario mantener estos sistemas, hay algunos arrendamientos que requieren asistencia del arrendatario.

Subarrendamiento de la propiedad: es un acuerdo entre el propietario y el inquilino que permite que el inquilino subarriende una parte o la totalidad de los bienes raíces comerciales que contrató otra empresa.

PROYECTOS NUEVOS EN PUERTO RICO

NO TODO CAVERNÍCOLA ES UN DESARROLLADOR

Cuando escuchamos la palabra "creador" inmediatamente nos viene a nuestro pensamiento la imagen de nuestro Soberano Universal, Dios, trabajando gozosamente en la creación del universo y en especial en nuestro planeta Tierra. Otros tal vez piensen en un artista que a través de sus manos, ingenio y creatividad nos lleva a lugares inimaginables. Sin embargo, en muy pocas instancias asociamos la palabra "creador" con las personas que construyen nuestras residencias, plazas comerciales, hoteles y lugares de trabajo. No obstante, ese podría ser uno de sus sinónimos.

Durante los pasados años, los desarrolladores, como se les conoce a tales constructores en Puerto Rico, han sido señalados por muchos sectores del país como los culpables del descalabro social, económico y ambiental que sufren muchas regiones en la isla. De hecho, identificarse hoy día como desarrollador puede tener una connotación negativa. ¿Es esa percepción correcta y justa? No hay duda de que, como en todas las profesiones, siempre existen algunos elementos que, en contra de sus propios intereses, los de su industria y los de su país, continúan con proyectos que obviamente violan las mejores normas de planificación urbana. No obstante, con el ánimo y deseo de establecer un marco común de referencia, nos hemos propuesto la meta de comenzar este artículo definiendo lo que significa ser desarrollador; luego pasaremos a qué hacen y cómo lo hacen. De esa manera, al observar el producto final de algún constructor podemos saber si esta persona realmente llena a cabalidad la distinción que representa ser llamado "desarrollador".

Primero, ¿qué es un desarrollador? ¿Cómo se define? Puesto que no contamos con una escuela de facultad para desarrolladores, ni tampoco con una unión o colegio de desarrolladores, no existe una definición formal de lo que significa ser desarrollador. No obstante, a base de su función y trabajo podemos deducir una definición. En términos generales, un desarrollador es aquella persona que causa que ocurran cosas: aquella que crea algo donde no existía nada antes. El Urban Land Institute, prestigiosa organización internacional que pretende fomentar los más altos niveles de planificación urbana y desarrollo, en una de sus publicaciones, define "desarrollador" de la siguiente manera:

"Los desarrolladores son los actores centrales en el proceso de desarrollo porque sus acciones determinan el qué, cuándo y para quién: qué tierra será considerada para desarrollo, cuándo las mejoras comenzarán y para quién el proyecto será desarrollado". ULI's *Residential Development Handbook*.

Otra definición la hizo el señor Thomas Carr, de CarrAmerica, que dice:

"Un desarrollador es un individuo (o compañía) que maneja un diverso grupo de profesionales y grupos externos para crear un proyecto que llene las necesidades del mercado".

Si utilizamos como base tales definiciones podremos apreciar por qué es tan importante la participación de desarrolladores competentes en el proceso social y económico de la planificación urbana.

Los resultados de sus ejecutorias repercutirán por décadas e impactarán la calidad de vida de los residentes actuales al igual que la de futuras generaciones. La mala planificación, se ha dicho, crea errores que para corregirse requieren mucha inversión económica, política y social. A modo de ejemplo, como consecuencia directa de la pobre ejecutoria de algunos mal llamados desarrolladores (que incluyen a instancias al gobierno), comunidades enteras se han visto plagadas de problemas de infraestructura, congestión vehicular y en ocasiones criminalidad. Ahora, ¿es ese el caso de la mayoría de los desarrolladores de Puerto Rico? ¿Qué hace un desarrollador? Veamos.

Una de las características más importantes de un desarrollador competente es que su trabajo añade valor a la tierra, a sus usuarios y a la comunidad en general. ¿Cómo lo logra? Al parear las preferencias de los usuarios del desarrollo con las características del lugar. Un ejemplo perfecto de tal valor añadido lo es el desarrollo planificado de un proyecto residencial y comercial como Los Paseos en San Juan, localizado a las afueras de la zona metropolitana. Nadie hace treinta años o más imaginaba que el desarrollo urbano de San Juan llegaría hasta esa área.

Sus desarrolladores tuvieron la visión de anticiparse a los cambios sociales que se estaban dando en Puerto Rico en esos momentos, tales como: una mejoría de la economía a nivel nacional, el deseo de las familias jóvenes puertorriqueñas de buscar un lugar con facilidades recreativas múltiples y que además contara con buenas medidas de seguridad para proteger sus propiedades de la abrasante ola criminal, pero que a la vez no estuviera muy retirado de sus lugares de empleo. Tal visión creó un gran valor no solo a los dueños originales de los terrenos, sino también a sus compradores que han visto crecer el valor de sus propiedades, adquiridas hace menos de quince años, en más de un 300%, creando a su vez riqueza para sus dueños. Además, el Gobierno se ha beneficiado de mayores recaudos en contribuciones de la propiedad inmueble y de ciertas ofertas de infraestructura que los desarrolladores crearon para beneficio de la ciudadanía en general.

Otro gran ejemplo es el desarrollo comercial de Plaza Las Américas en San Juan, localizado entre las vías de carreteras más transitadas de Puerto Rico. Las Empresas Fonalledas, desarrolladores del complejo, han creado un centro de comercio y oficinas que está entre los mejores de Estados Unidos. Todo esto ha contribuido al desarrollo socioeconómico de nuestras familias puertorriqueñas, que allí laboran, se entretienen y compran. El Gobierno por su parte se ha beneficiado de mayores recaudos de patentes municipales, contribuciones de la propiedad, inmueble y mueble, y mejoras a la infraestructura vial del país.

Por todo Puerto Rico podemos apreciar proyectos similares, producto de desarrolladores comprometidos con proveer lo mejor para nuestra isla; mejorar la calidad de vida de nuestra gente. Tal dedicación y compromiso no viene simplemente por casualidad. Detrás de cada buen proyecto palpamos ese valor añadido en una oferta de desarrollo que cuenta con espacios de vivienda adecuados, las amenidades correctas, a un precio razonable, control de costos, la calidad de la construcción, financiamientos competitivos, todo armonizado en un proceso de diseño que atempera el desarrollo a nuestros limitados recursos. Además, estos promotores tienen el compromiso de realizar toda gestión necesaria para lograr una planificación ordenada que protege el ambiente y nuestros escasos recursos naturales, mientras llevan a cabo un desarrollo que sea sustentable y viable. En Puerto Rico existen desarrolladores que reconfortan el alma y la invitan a soñar, tales como los que se dan en el Viejo San Juan o en Santurce, entre otros. Por el mero hecho de que alguien ruede una roca a la entrada de una cueva y una familia viva en ella, eso no lo hace un desarrollador. Los desarrolladores competentes deben y desean cubrir las necesidades del hombre y de su sociedad, sean estas presentes o futuras. POR LO TANTO, EN VISTA DE LO ANTERIOR, LA PRÓXIMA VEZ QUE USTED SE ENCUENTRE CON ALGUIEN QUE SE IDENTIFICA A SÍ MISMO COMO DESARROLLADOR PREGÚNTELE: ¿QUÉ HA CREADO USTED RECIENTEMENTE?

LOS SIETE PASOS PARA CONSTRUIR UNA CASA

Tener la vivienda ideal es un sueño que puede estar muy cerca si decidimos **construir una vivienda a medida de nuestros gustos y necesidades.** Difícilmente una casa ya construida, eso sí, se podrá adaptar a la perfección a nuestro estilo de vida y al de nuestra familia. Siempre habrá retoques y reformas que hacer sin que, probablemente, lleguemos nunca a igualar esa vivienda a nuestro ideal. La única manera de conseguir hacer realidad lo que imaginamos es diseñando y construyendo una casa desde cero. Se trata de un proceso que puede llegar a ser largo y tedioso si no se toman las decisiones correctas ni se trabaja con los profesionales adecuados. Por ello, antes de adentrarse en este viaje, conviene conocer los siete pasos imprescindibles a la hora de saber cómo se construye una casa. Estos pasos son:

1. Compra y estudio de una parcela
Parcela: marcará todo el proyecto y diseño de la vivienda

Más que los gustos y las preferencias del futuro propietario, **lo que marcará el diseño, la forma y hasta los acabados de la vivienda será el terreno.** La posible inclinación que pueda tener la parcela, la orientación o la cualificación de la misma dentro del plan urbanístico son solo algunos de los criterios que se deberán evaluar cuando se esté valorando la compra de una parcela.

2. Diseño y proyecto de arquitecto
Proyecto: lo realiza el arquitecto a medida de la parcela, del diseño planteado y de los materiales elegidos acogiéndose a normativa.

El diseño del arquitecto vendrá marcado inevitablemente por las condiciones técnicas y estéticas de la parcela. El diseño que vale y cumple los requisitos de un terreno no tiene por qué ser válido para el del lado o el del frente. Así, **una vez realizado un diseño que cumple nuestras expectativas será necesario realizar el proyecto.** Será con ese proyecto, una vez que esté visado en el colegio de arquitectos correspondiente, con el que podremos realizar todas las gestiones relativas a la solicitud de licencias, acometidas y, por supuesto, de financiamiento hipotecario.

3. Licencias:
Para poder solicitar las licencias de obra (y por lo tanto, la luz y agua necesarias) es necesario presentar el proyecto del arquitecto. Es la autorización legal para poder construir.

Básicamente se trata del permiso para construir que nos otorgará el ayuntamiento. Una vez que el arquitecto municipal y los responsables técnicos del municipio en cuestión hayan validado que efectivamente el proyecto realizado por el arquitecto se ajusta a normativa y cumple con todas las premisas exigidas para llevar a cabo la edificación, se otorga la **licencia de obra**. Con la propia licencia que nos permitirá construir será con lo que procedemos a solicitar las acometidas de obra que nos permiten disponer de los recursos necesarios para llevar a cabo la construcción. De igual manera todos los permisos relativos a la ejecución de la vivienda, como pueden ser el espacio de colocación de un contenedor o el paso de maquinaria, dependerá de la previa concesión de la licencia correspondiente.

4. Financiación hipotecaria/financiamiento:

Para poder optar a una hipoteca de autopromoción debemos presentar el proyecto del arquitecto y las licencias municipales de la obra. En la actualidad se suele conceder el 80% del valor más el terreno.

Salvo algunas excepciones, en la mayoría de los casos la construcción de una vivienda se llevará a cabo con la ayuda de los bancos. Mientras se desarrolla el proyecto se pueden ir realizando gestiones previas de manera que se encamine la futura concesión de la hipoteca; sin embargo, **no será hasta que dispongamos de un proyecto visado y de la licencia de obra municipal cuando podamos llevar a cabo la firma con el banco.** En ese sentido, al tratarse de un bien que aún no existe, la llamada **hipoteca de autopromoción** se considerará con la evaluación del proyecto en sí. Si bien en la mayoría de los casos el terreno en sí no es un bien hipotecable, sí que lo será la unión de la futura casa más el terreno. En muchos casos a la hora de financiar la compra de un terreno se suele pedir un crédito personal que, *a posteriori*, una vez que disponemos ya del proyecto, se integra dentro de la propia hipoteca.

5. Construcción de la vivienda:

Construcción: una vez se define la licencia para construir se puede llevar a cabo la ejecución de la vivienda. El futuro propietario ejerce como promotor y comparte responsabilidades con la empresa promotora.

Teniendo ya la licencia, las acometidas de obra y todos los permisos en regla, se comienza a construir la vivienda. En este caso, al tratarse de una vivienda unifamiliar de autopromoción **será el futuro propietario quien ejerza de promotor de la vivienda.** Ello significa que a efectos legales y de seguridad compartirá la responsabilidad con la constructora que lleve a cabo la obra. Es por eso que debe tener una confianza esencial en la empresa que elijamos para la ejecución del proyecto, ya que se establece una relación que durará varios meses e incluso años, no solo en lo que se refiere al período de construcción, sino una vez terminada la vivienda en servicios de posventa, remates, etc. En ese sentido, también el período de construcción será mayor o menor en función de la empresa que elijamos, así como el sistema constructivo. Así, por ejemplo, en construcción convencional podemos estar hablando de entre 18 y 24 meses de ejecución de vivienda, mientras que **en sistemas alternativos como el de entramado ligero de madera reducimos ese período hasta los seis meses. En una casa unifamiliar / de una sola vivienda, estaríamos hablando entre cuatro a seis meses más o menos.**

6. Certificaciones: en autopromoción se suele funcionar por certificaciones de obra. Cada mes se evalúa qué se ha construido, lo firmado, y se procederá al pago. La certificación de fin de obra marca la conclusión del proyecto.

La manera habitual de proceder a la hora de realizar un proyecto propio de autopromoción suele ser la de **certificación de obra.** Este sistema consiste en establecer una serie de fases de manera previa al comienzo de la construcción fijando ciertas fechas en las que deben haberse completado dichas fases. A lo largo del proceso constructivo, cuando dichos hitos/compromisos o tarea específica se haya cumplido, un perito/experto en la materia independiente, ya sea del banco o externo, deberá evaluar la compleción, o sea, la terminación del 100% de la fase de la etapa asignada y estipulada en las certificaciones para proceder al abono/pago de lo ya construido. **Así se hará hasta la certificación final de la obra que será la que haga efectiva la finalización a efectos legales y técnicos.**

7. Fin de obra: con la certificación de fin de obra y el registro en el catastro/número de inscripción de la propiedad para fines contributivos en el Registro de la Propiedad, solicitamos la licencia de primera ocupación. El arquitecto municipal evaluará que se haya cumplido con las normas y leyes del estado y el municipio.

Una vez tenemos la certificación final de la obra podemos **registrar nuestro inmueble en el Registro de la Propiedad y obtener el número de catastro.** Con ambos documentos (certificación final y referencia catastral) en el ayuntamiento/municipio correspondiente se habrá de solicitar la **licencia de primera ocupación.** Hasta que no dispongamos de dicha licencia/permiso no se podrá dar de alta/otorgar los servicios como agua, luz, etc. En Puerto Rico esto es lo primero que se hace. El encargado de dar el visto bueno es el arquitecto municipal, quien se encargará de comprobar que la vivienda construida cumple con las normas, leyes y requisitos del municipio y del estado y se corresponde con el proyecto que se presentó al solicitar la licencia de obra. Con el visto bueno del arquitecto, el consistorio/la Junta Municipal se encargará de dar luz verde a la ocupación de la casa, dando así por finalizado el proyecto que supone la construcción de una vivienda, lo que es el pistoletazo de salida/ la culminación del proyecto y la bienvenida al pleno disfrute de la vivienda.

Vocabulario

1. *APR*: tasa de porcentaje anual.
2. *Affordable housing*: vivienda con precio al alcance de sus recursos económicos.
3. *Market value*: valor en el mercado.
4. *Property owner*: dueño de la propiedad.
5. *Loan to value ratio* (LTV): proporción del balance de principal de un préstamo al valor de la propiedad en el mercado. El % que se prestará, será el menor de los dos.
6. *Alimony*: pensión conyugal, pensión de divorcio.
7. *Child support*: pensión para sustento de los hijos.
8. *Default*: incumplimiento.
9. *Credit report*: informe de crédito.
10. *Lien*: gravamen.
11. *Deed*: escritura.
12. *Due date*: fecha de vencimiento.
13. *Closing date*: fecha de cierre.
14. *Disclosure*: declaración.
15. *Closing cost*: costos de cierre.
16. *Capital gains*: ganancias de capital.
17. *Waiver*: relevo, dispensa.
18. *Lease*: contrato de arrendamiento.
19. *Equite*: capital de propiedad.
20. *Pre-payment clause*: cláusula de prepago. Pago por adelantado.
21. *Co-deptor*: codeudor.
22. *Gross income*: ingreso bruto.
23. *Earnings*: ingreso por ganancias.
24. *Improvements*: mejoras.
25. *Delinquency*: morosidad.
26. *Inicial payment*: pago inicial.
27. *Differed payment*: pago diferido.
28. *Self employed*: persona que trabaja por su cuenta.

29. *Equity loan*: préstamo hipotecario sobre la ganancia capital en la propiedad.
30. *Allocate*: asignar.
31. *Agreement of sale*: acuerdo de venta.
32. *Claim*: reclamo.
33. *Disability payment*: pagos por incapacidad.
34. *Scrow funds*: costos de custodio.
35. *Grant*: fondos gratuitos.
36. *Foreclosure*: embargo.
37. *Due on sale*: cláusula de aceleración.
38. *Penalty*: penalidad.
39. *Earnest money and good faith deposit*: depósito de buena fe.
40. *Good faith estimate*: estimado de buena fe.
41. *Fee simple property*: casa y terreno.
42. *Leasehold property*: casa sin el terreno (se paga arrendamiento).

Subsidio

1. Ley # 10 de 5 de julio de 1973: primera ley. Se autoriza al Secretario de la Vivienda a crear un programa para subvencionar el costo de interés del mercado de hipotecas a las familias de ingresos moderados. Requisito: familias de ingresos moderados; el 20% del ingreso mensual ajustado tiene que ser igual a una 1/12 parte del ingreso total después de restarle los siguientes créditos. Estos son igual al 10% bruto anual para deducciones (comenzó con $300; ahora son $500 por dependiente). Este subsidio será ajustado cada 2 años. Terminado después de los 15 años; si el comprador vendía era penalizado con el total del subsidio más intereses a la misma tasa fijada ($25,000).

2. Ley # 47 de 26 de junio de 1987: Ley de Coparticipación del Sector Público para la Nueva Operación de Vivienda. Constaba de un alivio contributivo del 10% en contribuciones sobre ingresos que provienen de la vivienda (hasta $30,000 por unidad).

3. Ley # 124 de 10 de diciembre de 1993: programa de subsidio a los pagos mensuales de la hipoteca y al pronto pago (2%) a través del Banco de la Vivienda. La penalidad será por 6 años. Si se traspasa la propiedad dentro de los primeros dos años, se penaliza con el 100% de la devolución del subsidio o parte de él según pasen los años. Al tercer año con el 80%, al cuarto año 60%, quinto año 40% y sexto año 20%; después que pase el sexto año ya puede vender la propiedad. Este subsidio es para personas que no tienen hogar. Se cualifica como la ley # 10 pero se aumentan los créditos a $500 por dependiente (hasta $90,000 por unidad en área metro y $80,000 en el resto de la isla). Si la propiedad es heredada antes de los seis años y la vas a vivir, no hay que reembolsar, solo si se vende.

4. Programa de Sección 8/Plan 8: programa federal administrado por el Departamento de la Vivienda. Provee subsidio en el pago de renta a familias de bajos ingresos. La familia es responsable de pagar una aportación de acuerdos a sus ingresos. La fianza será pagada por la familia. La misma será una cantidad igual a la aportación que le corresponda pagar. Si no tienen ingresos, pagarán solamente $50 de fianza.

5. <u>Programa Home</u>: programa auspiciado por fondos federales. Sus objetivos principales son expandir el inventario de viviendas seguras y decentes para familias de bajos ingresos. Asegurar los fondos provistos a los municipios y al estado, con la coordinación de ambos. Rehabilitación o construcción de viviendas por el dueño o para alquiler. Esta ley ya fue eliminada.

6. <u>Ley 4 de 29 de marzo de 2001</u>: mejor conocida como La Llave <u>para tu</u> Hogar. Se realizan unos donativos para las personas que cualifiquen para el pronto de una residencia de interés social. El valor de la residencia no debe exceder los $90,000 para área metro y $80,000 para el resto de la isla. Los donativos van desde $15,000 hasta $3,000 según sea el ingreso de la familia; los cuales tienen que fluctuar entre $25,000 y un máximo de $40,000. Existen unas penalidades por año dependiendo de cuánto fue la aportación dada. Si la persona tiene casa propia y la vende, tiene que esperar por 2 años para poder aplicar al programa (para información en Vivienda 1-888-852-2272 libre de cargos) (eliminada).

Datos

a. La Ley # 293 enmienda la Ley # 124 para que los solteros cualifiquen.

b. La Ley # 296 hace justicia a los familiares de policías muertos en acción.

  c. Pueden recibir hasta 60 mil para el pago o abono de la hipoteca de su vivienda principal.

c. La Ley # 282 permite el subsidio a casas prefabricadas.

7. <u>Programa Hope</u>: para personas de 60 años o más con condiciones excepcionales de salud.

8. <u>Farmer Home</u>: préstamos de bajo interés para agricultores, que quieran adquirir fincas, viviendas o desarrollo de proyectos agropecuarios.

9. <u>Programa de Vivienda USDA (Rural Development)</u>

  a. Requisitos y documentos necesarios para radicar solicitud.

    i. Servicios prestados por el programa RH 502.

      1. Préstamos para compra de solar y construcción de casa.

      2. Préstamos para construcción de casa (solicitante dueño del solar).

      3. Préstamos para compra de casa.

      4. Préstamos para restauración de casa.

      5. Préstamos para compra y restauración de casa.

      6. Préstamos combinado (agencia y banca privada).

      7. Préstamos garantizados para solicitarles de ingresos bajos a moderados.

      8. Préstamos de refinanciamiento.

      9. La propiedad debe estar en una zona elegible.

b. Información: un préstamo regular de vivienda (502) puede ser pagadero en 33 años y en algunos casos puede ser pagadero en 38 años. El interés puede variar desde el 1% hasta el interés máximo que esté en vigor al momento de la aprobación del préstamo, dependiendo del ingreso familiar ajustado del solicitante. Las solicitudes se atienden en orden de fecha de radicación y la aprobación del préstamo está sujeta a que se cumpla con los requisitos de elegibilidad, tasación y disponibilidad de fondos al momento de la aprobación. Este préstamo tiene una cláusula de "*recapture*" (penalidad) donde se específica que si la propiedad se vende o se alquila antes de ser saldada se tiene que devolver todo el subsidio, pero si vende o alquila después de saldada la hipoteca, pagará solo una parte del subsidio dado y esto va a depender de la tasación de la propiedad y su ganancia.

c. Requisitos básicos:

    i. No poseer casa propia.

    ii. Ser ciudadano americano o residente permanente.

    iii. Que el historial de crédito cumpla con los parámetros establecidos en el reglamento.

    iv. Que la familia tenga ingresos fijos y se puedan verificar.

    v. Que los ingresos no excedan los límites establecidos por ley para cada grupo familiar.

    vi. Que tenga habilidad de pago conforme a los parámetros establecidos en el reglamento.

    vii. Las deudas personales juegan un papel fundamental en la determinación de la elegibilidad.

d. Requisitos y documentos necesarios para radicar una solicitud de servicios:

    i. Solicitud debidamente cumplimentada.

    ii. Un giro de $35 para ordenar un estudio de títulos de la propiedad que se va a ofrecer en garantía (no es reembolsable).

iii. Un giro de $38 para el pago del informe de crédito. En los casos en que es un solo solicitante el giro es de $28. Parejas no casadas comprando juntos, $28 cada uno (no reembolsable).

iv. Evidencia escrita de los ingresos de la familia. Los beneficios del pan no se consideran como ingresos.

v. Copia de la escritura registrada o presentada de la propiedad que se ofrecerá en garantía.

vi. Si es para la compra de un solar y construcción de la vivienda, el solicitante tiene que someter el plano y el permiso de segregación aprobado por ARPE.

vii. Certificación del CRIM sobre estatus contributivo de la propiedad a ofrecerse en garantía.

viii. Contrato de opción de compra firmado por los vendedores y los compradores. Este contrato tienen que especificar el precio de venta de la propiedad; quién pagará los honorarios de abogado de la escritura de compraventa y la vigencia de la opción.

ix. Una lista de todas las deudas de los solicitantes que deben aparecer en el informe de crédito, pago mensual y balance.

x. Un giro de $325 para la tasación de la propiedad (reembolsable).

Ejemplo:

Pueblo	Programa	1 personas	2 personas	3 personas	4 personas	5 personas	6 personas	7 personas
Coamo	VII Very low Inc.	6,300	7,200	8,150	9,050	9,750	10,450	11,200
	Low Inc.	10,150	11,600	13,050	14,500	15,650	16,800	17,950
	Mod. Inc.	20,550	22,700	24,850	27,000	28,750	30,450	32,200

Leyes federales que protegen a los solicitantes de préstamos hipotecarios

Truth in Lending Act (Tila):

Ley de veracidad en los préstamos:

Requiere que toda institución prestataria divulgue claramente, en un documento que se le entregue al cliente, el APR (tasa de interés anual), la tasa de interés, cargos por financiamiento, términos de pagos, pago mensual y cualquier otro cargo requerido. Este documento debe utilizar términos uniformes que faciliten al consumidor comparar préstamos hipotecarios.

Transacciones exentas:

1. Crédito comercial agrícola o gubernamental.
2. Crédito de corporaciones públicas.
3. Crédito sobre $25,000 que no esté garantizado por residencia habitual.
4. Cuentas de corretaje.
5. Programa de préstamos para estudiantes.

Requisitos adicionales de notificación:

1. Refinanciamientos: cuando una obligación existente es reemplazada por una nueva, por el mismo consumidor.

2. Asunciones (*assumptions*): cuando el acreedor expresamente acepta a un nuevo consumidor como nuevo deudor en una transacción hipotecaria residencial ya existente.

3. Reglamento Z: aplica cuando se obtiene un gravamen sobre la residencia habitual del consumidor. Solo aplica en refinanciamiento y segundas hipotecas. No aplica en compraventas de residencias. Se ofrece al consumidor un período de "enfriamiento" para que vuelva a meditar sobre la transacción (tres días laborables mínimo).

Real Estate Settlement Procedures Act (Respa):

Ley de Procedimientos de Convenios de Bienes Raíces:

Esta ley exige a las entidades prestatarias que revelen información a los clientes potenciales a lo largo del proceso de la hipoteca. Respa exige que toda entidad prestataria informe en su totalidad a los consumidores sobre los gastos de cierre, los servicios que deben brindar las entidades y las prácticas que rigen las cuentas de depósitos de garantía (cuenta plica). Estimado de buena fe. Elimina ciertas comisiones por ciertos referidos de negocio. Considera que estos *"kick back"* encarecen los costos del cierre. Persigue reducir las cantidades que los compradores tienen que colocar en cuenta plica para el pago de contribuciones. Exige hojas de cierre uniforme (*uniform settlement statement*), libros o folletos informativos; prohíbe cobros por preparar documentos.

Fair Housing Act (La Igualdad en la Vivienda)

A. Prohibiciones: la Ley de Vivienda Justa prohíbe el discrimen en la vivienda por:
    1. Raza o color.
    2. Origen nacional.
    3. Sexo.
    4. Condición familiar (incluye menores de 18 años que residan con sus padres o tutores; mujeres embarazadas y personas que están procesando la custodia de niños menores de 18 años).
    5. Impedimentos (hándicap).

B. Préstamos hipotecarios: se prohíbe:
    1. Negarse a procesar un préstamo hipotecario.
    2. Negarse a proveer información.
    3. Exigir condiciones diferentes.
    4. Discriminar en la tasación.
    5. Establecer diferentes condiciones.

Equal Credit Opportunity Act (ECOA)

Prohíbe el discrimen en el crédito (no importa el tipo de crédito, personal, comercial o familiar) por:

- Sexo.
- Estado civil.
- Raza.

- Origen nacional.
- Religión.
- Edad.
- Ingreso: asistencia pública.

Flood Disaster Protection Act (FDPA): Seguro contra inundaciones

Garantiza que el seguro de inundación esté disponible a un costo razonable para los dueños de propiedades localizadas en áreas inundables que participen en el National Flood Insurance Program (NFIP). Reduce o evita pérdidas futuras debido a inundaciones y provee una alternativa a la ayuda directa federal en casos de emergencia.

Cobertura: todo préstamo incluyendo préstamos de construcción, refinanciamientos, de mejoras al hogar, que estén garantizados por un inmueble desarrollado y localizado en un área designada como inundable por FEMA.

Resumen de leyes que regulan la actividad de bienes raíces en Puerto Rico

1. Ley # 177 del 25 de junio de 1964: regula la práctica del negocio de bienes raíces.

2. Reglamento de Competencias Justas # 4 del 15 de julio de 1970: controla la venta de propiedades fuera de Puerto Rico.

3. Reglamento de Competencias Justas # 5 del 3 de agosto de 1972: reglamenta la venta de propiedades en Puerto Rico y sus territorios.

4. Ley # 139 del 14 de junio de 1980 (enmienda al Reglamento # 5): establece la Junta Examinadora de Corredores.

5. Ley # 145 del 18 de junio de 1980 (enmienda al Reglamento # 4): reglamenta las transacciones e impone penalidades a las violaciones incurridas en ventas de propiedades fuera de Puerto Rico.

6. Ley # 10 del 26 de abril de 1994: reglamenta la profesión de corredor, vendedor y empresas de bienes raíces en Puerto Rico. Se adapta el reglamento para la aplicación de la ley.

7. Ley # 130 del 13 de junio de 1967: Oficina del Oficial de Construcción.

8. Ley # 85 del 13 de agosto de 1994: excluye a los corredores del término *urbanizador* o *constructor*.

9. Ley # 104 del 25 de junio de 1976: Ley de Propiedad Horizontal.

10. Ley # 157 del 4 de junio de 1976: enmienda a la Ley # 104 de Propiedad Horizontal.

11. Ley # 103 del 2003: enmienda a la Ley # 104 del 1958, Ley de Condominios.

12. Ley # 180 del 12 de agosto de 1995: cambia las fechas de los exámenes para vendedor y corredor. Dos por año. Ley 172 de 1999: no menos de 60 días entre examen.

13. Ley # 5 del 1973: DACO.

14. Ley # 13 del 1980: Veterano.

15. Ley # 80 del 1991: CRIM.

16. Ley # 10 del 1973: subvenciona el costo de intereses hipotecarios.

17. Ley # 47 del 1987: coparticipación del sector público.

18. Ley # 124 del 1993: programa de subsidios al pago mensual y al pronto pago por seis años.

19. Ley # 4 del 2001: La Llave para tu Hogar.

20. Ley # 24 del 1962: exoneración por $15,000 a la propiedad.

21. Ley # 226 del 22 de agosto de 2004: enmendó el Código de Rentas Internas, reduciendo el porcentaje a la mitad sobre las contribuciones de ganancias de capital de un 10% a un 5% hasta el 1 de julio del 2005.

22. Ley # 21 del 1987: control de acceso en la comunidad.

23. Ley # 146 del 30 de junio de 1961: ley que crea el Banco de la Vivienda, corporación pública.

24. Ley # 271 del 6 de octubre de 1998: elimina cláusulas de renovación automática en los contratos.

25. Ley # 75 del 2 de julio de 1987: Ley Notarial.

26. Ley # 198 de agosto de 1979: Registro de la Propiedad. Ley Hipotecaria.

27. Ley # 464 del 25 de abril de 1946: Ley de Alquileres Razonables.

28. Ley # 57 del 25 de junio de 1995: deroga de forma escalonada la Ley # 464 de Alquileres Razonables.

29. Ley # 93 del 16 de mayo de 2005: derecho del posible comprador a realizar una inspección física de la propiedad por un experto, para casas ya existentes.

30. Ley # 118 del 26 de septiembre del 2005: ordena poner en orden alfabético las definiciones (Ley # 10-94) y da 30 días para que se informe a DACO la fianza y la cuenta plica.

Honorarios notariales

¿Qué es el notario en Puerto Rico?

Es el profesional del derecho que ejerce una función pública.

El notario tiene que interpretar la voluntad de las partes y darle forma legal; dar fe de los hechos y redactar los documentos de acuerdo al derecho aplicable.

¿Qué es la fe pública notarial?

Es que el Estado ha delegado en el notario la facultad de que todo lo que exprese en los documentos bajo su firma, signo, sello y rúbrica se tiene por cierto.

¿Qué garantiza la fe pública?

El notario da fe pública y asegura que el documento cumple con todas las formalidades de la ley y que el documento es legal y verdadero.

Artículo 1.344 del Código Civil de Puerto Rico; 31 LPRASEc. 3.751

Gastos de otorgamiento de la escritura y de las copias: serán de cuenta del vendedor, y los de la primera copia y los demás posteriores a la venta serán de cuenta del comprador, salvo pacto en contrario.

Ley # 239 de 9 de agosto de 2008

Para derogar el artículo 77 de la Ley # 75 del 2 de julio de 1987, según enmendada, conocida como la Ley Notarial de Puerto Rico, y establecer un nuevo artículo 77, a los fines de establecer la naturaleza fija y del arancel para el cobro de honorarios notariales, prohibir el cobro de honorarios notariales por personas naturales, jurídicas u organizaciones no autorizadas a practicar la notaría en Puerto Rico.

Exposición de motivos

El notario, distinto a otros profesionales, es a la vez profesional del derecho y funcionario por delegación del Estado. Este doble carácter resulta imprescindible, pues la supresión de cualquiera de esos dos atributos impediría al notario cumplir la función que el Estado y la sociedad le han encomendado. El control de legalidad es la espina dorsal del sistema de notariado de tipo latino, sistema que se practica en Puerto Rico y en setenta y cinco (75) países alrededor del mundo, y que históricamente llega a nuestro ordenamiento jurídico a través de España.

El notario puertorriqueño recibe una delegación especial del Estado para garantizar la seguridad jurídica y la autenticación de instrumentos públicos, testimonios y contratos. El notario ejerce una actividad independiente en el marco de un cargo público, bajo la forma de una profesión sometida al control y supervisión de los poderes del Estado, tanto en cuanto a la observancia de las normas referentes al documento notarial, como en cuanto a la reglamentación de las tarifas a cobrar por su servicio. Además, el notario tiene una función preventiva similar a la del juez, encaminada a reducir los litigios, en la que actúa como asesor imparcial y garantizar la paz social.

El artículo 77 de la Ley # 75 del 2 de julio de 1987, enmendada, estableció la retribución que recibirán los notarios por sus servicios notariales y desde entonces no ha sido revisada. El arancel que dispone este artículo en la práctica no es observado, lo cual va en detrimento del notariado puertorriqueño, comprometiendo la estabilidad e imparcialidad, de tan importante funcionario.

El propósito de esta ley es reafirmar como política pública un sistema de retribución fija por los servicios notariales, a fin de que el Estado sea quien establezca las tarifas de aranceles notariales en protección a las partes y a la seguridad del tráfico jurídico en general, así como la necesaria igualdad del ciudadano ante el acceso a los servicios notariales. Un sistema de precios libres por servicios notariales induciría una merma en la calidad del servicio y trastocaría el sistema de fe pública, afectando el valor de la función notarial y de su necesaria e imprescindible imparcialidad para garantizar la seguridad jurídica.

La existencia de un arancel fijado por autoridad competente elimina la incertidumbre por el costo del servicio notarial y obliga a su cumplimiento a todas las partes que intervienen en las transacciones, así como a los integrantes de la profesión notarial. Además permite al consumidor evaluar las cualidades del notario tales como la calidad del servicio profesional, la preparación jurídica, la capacidad de trabajo, la rapidez, la diligencia, la organización de la notaría y los antecedentes profesionales y personales, entre otros valores subjetivos.

En definitiva, el arancel fijo funciona en beneficio del consumidor, que sabe de antemano el costo del servicio profesional a recibir, fijado siempre sobre la base de un precio justo. Esto libera a las partes de discusiones indignas sobre el valor del trabajo a ser realizado, entre el que conoce el tiempo y responsabilidad que implicará el servicio notarial, poniendo así en su justa perspectiva la importancia de la función notarial.

Esta ley contempla que el notario no puede hacer reducciones al arancel notarial establecido, salvo lo dispuesto en la propia ley, para evitar que a través de una desaforada competencia en precio y una indebida presión de instituciones y personas, se pueda lesionar la función notarial como garantizadora de la legalidad.

La ley dispone para que, en casos excepcionales, el notario pueda dispensar totalmente los aranceles devengados por cualquier acto o contrato cuya documentación autorice.

Es imperativo valorar en sus méritos la función notarial para ofrecer el servicio útil y de calidad que nuestro ordenamiento legal exige. Esta ley provee estabilidad en la práctica notarial, haciendo justicia tanto al notario como a la sociedad, garantizando la seguridad jurídica de las transacciones.

Artículo 1

Se deroga el artículo 77 de la Ley # 75 del 2 de julio de 1987, según enmendada, conocida como la Ley Notarial de Puerto Rico y se establece un nuevo

Artículo 77 – Honorarios Notariales – Arancelarios

Los notarios quedan autorizados a cobrar los siguientes honorarios por la prestación de servicios notariales, fijados de acuerdo al arancel establecido en las siguientes normas: documentos sin cuantía y documentos con cuantía.

Documentos sin cuantía

Por la autorización de instrumentos públicos sin cuantía, los honorarios notariales se fijarán por acuerdo entre las partes y el notario, pero nunca serán menores de ciento cincuenta (150) dólares.

Por la autorización de testimonios, declaraciones juradas y reconocimiento de firmas o afidávit, los honorarios notariales se fijarán por acuerdo entre las partes y el notario.

Documentos con cuantía

Por la autorización de instrumentos con cuantía se percibirán los honorarios notariales que resulten aplicando el valor de los bienes objeto del negocio jurídico documentado, o que medie cosa o cantidad de valor determinable, conforme a la siguiente escala.

a. Por la autorización de instrumentos de objetos valuables o en que medie cosa o cantidad de valor determinables cuyo valor no exceda de diez mil (10,000) dólares, los honorarios notariales fijados por este arancel será de ciento cincuenta (150) dólares.

b. Por la autorización de instrumentos de objetos valuables o en que medie cosa o cantidad de valor determinable cuyo valor exceda de diez mil (10,000) dólares, pero que no exceda de quinientos mil (500,000) dólares, los honorarios notariales fijados por este arancel serán el uno (1%) por ciento de su valor.

c. Por la autorización de instrumentos de objetos valuables o en que medie cosa o cantidad de valor determinable cuyo valor exceda de quinientos mil (500,000) dólares, los honorarios notariales fijados por este arancel será el uno (1%) por ciento hasta dicha suma, más el medio (1/2%) por ciento por el exceso de dicha suma hasta diez millones (10,000,000) de dólares.

d. Por la autorización de instrumentos de objetos valuables o en que medie cosa o cantidad de valor determinable que exceda de diez millones (10,000,000) de dólares, los honorarios notariales fijados por este arancel será el arancel establecido por acuerdo entre las partes y el notario(a) sobre el exceso de diez millones (10,000,000) de dólares.

e. Por la expedición de copias certificadas de escrituras, se cobrará con base en la cuantía del documento, no incluyendo costas, gastos y desembolsos, de la siguiente forma:

i) De $0 a $10,000: quince (15) dólares.

ii) De $10,000 a $500,000: veinticinco (25) dólares.

iii) De $500,000.01 en adelante: cincuenta (50) dólares.

Excepciones

En las transacciones en las que intervenga la Autoridad para el Financiamiento de la Vivienda de Puerto Rico, el Banco de Desarrollo Económico de Puerto Rico, el Banco Gubernamental de Fomento de Puerto Rico y cualquier otra agencia o instrumentalidad del Gobierno, sea estatal, municipal o federal, de manera directa o por medio de programas de subsidios, el arancel será fijado mediante acuerdo entre la institución y el notario, pero nunca será menor del medio del uno por ciento (1/2%) o doscientos cincuenta (250) dólares, lo que sea mayor, salvo que la ley habilitadora o reglamento que establezca el programa gubernamental disponga otra cosa.

Normas complementarias

Ningún notario podrá cobrar o recibir por sus servicios notariales otra compensación que no sea la establecida en esta ley, ya sea mediante reembolso de los honorarios, concesión de descuentos o privilegios, o cualquier otro método utilizado para reducir los honorarios aquí establecidos. Esta prohibición no incluye la prestación de los servicios de forma gratuita cuando el notario lo entienda y considere necesario, siempre y cuando no se haga como parte de una práctica habitual de negocios, ni como subterfugio, violentando así el propósito de esta ley.

Cuando el notario sea empleado por un bufete, sociedad o corporación de servicios profesionales, que preste servicios notariales, la obligación y la responsabilidad establecidas en el párrafo anterior recaerán sobre el patrono que emplea al notario al momento de prestarse los servicios notariales.

Cualquier notario que incumpla las normas establecidas por el arancel fijado en esta ley o comparta los honorarios notariales aquí fijados con personas naturales o jurídicas que no estén en cumplimiento con lo establecido en esta ley, será sancionado por el Tribunal Supremo de Puerto Rico mediante reprimenda, multa, suspensión temporal o permanente.

Cualquier persona natural o jurídica, no integrada por notarios, que no estuviesen autorizadas a ejercer como notario según lo dispuesto por la Ley Notarial de Puerto Rico, que facture, perciba, reciba o comparta honorarios por servicios notariales con un notario o así lo inste, será culpable de delito grave en su modalidad de cuarto grado, y convicta que fuere se le impondrá una pena fija de reclusión de un año, más una multa de cinco mil (5,000) dólares. En caso de que la convicción recaiga sobre una persona jurídica, se procederá a la cancelación de su certificado de incorporación por el Departamento de Estado de Puerto Rico.

Artículo 2. Vigencia

Esta ley comenzará a regir inmediatamente después de su aprobación y aplicará a aquellos actos o negocios jurídicos con fecha posterior a su vigencia.

Artículo 78. Extra arancelarios (4 L.P.R.A. se. 2132)

Los honorarios anteriormente fijados por el otorgamiento de los documentos no impiden ni limitan al notario de que, por sus gestiones previas y preparatorias, e inclusive posteriores, tales como:

- Estudios de antecedentes, título.
- Consultas.
- Dictámenes.
- Preparar minutas y mandatos retribuidos.
- En que el notario presta un servicio adicional como jurista, cobre los honorarios que crea razonables y prudentes de acuerdo con el Canon 24 de Ética Profesional sobre la fijación de honorarios.
- Asistir a reuniones.

Principios de gerencia

Gerencia es un conjunto de actividades que incluye planificar, organizar, dirigir, controlar y tomar decisiones. Esta actividad va dirigida a los recursos de una organización (humanos, financieros, físicos e información) con el propósito de alcanzar metas de una manera eficiente y efectiva. Eficiente se refiere a utilizar los recursos sabiamente y lo más económicamente posible. Efectivo se refiere a tomar las decisiones correctas e implementarlas exitosamente.

De la definición anterior parte el gerente. Esta es la persona sobre la que recae la responsabilidad primaria de llevar a cabo el proceso gerencial. El gerente es alguien que planifica y toma decisiones, organiza, dirige y controla recursos humanos, financieros, físicos y de información (sistema de computadoras).

La gerencia envuelve las cuatro actividades básicas que ya vimos antes: planificar y tomar decisiones, organizar, dirigir y controlar. Hay que enfatizar en que unos autores y desarrolladores de teorías gerenciales dicen que son cuatro las funciones gerenciales fundiendo en una las de planificar y tomar decisiones, otros no lo hacen y dicen entonces que son cinco las funciones, pero lo importante es que todos coinciden en que esas son. Para efectos de este libro utilizaremos cuatro pues esta es la visión moderna.

La mayoría de los gerentes tienen que lidiar en muchas ocasiones con más de una actividad a la vez, y no necesariamente en el mismo orden que se presentan. Ese es el punto que diferencia a un buen gerente de uno que no lo es. El lidiar día tras día con diferentes e inesperadas situaciones, algunas de estas producen desgano y abatimiento, otras tienen rápida solución, pero lo importante es el entusiasmo, empeño y compromiso con los que el gerente se enfrente a las mismas.

Tenemos que mencionar que el gerente o administrador, como también se le conoce, no es el que hace todo el trabajo. Este gerente delega ciertos deberes y responsabilidades en personas y largo plazo que la empresa se ha trazado. Establecer metas es parte de la función de planificar, y monitorear el desempeño de todas las funciones se relaciona con controlar.

Mencionaremos, a modo de clarificar las funciones gerenciales, una corta definición de cada una.

- Planificar y tomar decisiones: es el establecimiento de metas organizacionales y la mejor manera de alcanzarlas.
- Organizar: determina la manera óptima de agrupar actividades y recursos.
- Dirigir: motivar a los miembros de la organización a trabajar en el mejor interés de la misma.
- Controlar: monitorear y corregir las actividades según se van llevando a cabo para facilitar la obtención de las metas.

Niveles gerenciales

Los gerentes pueden ser diferenciados de acuerdo a su nivel en la organización. Los más típicos son alta gerencia, gerencia intermedia y gerentes de primer nivel.

Nivel de alta gerencia: incluye presidentes de compañías, vicepresidentes, principal oficial ejecutivo (CEO).

Nivel de gerencia intermedio: incluye gerentes de planta, de operaciones y gerentes de divisiones.

Primer nivel de gerencia: son los supervisores que coordinan y dirigen las actividades de empleados operacionales (ej. supervisores, gerentes de oficina, coordinadores, etc.).

Claro está que de industria a industria esto puede variar un poco, dado que compañías pequeñas pueden tener gerentes definidos aquí como de primer nivel, pero que para estas empresas resulten de nivel intermedio o alto.

Aplicando estos conceptos al negocio de bienes raíces, encontramos muchos casos en que la empresa es una familiar o individual, en cuyo caso el dueño es el gerente y presidente. En otros casos la compañía es bastante grande y tiene varios niveles gerenciales y cadenas de mando. Sin considerar el tamaño de una empresa, es importante conocer que las funciones mencionadas se aplican a todos los tamaños de negocios y a todos los niveles gerenciales con una que otra variación. Son estos principios gerenciales lo básico que se debe conocer para emprender una empresa. Estos principios atados a una estricta conducta ética es lo que hará de su empresa una exitosa, vanguardista y plena.

En adición a las funciones básicas que tiene todo gerente es importante mencionar que la gerencia ha evolucionado bastante desde que se comenzó a estudiar hasta lo que hoy conocemos. A fines del siglo pasado y a comienzos de este se realizaban estudios de motivación de empleados, estudios de movimiento, y otros tipos de estudio con el fin de obtener resultados que arrojaran luz para crecer en este campo. Al día de hoy teorías motivacionales, de "*empowerment*", "*brainstorming*", y del Super Líder, prevalecen ofreciendo distintos estilos de administrar de acuerdo a lo que queremos lograr. La teoría "Z" del Japón y teorías norteamericanas han dejado atrás teorías de antaño que suponían patrones estrictos a seguir para ser un buen gerente. En el futuro deben surgir nuevas y tal vez mejores teorías de administración, pero usted deberá seguir la que le resulte más beneficiosa a su negocio de bienes raíces.

Lo último que quiero considerar en la discusión de la parte gerencial es que para ser un buen gerente no se requiere una preparación formal conducente a obtener este título, aunque sería tal vez ideal. Sabemos de innumerables casos en los que personas sin preparación en esta área, y muchos sin ningún tipo de preparación, han llegado a poseer compañías líderes en su industria que luego se han convertido en multinacionales. Así también ha habido casos de personas con la preparación pero que no han llegado muy lejos.

A continuación se ofrece un organigrama típico de una empresa de bienes raíces:

En su quehacer la firma de bienes raíces interactuará con distintos tipos de organizaciones que se convertirán en prospectos clientes. Algunos tipos de organizaciones con las que la empresa de bienes raíces interactúa son las siguientes:

- Otras compañías de bienes raíces.
- Corporaciones (son las que usan las palabras "Inc." o "Corp." después de su nombre.
- Individuos.
- Sociedades (las hay especiales, limitadas, etc.); se componen de dos o más individuos.
- Instituciones sin fines de lucro (ej. SER de Puerto Rico, universidades y ciertos colegios, etc.).
- Gobierno.
- Otras.

Venta de propiedades fuera de Puerto Rico

La Ley 10 del 26 de abril de 1994, que reglamenta el ejercicio de la profesión de corredor, vendedor y empresas de bienes raíces en Puerto Rico, establece además los requisitos para aquellas personas que se dediquen a la venta de bienes inmuebles localizados fuera de Puerto Rico, derogando así la Ley 145 del 18 de junio de 1980, que regulaba esta práctica. Con esta ley se faculta al Departamento de Asuntos de inmuebles localizados fuera de la isla, conforme a las disposiciones que más adelante se definen.

Inscripción inicial

Todo propietario, corredor o empresa de bienes raíces, debidamente inscrito en el Departamento de Asuntos del Consumidor, deberá radicar ante dicho departamento toda información relacionada con ofertas de venta de bienes inmuebles localizados fuera de Puerto Rico, todo material de promoción relacionado con las mismas; todo documento que se realizará en la transacción de venta de bienes inmuebles y toda otra información que sea requerida por esta ley o por el Secretario de Asuntos del Consumidor.

Inscripción subsiguiente

Será obligación de todo propietario, corredor o empresa de bienes raíces informar cualquier cambio en la información o documentación requerida en el artículo 24 de esta ley y notificar cualquier información nueva o material de promoción relacionado con bienes inmuebles para los cuales ya ha efectuado una inscripción inicial.

Fianza

El Departamento de Asuntos del Consumidor no inscribirá ni expedirá certificado de inscripción alguno, a menos que el propietario haya prestado a favor del Estado Libre Asociado de Puerto Rico y depositado con el departamento, una fianza por la cantidad de $1,000,000. Dicha fianza será aprobada por el Secretario de Hacienda y deberá ser otorgada por una compañía de seguros debidamente autorizada para hacer negocios en Puerto Rico, o con garantía hipotecaria aprobada por el Secretario de Hacienda.

Informe semestral

Todo propietario deberá, durante la primera semana de cada semestre, someter al Departamento de Asuntos del Consumidor un informe de todas las ventas efectuadas durante el semestre anterior. Dicho informe deberá ser una declaración jurada suscrita ante notario público donde se incluya el nombre y dirección de los compradores, localización exacta, cabida, colindancia y descripción precisa correspondiente a cada bien inmueble; el precio de venta, las cargas reales, gravámenes y los créditos hipotecarios preferentes, si alguno, el monto de los anticipos; depósitos, comisiones y demás condiciones de la venta y del financiamiento; el nombre y dirección del corredor que llevó a cabo la venta.

Obligación de las instituciones financieras

Toda institución financiera que se dedique a cobrar las cuentas de las empresas que venden inmuebles localizados fuera de Puerto Rico, deberá:

- Poseer licencia expedida por el Comisionado de Instituciones Financieras o de agencia de cobros expedida por el Secretario de Asuntos del Consumidor.
- Exhibir dicha licencia en un lugar prominente y visible.
- Señalar al comprador el alcance de la participación de la institución financiera en la transacción y entregarle un desglose escrito de las partidas, emolumentos o comisiones que se le paguen al corredor, vendedor o empresa por referir un comprador a su institución.
- Requerir copia de la licencia vigente a todo corredor, vendedor o empresa que realice negocios a través de su institución.

Actos o prácticas proscritas/prohibidas

Se prohíbe a todo corredor, vendedor o empresa de bienes inmuebles incurrir, o inducir a otra persona a incurrir, en cualquiera de los actos o prácticas que se enumeran a continuación:

- Ofrecer o vender directa o indirectamente en Puerto Rico, bienes inmuebles localizados fuera de Puerto Rico, sin mediar la correspondiente inscripción en el Departamento de Asuntos del Consumidor.
- La doble venta de un bien inmueble.
- Ofrecer vender directa o indirectamente un bien inmueble bajo la promesa de devolver el depósito si luego la parte interesada en comprar no

le gusta el solar o no queda satisfecho, con la intención de no cumplir dicha promesa.

- Permitir la venta de un bien inmueble a un comprador que no sepa leer ni escribir, sin la presencia de testigos.

- Permitir la venta de un bien inmueble sin que aparezca en el contrato, en letra de molde y en lugar prominente, la advertencia al comprador de que no debe firmar el contrato sin antes leerlo.

- Ofrecer excursiones en o fuera de Puerto Rico con el único propósito de lograr que las personas compren bienes inmuebles sin antes explicarles que esta es una campaña de promoción con miras a obtener clientes para la venta de propiedades.

- Utilizar, en los contratos o cualquier otro documento cuyo propósito sea conceder una opción al título, un idioma que el adquiriente en Puerto Rico no habla.

- No radicar en el Departamento de Asuntos del Consumidor cualquier información que dicha oficina estime pertinente para la implantación de esta ley.

- Ofrecer o vender bienes inmuebles sin especificar la distancia dando la impresión en la promoción de que dicho inmueble queda cerca de algún poblado o sitio de interés sin especificar la distancia en millas, entre el inmueble y el lugar mencionado.

- No exhibir al público en el lugar de trabajo el certificado de registro que le expide el Departamento de Asuntos del Consumidor.

- Ofrecer o vender un bien inmueble con la promesa de que le conseguirá a la parte compradora el financiamiento para dicha compra, cuando no tiene intención de cumplir dicha promesa.

Facultades de DACO

Se faculta al Departamento de Asuntos del Consumidor, creado en virtud de la Ley 5 del 23 de abril de 1973, según enmendada, para supervisar el negocio de bienes raíces en Puerto Rico y la venta en Puerto Rico de bienes raíces ubicados fuera de Puerto Rico. Conforme a las disposiciones que más adelante se establecen, y a esos fines, el Departamento podrá:

- Se faculta al Departamento de Asuntos del Consumidor a supervisar el negocio de la venta de bienes raíces, en y fuera de Puerto Rico.

- Requerir al propietario que venda u ofrezca vender bienes raíces fuera de Puerto Rico, que preste una fianza, un seguro o haga un depósito en efectivo o su equivalente, por una cantidad no menor de un 2% ni mayor del 10% del precio de venta del inmueble.

- Establecer un registro de personas naturales y jurídicas que se dedican a la venta en Puerto Rico de bienes raíces, localizados fuera de Puerto Rico.

Registro

Toda persona que se dedique a la venta en Puerto Rico de bienes inmuebles localizados fuera de Puerto Rico, ya sea por medio de contratos de ventas a plazo o de contado o de cualquier otra forma, deberá inscribirse como tal, corredor o propietario, en el Departamento de Asuntos del Consumidor (DACO).

El formulario de inscripción por escrito, que para esos fines provea el departamento, deberá contener:

- El nombre o razón social del solicitante, la dirección de su oficina principal y la dirección de cualquier otra sucursal establecida en Puerto Rico.
- Nombre y dirección de toda persona con participación o interés en el negocio, ya sea como principal, oficial, director, vendedor, corredor o empresa, especificando la extensión, calidad y título de la participación de cada uno, en la operación del negocio.
- Un recuento de experiencias comerciales pasadas.
- Un certificado de antecedentes penales de la Policía de Puerto Rico, o del país extranjero donde resida.

En el caso de sociedades, deberá incluirse certificado de antecedentes penales de cada uno de los socios, y, en el caso de corporaciones, de los accionistas, directores y oficiales de la corporación.

Certificado de inscripción

El Departamento de Asuntos del Consumidor (DACO) expedirá un certificado de inscripción anualmente a toda persona que, contando con una licencia expedida por la Junta de Corredores, Vendedores y Empresas de Bienes Raíces de Puerto Rico, se dedique a la venta en Puerto Rico de bienes inmuebles localizados fuera de Puerto Rico, mediante el cobro de $100 en comprobante de rentas internas.

NOTA: para información adicional y más detallada, ver la Ley 10 del 26 de abril de 1994.

Reglamento para la Venta en Puerto Rico de Propiedades Localizadas fuera de Puerto Rico (15 de febrero de 1995)

Artículo I – Autoridad

El presente Reglamento se adopta y promulga de conformidad con la autoridad conferida al Departamento de Asuntos del Consumidor, según la Ley # 10 del 26 de abril de 1994 y la Ley # 5 del 23 de abril de 1973, según enmendada.

Artículo II – Propósito

Este Reglamento se promulga con el propósito de poner certeza en la Ley # 10 del 26 de abril de 1994, y para aclarar conceptos que de otra manera crearían confusión. El Reglamento siempre se evaluará e implantará a la luz de la Ley # 10 del 26 de abril de 1994. La fiscalización de esta materia no se limitará a este Reglamento; incluirá, además, las disposiciones de la Ley # 10 del 26 de abril de 1994.

Artículo III – Fianza requerida por el inciso (b) del artículo 23 de la Ley # 10 del 26 de abril de 1994.

El propietario que venda u ofrezca vender en Puerto Rico bienes raíces localizados fuera de la isla, prestará una fianza, un seguro, o hará un depósito en efectivo o su equivalente, por una cantidad de seis por ciento (6%) del precio de venta del inmueble.

Artículo IV – Certificados a emitirse según el artículo 24 de la Ley # 10 del 26 de abril de 1994.

El Departamento de Asuntos del Consumidor (DACO) expedirá un certificado de inscripción anualmente a toda persona que, contando con una licencia expedida por la Junta de Corredores, Vendedores y Empresas de

Bienes Raíces de Puerto Rico, se dedique a la venta en Puerto Rico de bienes inmuebles localizados fuera de Puerto Rico, mediante el cobro de $100 en comprobante de rentas internas.

Artículo V – Definición de la palabra "semestre" que aparece en el artículo 28 de la Ley # 10 del 26 de abril de 1994.

SEMESTRE – Se considerará que el primer semestre comenzará a contar desde la emisión del certificado de inscripción.

Artículo VI - Salvedad

Si cualquier disposición de este reglamento fuera declarada inconstitucional o ilegal por un tribunal de jurisdicción competente, dicha determinación no afectará ni invalidará el resto del reglamento, sino que el efecto quedará limitado a la parte, artículo, párrafo o cláusula que hubiere sido declarado inconstitucional o ilegal.

Artículo VII – Vigencia

Este reglamento entrará en vigor treinta (30) días después de su radicación en la Oficina del Secretario de Estado, según lo dispuesto en la Ley # 170 del 12 de agosto de 1988, según enmendada.

Administración de propiedades

El auge de la construcción de urbanizaciones, las nuevas técnicas de construcción y el creciente desarrollo de inversiones de capital extranjero, han creado en bienes raíces la especialización en la administración de propiedades.

Las urbanizaciones son negocios complejos, y la falta de tiempo para la administración de casas por sus propios dueños ha generado un campo de arrendamiento en gran escala. Las relaciones entre los inquilinos y el propietario envuelven problemas sociales, legales y económicos. Estas son algunas de las razones por las cuales se ha hecho necesaria la intervención de un administrador especializado en este negocio.

El tipo de edificio que se construye requiere atención técnica y especializada. Los edificios modernos son de grandes proporciones; tienen servicios de elevador, aire acondicionado y en algunos casos calefacción, incinerador y otros que implican destrezas técnicas; demandan una serie de actividades y relaciones de las cuales el dueño prefiere deshacerse pagando a una persona entrenada en estos menesteres. Esta forma de administrar edificios de alquiler es muy corriente en las ciudades grandes. Los administradores de propiedades han desarrollado gran eficiencia en la compra de los mismos, alquileres, contratación de personal técnico, contabilidad y hasta en el conocimiento de aspectos legales.

Con el estímulo que se ofrece a inversionistas extranjeros, el número de propietarios residentes fuera del país ha ido aumentando. En estas inversiones la adquisición de bienes inmuebles es muy preferida por su estabilidad, durabilidad y porque constituye una fuente de ingresos. Los dueños de estas propiedades hacen contratos de administración con firmas de bienes raíces que se especializan en este tipo de servicio.

El administrador gana un tanto por ciento de las rentas, lo cual debe estipularse en el contrato que firma al asumir su trabajo. Aunque la administración tiene variados aspectos, se tratará con más detalle aquel aspecto que es más común y que añade más las relaciones con el negocio de bienes raíces, este es la administración de edificios de apartamentos, oficinas y negocios.

El alcance y los objetivos

La administración de propiedades tiene dos objetivos principales, los cuales son:

- Mantener el ingreso por la inversión hecha en la propiedad.
- Mantener las condiciones físicas de la propiedad con eficiencia y economía.

El primer aspecto abarca funciones ejecutivas y administrativas; el segundo tiene que ver con la parte técnica, especialmente en el campo de la ingeniería.

Las funciones del administrador empiezan desde antes de comprar la tierra con el propósito de hacer mejoras en ella. Hacen falta los consejos de un experto que conozca de planificación y pueda calcular el futuro económico de la empresa para asegurarse de que se le dará a esa tierra el mejor uso y el de más alto valor.

La administración de propiedades no debe confundirse con una agencia de rentas; esta se encarga de seleccionar inquilinos y de cobrar las rentas, pero el dueño atiende el mantenimiento y retiene el derecho a hacer las decisiones legales, sociales y económicas con relación a la propiedad. La administración de la propiedad incluye:

- El anuncio, selección de inquilinos y fijación de rentas, decisión en cuanto a la venta del espacio disponible.
- Cobro de rentas.
- Mantenimiento de la planta física y quejas de inquilinos.
- Compra de materiales, equipo y gastos de reparaciones.
- Contratación de empleados y conservación de buenas relaciones públicas.
- Llevar la contabilidad adecuada y rendir informes al dueño.

En una oficina de corretaje el departamento de administración está a cargo de un empleado que debe ser un experto en el negocio; él tiene a su cargo un grupo de administradores de distrito que son los intermediarios entre el inquilino y la firma.

Las rentas pueden estar a cargo del supervisor o superintendente del edificio, los administradores de distrito, agentes de rentas de la propiedad o del departamento de alquileres de la firma.

El mantenimiento y reparación de equipo está a cargo de una organización de mantenimiento que casi siempre está compuesta por ingenieros; a veces este trabajo se contrata.

El dueño de un edificio grande puede tener su propia organización de mantenimiento, en este caso su organización se pone en manos de un administrador auxiliar.

Uno de los problemas más difíciles del administrador de una propiedad es la "venta" del espacio en la propiedad. Él tiene que conseguir prospectos que necesiten el espacio que él tiene para ofrecer y fijar una renta que sea aceptable para el prospecto, pero que a la vez sea el máximo que esa propiedad debe ganar, pues él debe proteger el capital de su principal. La selección del inquilino desde el punto de vista de cualidades de carácter es muy importante; él va a tener negocios con ese inquilino por un período de tiempo, y conviene que sea una persona honrada y puntual. Por su parte, si es buen inquilino, él desea que esté satisfecho para que renueve la renta.

Por lo general, el valor de la renta quedará establecida según la oferta y demanda prevaleciente en la localidad; así que, para determinar la renta de un espacio, conviene comparar el mismo con varios similares en la localidad y hacer una evaluación de las rentas que estos pagan.

El plan de las rentas debe ser sometido al dueño para su revisión. Es aconsejable mantener ciertas normas en cuanto a la clase de inquilinos que se desea tener; esto influye mucho en la demanda por vivir en él, el orgullo que se sienta en vivir allí, en las relaciones del grupo de inquilinos que ocupan el edificio y en el deseo de renovar la renta.

Conviene buscar inquilinos con intereses y forma de vida similares. La recaudación de rentas no debe ofrecer problema si se estudia la capacidad financiera del prospecto y si se hace clara la forma a seguirse. Para investigar el prospecto se puede solicitar un informe de crédito y se puede, además, solicitar referencias de los sitios donde ha vivido anteriormente; la política de cobro a seguirse debe ser firme. Es conveniente dar recibos con los pagos, aun cuando estos se hagan con cheque. Esta uniformidad simplifica el sistema de llevar las cuentas. A los inquilinos morosos se les debe enviar una notificación de cobro a los cinco o diez días de atraso. Si no paga en este término, se les envía una notificación final. Si no paga ni da una explicación satisfactoria, están en orden los trámites legales para cobrar o que desocupe la propiedad.

Clases de empleados

La clase de empleados es un factor muy importante para el éxito de un administrador. El cuidado con que se escojan y el tiempo que invierta en adiestrarlos le redundarán en un mejor servicio y economía. Estos deben ser personas responsables, honradas, de buena disposición y de trato correcto.

Esta última cualidad es muy importante, pues aunque ellos no representan al administrador ni al dueño de la propiedad, es a través de esos empleados que los inquilinos reciben las impresiones del dueño o administrador. Si el administrador no puede adiestrarlos al entrar en sus funciones, es conveniente entregar a cada uno de ellos un manual en el cual se expongan claramente las obligaciones y derechos de cada uno de los empleados.

Un administrador debe enviar un informe mensual al dueño de la propiedad sobre el estado financiero de la propiedad. Algunos administradores usan formas de modelos ya preparadas al efecto. Sea cual fuera la forma de enviar y preparar dichos informes, para hacerlos con la exactitud deseada, el administrador necesita llevar un sistema de contabilidad detallado de todos los gastos e ingresos. Este sistema de contabilidad sirve como historial de la propiedad y provee un récord de consulta para determinar prácticas de administración a seguirse.

Si el administrador está a cargo de los descuentos para Seguro Social y de los informes correspondientes, esto debe llevarse en otro récord, que debe sometérsele al dueño para su aprobación. Los fondos retenidos y todo el dinero debe ir a una cuenta especial, nunca a la cuenta operacional del negocio. Posiblemente el administrador estará a cargo de los seguros que tenga la propiedad; estos seguros de riesgo sobre la propiedad y responsabilidad pública deben mantenerse vigentes y al menor costo posible sin que se afecten las cubiertas básicas y necesarias al respecto.

Este resumen del tipo de trabajo que corresponde hacer a un administrador de propiedades demuestra que, en la selección del mismo, el dueño o la firma debe ejercer especial cuidado para garantizar los intereses, tanto del dueño como del administrador. Al contratarse los servicios de un administrador, las partes firman un contrato que detalla los deberes y responsabilidades de cada cual, así como la compensación.

Casi siempre un administrador se contrata por un período razonable que permita al mismo desarrollar sus prácticas de administración y probar su eficiencia.

Publicidad

La publicidad es importante porque prepara el camino a la venta al brindarle información al consumidor. Hace posible llevar la información que el consumidor necesita para comprar inteligentemente.

La publicidad es efectiva cuando se logran los objetivos establecidos como parte de una campaña publicitaria, y esta debe ser continua.

Existen varios tipos de publicidad, entre ellos la publicidad institucional y la publicidad promocional.

La institucional nos ayuda a proyectar una impresión a favor de la empresa. Contribuye al desarrollo de una buena imagen y ayuda a ganar prestigio en la comunidad. Su interés es destacar su política empresarial. En cambio, la publicidad promocional es vender productos o servicios.

El medio de publicidad es el canal o vehículo a través del cual es posible llevar el mensaje a prospectos. Este nos sirve de intermediario para comunicar el mensaje de venta.

Los medios de publicidad pueden ser clasificados dentro de cuatro categorías:

- Medios impresos.
- Medios de publicidad directa.
- Medios visuales o masivos de publicidad.
- Medios electrónicos o de difusión.

Dentro de los medios impresos a considerar estarían periódicos, revistas, publicaciones comerciales y directorios, entre otros. Los costos de estos van asociados con los siguientes factores: circulación, posición, frecuencia, término del anuncio, tipo de anuncio. En el caso de revistas y periódicos, el costo dependerá, además de su circulación, de la colocación del anuncio, ya sea en portada, contraportada, página de contenido o página opuesta a la contraportada.

La publicidad directa es aquella que va dirigida al consumidor, y se clasificaría en dos tipos:

- Correspondencia directa (catálogos, folletos, circulares, cartas y otros).
- Publicidad directa, no por correspondencia (puerta en puerta, tiendas, autos y otras).

Esta permite la selección de clientes y zonas geográficas a la que se interesa impactar. Garantiza una mayor atención del lector al mensaje que se envía.

En los medios visuales de publicidad estarían clasificados los afiches (*"posters"*), las banderas, globos y directorios de ubicación.

Dentro de los medios electrónicos y de difusión clasificaríamos la radio y la televisión.

Las alternativas para el anunciante son múltiples según lo exija el producto, el mercado al cual va dirigido el mensaje, y acorde con el presupuesto disponible para invertir en publicidad dependerá de muchos factores, incluyendo el tamaño del negocio, la competencia, el tipo de negocio y volumen de ventas.

Algunos aspectos a considerar al seleccionar el medio de publicidad:

- ¿Se ajusta el medio al tipo o naturaleza del negocio y a la imagen que este proyecta?¿Cubre el medio el área del mercado que nos interesa?¿Permite el medio vender el servicio, o solo anunciarlo?¿Está el medio de acuerdo con el presupuesto y capacidad financiera de su negocio?
- ¿Provee la oportunidad para presentar un mensaje de ventas adecuado?Una vez analice las necesidades y naturaleza de la organización, a saber el consumidor, servicio y mercado, estará listo usted para definir estrategias objetivos de publicidad.

  - Simple
  - Conciso
  - Interesante
  - Entusiasta
  - Natural
  - Informativo

Es recomendable utilizar una agencia de publicidad para sus anuncios institucionales. Recuerde que dentro de la publicidad de bienes raíces existe un departamento muy especializado en el área de clasificados, en el que generalmente se publican las propiedades que tenemos disponibles a la venta. Esta sección por lo regular no requiere de una agencia de publicidad para redactar dichos anuncios dado que hay que cambiarlos constantemente y no amerita artes especiales, sino solo su contexto. Requiere de preparación previa de la persona que los redacta, familiarizándose con las propiedades para poder ofrecer una descripción honesta de las propiedades, y debe prepararse en el área de financiamiento para poder responder a las preguntas de finanzas que nuestros clientes pudieran hacernos a la hora de llamarnos por un anuncio nuestro.

Si por el contrario su publicidad está clasificada bajo un anuncio desplegado, sí necesitará de la agencia de publicidad. Debe tomar en consideración, a la hora de seleccionar dicha agencia, su tamaño, cuentas o productos que maneja, su localización y reputación.

Cada negocio debe desarrollar un símbolo distintivo de identificación que sea fácilmente reconocido por el público. Este símbolo se denomina logotipo y es la marca comercial del negocio. Su agencia de publicidad, a través de su departamento creativo, le puede ayudar grandemente a crear el arte, dado que este símbolo debe ser único para que no pueda confundirse con otra firma de la competencia. Debe reflejar la naturaleza de la firma, y debe incluirse en cada anuncio proyectando su personalidad.

Cosas importantes que debe saber antes de la Reválida

1. Ley # 77 del 25 de junio de 1964.
2. Reglamento # 4 del 15 de julio de 1970.
3. Reglamento # 5 del 3 de agosto de 1972.
4. Ley # 139 del 14 de junio de 1980.
5. Ley # 145 del 18 de junio de 1980.
6. Ley 10 del 26 del 26 de abril de 1994.
7. **Composición de la Junta de Corredores, Vendedores y Empresas de Bienes Raíces.**
8. **Requisitos para obtener la licencia de corredor, vendedor y empresas de bienes raíces.**
9. Fianzas para corredor, vendedor y empresas de bienes raíces.
10. Multas administrativas por JCVE y DACO.
11. Penalidades por dedicarse a la profesión sin licencia.
12. Penalidades por vender bienes inmuebles fuera de Puerto Rico sin licencia.
13. Requisitos para renovar las licencias de corredor, vendedor y empresas de bienes raíces.14. Ley # 5 del 23 de abril de 1973 (DACO).
15. Requisitos para los que vendan propiedades fuera de Puerto Rico.
16. Actos proscritos/prohibidos de la Ley #10 del 26 de abril de 1994.
17. Ley # 271 del 6 de octubre de 1998, que elimina cláusulas de renovación en los contratos.
18. Excepciones en la Ley # 10 del 26 de abril 1994, no aplica a ….
19. Ley 180 del 12 de agosto de 1995.
20. Ley # 172 de 1999.
21. Reglamento de ética.
22. Ley #104 del 25 de junio de 1958.
23. Ley #157 del 4 de junio del 1976.
24. Ley de Condominios (nueva ley).
25. Elementos comunes generales.
26. Elemento comunes limitados.
27. Consejo de titulares y sus funciones.

28. Enmiendas presentadas a la Ley #103 del 5 de abril de 2003.

29. Ley Notarial.

30. ¿Qué es un notario y qué hace?

31. Escritura matriz.

32. Copia certificada (valor).

33. Protocolo.

34. Testamentos y cambios con nuevo Código Civil.

35. Herencia, clases de sucesiones, legítimas y donaciones según nuevo Código Civil.

36. Capitulaciones.

37. Honorarios notariales.

38. Ley #198 de agosto de 1979.

39. Principios de Registro de la Propiedad.

40. Tracto sucesivo.

41. Rango.

42. Libros de Registro de la Propiedad.

43. Segregación de fincas.

44. Agrupación de fincas.

45. Agregación a fincas.

46. Rectificación de cabida.

47. Mercado primario.

48. Mercado secundario.

49. Préstamos FHA: condiciones, cualificaciones y parámetro.

50. Préstamos convencionales: condiciones, cualificaciones y parámetro.

51. Préstamos VA: condiciones, cualificaciones y parámetro.

52. Problemas de financiamiento.

53. Problemas de amortización.

54. Tasación de solares: métodos usados.

55. Tasación de residencias: enfoques usados.

56. Zonificación: distritos, área mínima y usos apropiados:
    RD R2 R3 RC-1
    C1 C2 C3 C4
    RT-O RT-3 RT-1 RT-5

57. Zonas agrícolas:
    A-1 A-4 B2 B3
    CR-4 DM DS

58. Estacionamientos – comerciales, almacenaje – oficinas.

59. Ley # 80 del 30 de agosto de 1991.

60. Año tributable y período de notificación.

61. Descuentos: penalidades y recargos.
62. Exoneración Ley # 24, Ley # 13.
63. Tipos de contratos y sus diferencias.
64. Ley de alquileres.
65. Los requisitos generales de los contratos son:
66. ¿Qué es el consentimiento? Dé algunos ejemplos.
67. Propiedad o dominio. ¿Qué es?
68. Posesión.
69. Usufructo.
70. Derecho de superficie.
71. Derecho y uso de habitación.
72. Anticresis, dar ejemplos.
73. Medianería, dar ejemplos.
74. Servidumbre y sus clasificaciones.
75. Usucapión: ordinaria y extraordinaria.
76. Hipotecas.
77. Emancipación.
78. Medidas: cuerda, acre, metro (hacer conversiones).
79. Buscar área de lotes.
80. Determinar tasa de recobro sobre inversión.
81. Determinar costo de construcción.
82. Determinar valor depreciado y costo original.
83. Calcular interés.
84. Determinar el precio de un listado neto.
85. Subsidios: Ley # 10 de 1973, Ley 47 de 1987, Ley 124 de 1993 y Ley # 104 de 2001.
86. TILA, RESPA, ECOA, FDPA y Reglamento Z.
87. Vocabulario de bienes raíces.
88. Reglamento 9101.
89. Nueva Ley de Condominio.
90. Nuevo Código Civil.

Printed in the USA
CPSIA information can be obtained
at www.ICGtesting.com
CBHW011552031223
PP14698000001B/3

9 781685 741945